ENCYCLOPEDIE DES ANIMAUX

POUR LES JEUNES

CHANTECLER

TABLE DES MATIERES

Idée: E. De Vocht
Collaborateurs: M. Lagae-Saquet et
M. Persyn-Lepers
Production: E. Feyten et B. Verhenne
Documentation: M. Jongbloet

D-MCMXC-0001-29

AUX JEUNES LECTEURS QUI LIRONT CETTE ENCYCLOPEDIE...

Ce livre n'est pas une encyclopédie alphabétique mais une encyclopédie systématique. La systématique du monde animal est déterminée par les biologistes à partir de caractéristiques et liens de parenté existant entre les différents animaux.
Le monde animal comprend deux embranchements:
Les invertébrés: animaux qui n'ont pas de colonne vertébrale. Dans ce livre, les insectes et les animaux inférieurs font partie de cet embranchement.
Les vertébrés: ces animaux ont une colonne vertébrale. Cet embranchement comprend les subdivisions suivantes:
les sélaciens (poissons cartilagineux tels que les requins et les raies) repris dans ce livre au chapitre ''Poissons'';
les téléostéens (comprenant tous les autres poissons);
les amphibiens ou *batraciens*;
les reptiles;
les oiseaux;
les mammifères.
Chacune de ces classes est encore subdivisée. Ainsi vous trouverez dans ce livre les animaux les plus apparentés les uns aux autres.
L'introduction en début de chaque chapitre vous donnera plus de renseignements à ce sujet.
Comment utiliser ce livre? Vous pouvez naturellement le lire entièrement, tout comme un autre livre. Mais vous pouvez également lire uniquement le texte qui se rapporte à l'animal qui vous intéresse, que vous avez vu au zoo ou dans votre jardin. Vous pouvez également l'utiliser pour documenter vos travaux scolaires.
Si vous cherchez un animal déterminé, vous pourrez retrouver ses références dans l'index de la page 249.
Avant de lire un article se rapportant à un animal déterminé, nous vous conseillons de parcourir l'introduction du chapitre. Ceci vous aidera à mieux comprendre le texte.
Pour chaque animal traité dans ce livre, vous trouverez une photo, un texte et une légende. Par le texte vous pourrez découvrir comment et où l'animal vit. La légende vous fournira des données caractéristiques telles que grandeur, poids et liens de parenté qui le rapprochent d'autres animaux faisant partie de la même famille.
Nous espérons que cette encyclopédie vous sera très utile et qu'elle vous aidera à mieux comprendre le monde mystérieux des animaux.

L'Editeur.

INTRODUCTION GENERALE SUR LE REGNE ANIMAL

Actuellement, l'on distingue environ un million d'espèces animales différentes, mais certains savants prétendent qu'il y en a encore beaucoup plus. On rencontre des animaux partout sur la surface de la terre: on en trouve dans les forêts vierges humides des tropiques mais également dans les déserts les plus secs et les plus arides et même dans les régions polaires; on en rencontre sur les sommets les plus hauts mais également dans les profondeurs obscures et immensurables des océans. Indépendamment du lieu où vivent ces animaux, tous ont besoin de nourriture pour se maintenir en vie. A l'exception d'un petit nombre, la plupart des êtres vivants ont également besoin d'oxygène.

Il existe un nombre infini de phénomènes "étranges": tels les limaçons qui lors d'une succession d'années de sécheresse vivent de façon passive (en dormant) en attendant la pluie ou les poissons polaires dont certains sont capables de nager dans de l'eau dont la température est inférieure au point de congélation de leur propre sang. Bref: les animaux se sont adaptés en tous lieux.

On appelle **évolution d'une espèce animale donnée** les adaptations successives auxquelles cette espèce animale est soumise au cours des siècles. On considère qu'un animal fait partie d'une nouvelle espèce lorsqu'il ne s'accouple pas avec l'animal du type précédent ou lorsque les petits issus de l'accouplement ne sont pas viables ou stériles. Les différentes espèces animales sont le produit d'une évolution de plus de 500 millions d'années.

Parfois la classification des animaux procède des aliments dont ils se nourrissent. Ainsi on parlera d'animaux herbivores s'ils se nourrissent de plantes, d'animaux carnivores s'ils se nourrissent de viande et d'animaux omnivores s'ils mangent tout. Mais il ne s'agit pas là d'une classification animale formelle. Pendant longtemps, il y eut une grande confusion quant à l'appellation des animaux et des plantes. S'il existe actuellement un certain ordre en la matière, c'est grâce à un naturaliste suédois du 18e siècle, Carl von Linné. C'est lui qui mit au point le système actuellement en vigueur. Il se basa en effet sur des similitudes structurelles: il classa les animaux menant une vie identique et ayant une même origine en un groupe unique. En d'autres termes, il établit les '**groupes naturels**'. Ce système fut bien entendu sensiblement modifié par la suite grâce aux progrès considérables de la science moderne et grâce au nombre d'animaux que l'on découvrit par la suite. Néanmoins, c'est à Linné que revient l'honneur d'avoir été le premier à donner une impulsion favorable à la classification animale.

Dans le monde vivant, nous distinguons le règne végétal et le règne animal. Comme cette encyclopédie traite exclusivement des animaux, nous nous limiterons à la classification du règne animal ou de la faune. Le règne animal est divisé en plusieurs grands groupes dont certaines caractéristiques particulières sont communes aux membres. Ces grandes divisions s'appellent des embranchements. L'embranchement des mollusques, par exemple, comprend les animaux caractérisés par un corps mou et ramassé, enfermé dans une coquille pendant les premières années de la vie ou pendant toute la durée de celle-ci. L'embranchement des arthropodes comprend tous les animaux dont le corps est formé de pièces segmentées et de pattes articulées. L'embranchement des vertébrés recouvre uniquement les animaux qui ont une colonne vertébrale. Parmi les animaux de cet embranchement on rencontre des mammifères, des oiseaux, des reptiles, des batraciens et des poissons, formant tous une classe particulière des vertébrés. Ces classes sont subdivisées en ordres. Nous citerons quelques ordres de chaque classe. Les mammifères: les marsupiaux, les insectivores, les carnivores, les périssodactyles, les artiodactyles et les rongeurs; les oiseaux: les autruches, les pingouins, les hiboux, les rapaces; les reptiles: les serpents, les lézards, les crocodiles; les batraciens: les grenouilles, les salamandres; les poissons: les cyprinidés, les clupéidés, les pleurotrèmes. Mais il existe encore bien d'autres ordres semblables.

La subdivision ne s'arrête pas là, car ces ordres sont subdivisés une nouvelle fois en familles. Prenons par exemple l'ordre des carnivores. Cet ordre se compose de plusieurs familles: les cani-

dés, les ursidés, les procyonidés, les mustélidés, les mangoustes, les civettes, les chats, les otaries, les morses et les phoques. Une famille est à son tour subdivisée en genres et les genres en espèces et sous-espèces ou races.
Bien que cette encyclopédie ne contienne pas de termes scientifiques (latins ou grecs), il est néanmoins utile de nous étendre quelque peu sur la nomenclature. Les noms des différentes familles se reconnaissent immédiatement à leur terminaison en *idés*. Ainsi, la famille des chiens s'appelle-t-elle les canidés, celle des cigognes, les ciconiidés, etc. L'appellation scientifique usuelle d'un animal se compose du nom du genre et de celui de l'espèce. (C'est ce qu'on appelle 'la nomenclature binaire'). Prenons l'exemple du hoche-queue blanc qui porte le nom scientifique de *Motacilla alba*. Motacilla = « hoche-queue » et alba = « blanc », donc « hoche-queue blanc ». Le hoche-queue jaune et le grand hoche-queue jaune appartiennent également au genre de Motacilla, portant respectivement le nom de Motacilla flava et Motacilla cinerea. En France, on rencontre le hoche-queue blanc commun dont le dos est gris clair et le croupion de la même couleur. Mais il arrive que l'on tombe sur un hoche-queue blanc dont le dos et le croupion sont noirs. Il fait partie d'une sous-espèce et forme une race du hoche-queue blanc commun. Pour les différencier entre eux, on a introduit un troisième nom. Ainsi, le hoche-queue blanc est appelé *Motacilla alba alba* (c'est ce qu'on appelle une forme nominative) et le hoche-queue aux couleurs foncées *Motacilla alba yarelli* (*yarelli* en l'honneur de l'ornithologue britannique Yarell). Ces noms scientifiques présentent une facilité certaine lors de correspondances avec des étrangers. Tout ornithologue sait immédiatement que *Anser fabalis* désigne l'oie vulgaire et tout zoologue sait qu'un *Canis lupus* est un loup.

LES MAMMIFERES : INTRODUCTION

Les premiers mammifères et oiseaux firent leur apparition sur le globe il y a environ 195 millions d'années. A l'époque, les dinosaures dominaient les autres animaux, du moins sur terre. Puis, subitement, la race des dinosaures s'est mise à disparaître et leur extinction reste un grand mystère. Sans doute y avait-il un certain nombre de facteurs propices à leur disparition mais nous ne nous étendrons pas davantage sur ce problème.

L'évolution continuait sans cesse. Au début, tous les mammifères étaient de petits êtres peu surprenants, leur taille ne dépassant pas celle d'un rat. Plusieurs d'entre eux continuèrent à évoluer, un grand nombre néanmoins disparurent de la terre. Actuellement, l'on distingue plus de quatre mille espèces. Les rongeurs en constituent la majorité. Dans le monde entier, on rencontre des mammifères. Les animaux terrestres **communs** en forment de loin le plus grand nombre. Une partie des mammifères vit uniquement dans l'eau (les baleines) et une autre partie vit principalement dans l'eau (les morses, les phoques ou otaries) ; il y a même des mammifères qui se meuvent dans l'air (chauves-souris).

Les différents mammifères présentent une très grande variation dans la taille. Le plus petit mammifère d'Europe est la musaraigne étrusque qui mesure seulement 4,5 cm de long (sans la queue) mais qui, malgré ses dimensions très réduites, est agressive et carnivore. En une journée, il lui arrive souvent de manger une quantité supérieure à son propre poids. On a constaté que les plus petits animaux 'à sang chaud' — sur lesquels nous reviendrons un peu plus loin — dépensent beaucoup d'énergie. C'est pourquoi il leur faut une grande quantité de nourriture, surtout lorsqu'ils sont très actifs.

Le plus grand mammifère terrestre est l'éléphant d'Afrique. Ses mouvements sont beaucoup plus lents mais vu sa taille, il a besoin de grandes quantités de nourriture. Cet éléphant fait huit à neuf mètres de longueur totale et atteint une hauteur au garrot de 3,6 à 3,7 m. Il pèse en moyenne cinq à sept tonnes ; on a même rencontré un exemplaire de 12 tonnes ! Mais le plus grand mammifère vit dans l'eau. C'est le rorqual bleu ou baleine à fanons qui mesure de 22 à 33 m et pèse environ 130 tonnes. Néanmoins, on a trouvé des mâles qui mesuraient plus de 35 m. Une femelle fut découpée en morceaux et pesée telle quelle : son poids était de 136 tonnes. Imaginez donc, la langue à elle seule pèse 4 tonnes ; soit le poids approximatif d'un éléphant.

Les reptiles sont des animaux à sang froid (quoique le terme **sang chaud** ou **sang froid** n'ait rien à voir avec la température du sang). Lorsque la température ambiante baisse, la température du corps des animaux à **sang froid** se met à baisser. Ce qui entraîne un ralentissement du métabolisme. Chez les animaux à sang chaud, par contre, la baisse de la température ambiante accélère le métabolisme, ce qui provoque une plus grande chaleur corporelle ; d'où un besoin accru en nourriture. Ainsi, la température du corps reste plus constante et ce indépendamment de la température ambiante. Cette régulation de la température s'appelle l'homéothermie. Homéotherme signifie en réalité « à température corporelle constante », par opposition à poïkilotherme qui signifie « à température corporelle variable ».

Une autre caractéristique des mammifères est le fait qu'ils possèdent de véritables poils, du moins dans une phase au moins de leur cycle de vie. Chez certains mammifères, ces poils disparaissent pour ainsi dire entièrement lorsqu'ils atteignent un âge avancé. Les poils protègent les mammifères contre un trop grand refroidissement et contre les blessures. Les poils naissent à partir de follicules pileux implantés de façon oblique dans la peau. Chez la plupart des mammifères, les poils ont un sens bien déterminé. Bien souvent l'on trouve sous la couche de poils durs, une grosse toison laineuse. C'est surtout cette toison laineuse qui permet le maintien d'une couche d'air isolante. Certains poils sont particulièrement développés et font office de poils tactiles. La multiplicité des extrémités de nerfs qui se trouvent dans les follicules pileux les rendent extrêmement sensibles. En général, on les rencontre autour des yeux et autour de la gueule. Ils sont surtout fréquents chez les animaux vivant dans des cavernes. Il suffit de penser aux longues moustaches des carnassiers et des rongeurs. D'autres formes pileuses sont les crinières, les barbichettes et les houppes sur la queue. Les soies du sanglier et les piquants des porcs-épics, des hérissons et des fourmiliers ont surtout une fonction protectrice. Chez certaines espèces, la mue se produit au printemps mais il existe un certain nombre d'animaux chez qui elle se reproduit en automne. Ainsi la toison de l'hermine est blanche en hiver et brune en été. C'est ce qu'on appelle le dimorphisme saisonnier. Chez certains animaux, le milieu du dos est parcouru par une bande foncée ou claire qu'on appelle la raie d'anguille. Cela se produit surtout chez les chevaux qui sont en outre souvent marqués d'une tache blanche sur le front. Cette tache s'appelle l'étoile. La tache claire que l'on trouve autour de la queue de certains ruminants porte le nom de miroir.

Pourquoi parle-t-on de mammifères. Voilà sans doute la question que vous vous posez. Par mammifères nous entendons les animaux dont les jeunes viennent vivants au monde et qui sont nourris par le lait des mammelles de la mère. Le lait est un liquide tout à fait particulier. Il contient à peu près tout ce qui est nécessaire à la croissance du jeune animal. Le lait d'une espèce animale peut cependant varier sensiblement de celui d'une autre espèce. Lorsque le ou les petits grandissent, le lait change de consistance. Au début il est souvent plus épais et plus 'gras'. C'est sous cette forme que se présente le premier lait de la vache après le vêlage. Ce premier lait est contenu dans les **mamelles** voilà pourquoi les animaux nourris de cette manière sont appelés mammifères. Cependant, tous les mammifères ne mettent pas les petits, vivants, au monde. Il existe deux familles de mammifères qui pondent des œufs. Ces animaux sont principalement originaires d'Australie. Ce sont les animaux à bec d'oiseau et les fourmiliers dont nous ne parlerons pas dans cette encyclopédie. L'animal à bec d'oiseau fait un nid comme les oiseaux et y couve les œufs. Chez les fourmiliers, les œufs sont déposés dans une poche. Dès que les petits sortent des œufs, ils sont allaités comme les autres mammifères. Les glandes mammaires ne sont cependant pas pourvues de trayons et les petits récupèrent le lait en léchant le liquide qui s'en dégage et qui se dépose sur la toison de la mère.

La plupart des animaux ont un squelette qui se trouve à l'intérieur du corps. Mais il existe aussi des animaux dont le squelette se trouve sur la partie externe du corps — aussi étrange que cela puisse paraître — mais nous reviendrons sur ce phénomène dans le chapitre que nous consacrerons aux insectes. Le squelette soutient le poids du corps et toutes les parties du corps y sont attachées. Le squelette des animaux vertébrés (mammifères, oiseaux, poissons, batraciens et reptiles) présente la même forme de base. Ils sont toutefois adaptés à chaque type de vie. Grâce à ce squelette, les animaux sont en mesure de se mouvoir. Ces mouvements sont dus aux muscles qui sont fermement rattachés au squelette. Ces muscles peuvent aussi bien se contracter que se relâcher. Le squelette a en outre une fonction protectrice. Vous pouvez le constater en étudiant votre propre corps (vous aussi, vous êtes des mammifères). Vos côtes (cage thoracique) protègent vos entrailles délicates (le cœur, les poumons, etc.). Votre crâne protège votre cerveau contre toute blessure. Un squelette se compose d'un grand nombre d'éléments. Les os se rejoignent aux articulations où ils sont maintenus les uns aux autres au moyen de solides ligaments articulaires. Lorsque deux os se rejoignent et exécutent un mouvement de charnière on parle d'articulation. Une articulation qui peut se tourner dans tous les sens s'appelle énarthrose.

Tout comme les hommes, les animaux doivent savoir ce qui se passe autour d'eux. S'ils n'en étaient pas capables ils disparaîtraient rapidement. Lorsqu'un danger est imminent, ils doivent pouvoir s'enfuir immédiatement. Pour ce faire, les animaux emploient leurs sens; il s'agit ici d'organes qui transforment les stimulants du milieu environnant en sensations et les communiquent au cerveau. Les cinq sens principaux sont: la vue, l'ouie, le goût, l'odorat et le toucher. Chez la plupart des mammifères, la vue est particulièrement développée. Pour beaucoup d'animaux, elle constitue un élément essentiel. C'est le cas par exemple des animaux qui vivent de nuit et qui peuvent voir dans le noir. Les animaux qui paissent possèdent une vue particulièrement bonne. Leurs yeux sont placés de façon à ce qu'ils puissent surveiller leur environnement tout en paissant. Un petit nombre de mammifères distinguent les couleurs (tels les singes), mais la plupart d'entre eux sont daltoniens.

L'ouie joue également un rôle essentiel. Les oreilles captent les bruits qui servent de signaux d'avertissement. Il existe cependant aussi des bruits qui sont émis par un animal pour entrer en contact avec son partenaire. Au moment du rut, le cerf fait entendre un cri, le bramement, par lequel il défie son opposant. Les chauves-souris peuvent émettre et capter des sons inaudibles à l'oreille humaine. Leur vue cependant est très faible.

Un autre organe des sens est le goût. Grâce à cet organe, les animaux (ainsi que les hommes) distinguent les propriétés des aliments et des liquides qu'ils ingurgitent.

L'odorat joue lui aussi un rôle important chez les animaux. Chez certains d'entre eux, l'odorat est très développé. C'est le cas par exemple des chiens policiers. Beaucoup d'animaux sentent un danger à plusieurs kilomètres et émettent un cri d'avertissement qui permet aux autres animaux de s'enfuir à temps.

Les organes du toucher sont un facteur primordial dans le règne animal. Le corps tout entier est sensible aux attouchements, il y a cependant des endroits plus sensibles que d'autres. Lorsque nous avons décrit les poils, nous avons déjà parlé des petits nerfs qui 'transmettent' les sensations au cerveau au moment où les poils sont touchés.

Tous les animaux ont besoin de nourriture pour rester en vie. Si nous suivons la chaîne alimentaire dans l'ordre inverse, nous remarquerons qu'elle débute toujours par une plante. Lorsqu'un lion mange un zèbre ou une antilope qui a mangé de l'herbe, il s'est établi une chaîne alimentaire. Mais une chaîne alimentaire peut aussi être plus longue: un lapin mange de l'herbe ou d'autres plantes; le lapin est mangé par un renard. Le renard meurt et son corps se met à pourrir dans la terre. Il se transforme en produits chimiques qui sont absorbés par les racines de la plante. Ainsi la chaîne alimentaire peut recommencer. Les plantes vertes produisent leurs propres aliments énergétiques à base d'eau et de gaz carbonique. Nous appelons ce processus la photosynthèse. (Nous ne nous étendrons pas plus sur ce phénomène). Les plantes reçoivent leur énergie du soleil; les plantes vertes donnent l'énergie nécessaire aux animaux. Certains animaux ne mangent que des plantes. On les appelle les herbivores. D'autres espèces ne mangent que de la viande: ce sont les carnivores. Il existe cependant des herbivores qui mangent également de la viande et des carnivores qui se nourrissent volontiers de matières végétales. Les animaux qui mangent aussi bien des matières végétales qu'animales sont appelés omnivores. En général, les carnivores se nourrissent de proies vivantes, mais il en existe aussi qui mangent des animaux morts (charognes) ou de la pourriture. On les appelle les charognards. En tant qu'êtres humains, nous considérons qu'il est peu appétissant de manger des cadavres pourrissants mais il reste que ces charognards constituent un service de nettoyage qui fonctionne à merveille. Combien de maladies n'y aurait-il pas, si ces cadavres restaient là à pourrir? Combien de maladies ne se répandraient pas sans ce nettoiement naturel?

Tous les mammifères ont des poumons comme les hommes (eux aussi des mammifères). Lorsque ces animaux respirent, l'air entre par le nez et la gueule, puis il descend par un tuyau relativement long, la trachée-artère, pour enfin arriver aux poumons. Les poumons sont des poches spongieuses dans lesquelles l'oxygène contenu dans l'air entre dans le sang. Le sang transporte l'oxygène vers toutes les parties du corps. Les gaz qui subsistent encore quittent alors le corps par expiration. Le transport de l'oxygène s'effectue grâce aux hématies. Le sang des mammifères est constitué pour une grande partie de plasma dans lequel il y a des millions de cellules minuscules appelées globules. Les deux principaux types de globules sont les globules rouges (hématies) et globules blancs (leucocytes). Nous connaissons maintenant la tâche principale des globules rouges. Les globules blancs sont beaucoup moins nombreux et ils ont surtout pour tâche de combattre les infections. Ils doivent détruire en un temps record les germes de maladie qui pénètrent dans le sang. Lorsque cela se produit il s'agit presque d'une action dévoratrice. Certains globules blancs produisent des anticorps qui doivent détruire les germes de maladie. Ils servent en outre à guérir les blessures: ils font disparaître les cellules endommagées et nettoient leur environnement. Ceci permet aux nouvelles cellules de se développer plus facilement. Mais le sang contient encore d'autres éléments, des petites plaques, dont le rôle n'est pas à dédaigner. Dès qu'elles entrent en contact avec

l'air, elles s'effritent. Le sang se coagule et il se forme une petite croute sur la blessure qui l'empêche de continuer à saigner.
Le 'moteur' de toute la circulation sanguine est le cœur. Il se compose de deux ventricules et de deux oreillettes. Il possède un certain nombre de muscles qui servent à pomper le sang. Lors d'une période cardiaque, les deux oreillettes se

contractent et envoient le sang dans les ventricules. Ceux-ci se contractent à leur tour et injectent le sang dans l'aorte. Au même moment, les oreillettes se relâchent et se remplissent de sang en attendant une nouvelle période.
Certains animaux vivent toujours seuls. Ils mènent une vie solitaire. Lors de la période d'accouplement les mâles et les femelles sont obligés de s'assembler pour l'accouplement. Ils doivent se reproduire pour maintenir l'espèce. Il arrive souvent que les mâles doivent se battre entre eux pour s'approprier une ou plusieurs femelles. Dans ces cas-là, c'est la loi du plus fort qui joue. Cela se produit surtout chez les animaux qui vivent en troupeaux. Ces troupeaux se forment en particulier sur des terrains à découvert où ils ne disposent pas de protection suffisante contre l'un ou l'autre prédateur. Les animaux essaieront, ensemble de créer une certaine forme de sécurité. Les animaux qui vivent sur les plaines, essaieront toujours d'abord de s'enfuir le plus vite possible. Les bœufs musqués qui vivent également en troupeaux, ont une autre forme de défense: ils forment un cercle avec les animaux adultes à l'extérieur et les veaux au milieu. A l'extérieur, les bœufs, qui malgré leur nom ne sont pas à vrai dire des bovidés, forment un mur de cornes impénétrable. Il arrive aussi que cer-

tains animaux du troupeau (buffles, chevaux et autres animaux de ce genre) sont pris de panique lors de la fuite ; à ce moment, ils ne savent plus ce qu'ils font. Angoissés à l'extrême, ils effectuent une course folle, les uns derrière les autres. Des troupeaux d'animaux emballés peuvent être très dangereux. Souvent, les animaux qui vivent en troupeaux doivent parcourir de grandes distances pour trouver une nourriture suffisante. On sait par exemple que les gnous, antilopes d'Afrique du Sud, parcourent quelquefois 50 km par jour pour trouver de l'herbe tendre. Ces animaux là forment également un cercle avec les veaux au centre pour les protéger contre les petits carnassiers. Il n'est pas rare de rencontrer plusieurs sortes d'animaux dans un seul troupeau sans qu'il y ait question de 'concurrence'. Si tous ces animaux se nourrissaient des mêmes aliments, ce serait fatal et une espèce animale devrait disparaître pour empêcher que la nourriture se raréfie. Les girafes peuvent vivre facilement avec d'autres herbivores étant donné que 'ces longs cous' se nourrissent principalement des feuilles des arbres. Parmi les herbivores eux-mêmes il existe également des différences: les uns mangent la pointe des tiges alors que d'autres 'rasent la partie inférieure qui se trouve à ras du sol.

Dans certains troupeaux, l'on rencontre parfois des autruches qui perçoivent le danger de loin et qui en avertissent les autres animaux. Il existe cependant des oiseaux qui profitent des troupeaux de mammifères. Ainsi les hérons gardebœufs qui se nourrissent d'insectes et d'autres vermines se trouvent dans l'entourage des troupeaux. Puis il y a les pique-bœufs qui ressemblent aux étourneaux et dont la longueur atteint 20 cm. Tels des pics ils grattent la peau des grands mammifères comme l'hippopotame, la girafe, le buffle, le zèbre et d'autres encore. Tout comme les pics, ils s'appuient sur les extrémités de leur solide queue pour escalader une surface verticale. Ils recherchent des tiques gonflées de sang, des mouches sangsues et d'autres insectes malfaisants qui se logent dans la peau de ces animaux.

Dans les mers, il y a également des mammifères en grand nombre, mais ils ressemblent plus à des poissons qu'à des mammifères. C'est le cas des baleines, des dauphins et des marsouins. Le plus grand mammifère au monde est le rorqual bleu dont la longueur peut atteindre 33 mètres et le poids plus de 100 tonnes (cent mille kilos !). Les spécimens les plus lourds doivent peser dans les 180 à 190 tonnes ! Les dauphins et les marsouins ressemblent également de près à des poissons. Leur corps est entièrement adapté à la vie aquatique. Ils nagent dans l'eau avec un mouvement de haut en bas de la queue platte et horizontale. Mais il n'empêche que ce sont néanmoins des mammifères qui remontent de temps en temps à la surface pour prendre l'air et ... pour mettre bas des petits vivants.

LE KANGOUROU

Les kangourous vivent en Australie, en Nouvelle Guinée et sur les îles environnantes. Leurs membres antérieurs sont très réduits alors que leurs pattes de derrière sont longues et très développées permettant aux kangourous d'effectuer des sauts pouvant atteindre 8 à 10 mètres; sur de courtes distances, ils se déplacent à une vitesse de plus de 40 km à l'heure. Lors de ces déplacements, la queue est maintenue en position horizontale ce qui permet au kangourou de garder l'équilibre. Les plus petits kangourous mesurent 23 cm, les plus grands pouvant atteindre 1,80 mètre. Les kangourous nouveaux-nés ne sont pas plus grands qu'une cacahuète. A la naissance, seules les pattes antérieures sont développées de façon suffisante, ce qui permet au petit de grimper de la vulve à la poche ventrale de la mère en s'accrochant à la toison. Là il prend l'une des quatre mamelles dans sa bouche qui n'est pas plus grande qu'un orifice dans un museau. Il faut plus d'une demie-année pour que le petit surgisse.

Les kangourous sont les plus typiques mammifères marsupiaux. Ils présentent une sorte de repli cutané sur le ventre: on l'appelle poche. Chez les femelles, cette poche ventrale renferme les mamelles. Les mamelles sont des organes sécrétant le lait dont se nourrissent les petits. Lorsque le jeune kangourou naît, son corps ne s'est pas encore entièrement développé et il ne mesure que quelques centimètres d'où son nom de larve. Il commence à se développer lentement dans la poche ventrale de sa mère; la croissance est plus ou moins rapide en fonction de l'espèce. Il existe encore beaucoup d'autres marsupiaux tels que les koalas, des animaux comiques qui ressemblent à un ourson, les péramèles, les thylacynes, ou loups marsupiaux, les dasyures, etc.

LE HERISSON

Les hérissons sont des insectivores tout comme d'ailleurs les taupes et les musaraignes. Leur aire de dispersion s'étend sur toute l'Europe et l'Asie, de l'est jusqu'en Chine à l'exception des régions septentrionales de la Norvège, de la Suède, de la Finlande et de la Russie. C'est également un animal commun de nos régions. Il existe de nombreuses sous-espèces. En Europe méridionale l'on trouve le hérisson pèlerin qui remplace le hérisson commun d'Afrique. Cet animal appartient à la famille des hérissons à quatre orteils. Il existe également l'espèce appelée hérissons à longues oreilles et les hérissons du désert que l'on ne rencontre pas en Europe. Les gymnures de Chine et du Sud-Est asiatique n'ont pas de piquants mais des poils et de longues queues.

Il arrive souvent qu'on appelle le hérisson 'porc-épic' mais cette appellation est fausse. Le véritable porc-épic vit dans les régions tempérées et chaudes de l'Europe, d'Asie, d'Afrique et d'Amérique et présente des piquants de 30 à 40 cm. Un hérisson a 15 000 à 16 000 piquants cornés qui souvent ne sont pas plus longs que quelques centimètres (2 à 3 cm). Le hérisson est un insectivore mais il mange en outre des larves, des vers, des jeunes souris, des grenouilles, des crapauds, des œufs d'oiseau, des escargots, de même que des aliments végétaux tels que des fruits, des racines, des champignons et autres aliments de la sorte. Il arrive parfois qu'un hérisson tue des serpents ou qu'il s'attaque à un petit oiseau. Lorsqu'un danger quelconque le menace, le hérisson se roule en boule et dresse ses piquants. Lorsque le hérisson se repose le jour, ses piquants sont aplatis, dirigés vers l'arrière, mais lorsqu'il hiberne, il est complètement enroulé avec ses piquants droits en l'air.

Les musaraignes sont des insectivores comme les hérissons et les taupes. Bien qu'elles ressemblent aux souris, elles n'appartiennent pas à leur ordre; les souris sont en effet des rongeurs. Les musaraignes ont la tête plus longue, le nez et la lèvre supérieure forment une petite trompe. Ce museau allongé est hérissé de moustaches qui se dressent dans tous les sens. L'on distingue environ 190 espèces de musaraignes. réparties dans le monde entier à l'exception de l'Australie et des régions polaires. En France, il existe cinq sortes de musaraignes plus ou moins courantes: la musaraigne commune, la musaraigne pygmée, la musaraigne aquatique, la crocidure leucode et la musaraigne musette.

LA MUSARAIGNE

Il existe plus de 190 sortes de musaraignes réparties dans le monde entier: néanmoins, on n'en rencontre pas en Australie, ni dans les régions polaires ou dans le sud de l'Amérique latine. Les musaraignes font partie de la catégorie des plus petits mammifères au monde et le plus petit spécimen est la musaraigne à dents blanches, que l'on rencontre dans tout le sud de l'Europe. Elle pèse environ 2 grammes, atteint une longueur de 4 cm et présente une queue de 2,5 cm. Les musaraignes rappellent les souris communes mais leur museau est plus pointu et renifle sans cesse à la recherche d'une quelconque nourriture. Ces petits animaux sont particulièrement voraces et mangent chaque jour des insectes, des larves, des araignées et d'autres petits animaux invertébrés dont le poids total atteint celui de leur propre corps ou parfois même le triple de celui-ci. Ce sont de grands destructeurs d'insectes. Si la musaraigne ne mange pas pendant un jour, il est certain qu'elle mourra.

LA TAUPE

Les taupes passent la majeure partie de leur vie sous terre. La tête se prolonge progressivement dans le tronc et cette forme en torpédo s'adapte à merveille à son style de vie qui consiste à creuser des galeries. Les poils soyeux n'ont pas de sens particulier ce qui permet à la taupe de se déplacer aussi facilement en avant qu'en arrière dans les galeries étroites. Bien que leurs yeux soient très petits (plus petits qu'une tête d'épingle), elles ne sont pas aveugles. Le museau est particulièrement sensible; les pattes antérieures sont grandes et facilitent ainsi le creusage. Les taupes se nourrissent d'animaux invertébrés; les galeries sont surtout peuplées de vers de terre qui servent de repas à la taupe. S'il y a des vers en abondance, la taupe forme des réserves vivantes. Elle paralyse en effet sa proie en lui mordant la tête. Il est arrivé que l'on trouve des réserves de plus de 1 000 vers. La taupe met bas dans une grande chambre souterraine, de 2 à 7 petits qui viennent au monde roses et chauves.

La taupe appartient à l'ordre des insectivores tout comme d'ailleurs le hérisson et la musaraigne. La taupe commune atteint une longueur de 11,5 à 17 cm avec une queue de 2 à 3,5 cm. En Europe du Sud et du Sud-Ouest, l'on rencontre la taupe aveugle dont les yeux sont recouverts de chair. C'est également le cas de la taupe romaine qui vit en Italie et en Grèce. En Amérique du Nord, l'on trouve des condylures étoilés. La pointe de leur nez est garnie de 22 tentacules roses charnus. Lorsque la taupe recherche de la nourriture, ces tentacules sont sans cesse en mouvement. Les deux tentacules supérieurs sont dirigés vers l'avant. La taupe dorée vit en Amérique centrale et en Amérique du Sud. Elle présente de grandes ressemblances avec la taupe commune.

LA CHAUVE-SOURIS

Il existe environ 1 000 espèces de chauves-souris subdivisées en plusieurs familles. En France, l'on connaît 16 espèces dont deux appartiennent à la famille des fers-à-cheval: le grand et le petit fer-à-cheval. On les rencontre exclusivement dans les grottes. Les 14 autres appartiennent à la famille des vespertilions. Quelques-unes d'entre elles sont très rares et il y en a même qui ont disparu. Les chauves-souris peuvent également être divisées en deux groupes: les grandes chauves-souris qui se nourrissent principalement de fruits et les petites chauves-souris qui sont insectivores. Les chauves-souris sont capables de voler sans encombre dans l'obscurité. Elles émettent des ultra-sons réfléchis par les obstacles et la perception des échos leur permet de se guider.

Les chauves-souris forment un des groupes les plus remarquables du monde animal car ce sont les seuls mammifères à pouvoir voler réellement. Toutefois, elles ne possèdent pas d'ailes comme les oiseaux, mais une membrane alaire tendue entre les membres, le corps et la queue. L'avant-bras, le métacarpe et les doigts sont très allongés et supportent la majeure partie de la surface portante de cette peau. Le pouce qui dépasse est pourvu d'un ongle long ou griffe, qui leur rend de grands services pour escalader les murs ou pour courir sur le sol. Les cinq doigts des pattes de derrière ont des griffes. Pendant le jour, les chauves-souris sont pendues par les griffes courbes de leurs pattes de derrière, la tête en bas. Dans les contrées tempérées de l'Europe, les chauves-souris hibernent de 4 à 6 mois. Au cours de cette période, elles demeurent à l'état de repos, respirant plus lentement qu'en temps normal: le cœur bat également beaucoup plus lentement.

Les pipistrelles atteignent une longueur de 3,5 à 5 cm avec des ailes d'une envergure d'environ 20 cm. Ce sont les plus petites chauves-souris de l'Europe. Leur fourrure est douce comme de la soie, brun foncé ou roux sur le dos et plus claire sur le ventre. En Europe, il existe plusieurs espèces de pipistrelles: la pipistrelle de Nathusius se rencontre principalement en Europe de l'Est; puis, il y a la pipistrelle de Savi dans le Sud de l'Europe et la pipistrelle de Kuhl, également en Europe du Sud. Le jour, les pipistrelles se reposent dans des creux d'arbres, dans des fentes de murs, sous les tuiles d'un toit, derrière l'écorce d'un arbre, etc. En vol, ces petites chauves-souris émettent de petits cris aigus. A chaque portée, il y a généralement un ou deux petits.

LA PIPISTRELLE

Beaucoup de gens trouvent que les chauves-souris sont des animaux lugubres. Peut-être ont-ils cette impression parce qu'elles volettent en cercle dans l'obscurité. Cependant ce sont des animaux tout à fait inoffensifs et très utiles, qui attrapent de nombreux insectes nuisibles, dont notre existence peut facilement se passer. Elle se trouve de l'Irlande à l'Espagne jusqu'à l'Est asiatique et vers le Sud jusqu'à la Méditerranée et la Transcaucasie. A peine le soleil s'est-il couché, que cette petite chauve-souris va à la chasse. Au printemps, il nous arrive même d'en voir virevolter en plein jour à la recherche d'insectes divers. Pendant l'hiver, elle recherche de petits abris en tous lieux, même derrière les tentures des maisons. En été, il arrive qu'elles entrent dans une pièce éclairée pour attraper les insectes tournoyant autour de la lampe.

LE SAJOU

Les petits sajous au corps élancé se retrouvent dans une partie de l'Amérique centrale, en particulier aux abords de l'isthme de Panama, et dans la partie septentrionale de l'Amérique latine. Ils vivent surtout dans les forêts en galeries le long des grandes rivières et à l'orée des immenses forêts. Ces petits singes qui se déplacent généralement en groupe, sont très agiles: à un moment, on les voit assis par terre et quelques instants plus tard ils sont juchés au sommet des arbres. Lorsqu'ils se reposent, ils laissent pendre leur longue queue mais non préhensible, se maintenant ainsi en équilibre. Les sajous se nourrissent de baies et d'autres fruits mais ils apprécient également la nourriture animale telle que les escargots, les araignées, les rainettes et les petits crabes. Parfois même ils font la chasse aux scarabées, aux papillons et aux autres insectes en les poursuivant par petits sauts.

Les sajous sont de petits singes élancés dont le corps atteint une longueur de 25 à 30 cm et la queue 40 cm. La couleur de leur pelage est assez variable mais se rapproche en général du vert avec des teintes plus foncées sur le dessus de la tête. La tête est ronde avec des narines dirigées vers les côtés. Sur leur visage, qui est de couleur claire, se dessinent des yeux foncés qui donnent à ces singes un aspect 'humain'. Il existe plusieurs formes locales de cette espèce et certains zoologues distinguent quatre espèces: le sajou vert gris, le sajou jaune, le sajou à tête noire et le sajou de Thomas. La morphologie de la tête est assez particulière et fait penser à une tête de mort; cette morphologie qui est très visible sur cette photo a valu à ces singes le nom de 'singes tête-de-mort'.

L'HAMADRYAS

Les hamadryas se rencontre[redacted] Ils vivent uniquement en E[redacted] sud-ouest de l'Arabie. Les f[redacted] sont gris et portent une crinièr[redacted] soir les hamadryas se réuniss[redacted] fois d'une centaine d'animaux[redacted] à la levée du jour, ils errent pa[redacted] de leur nourriture. Ces groupes se composent généralement d'une dizaine de femelles, accompagnées de leurs petits dirigés par un mâle adulte. Il existe aussi des groupes de mâles célibataires. Les hamadryas mangent des fruits, des racines, des tubercules et des végétaux verts mais également des insectes, des serpents, des scorpions et de petits mammifères.

Les babouins font partie de la famille des singes de l'Ancien Monde. On les rencontre surtout sur des étendues rocheuses. On n'en trouve pas dans les régions boisées. Les babouins portent également le nom de cynocéphales à cause de leur museau allongé, ressemblant à celui des chiens, avec les narines à l'extrémité de celui-ci. Les yeux sont très avancés et dirigés vers le bas. Lorsqu'un babouin veut regarder en l'air, il doit d'abord soulever les sourcils épais qui surplombent les yeux. Les différentes espèces de babouins sont très voisines entre elles mais il existe néanmoins une grande variation quant à la couleur et à la taille de ces singes. L'hamadryas n'est pas très grand. Il atteint une longueur de 75 cm environ avec une queue de 60 cm. Les babouins dorment dans les arbres.

LE CHIMPANZE

Avec les gorilles, les chimpanzés sont les animaux les plus proches de l'homme. Ils vivent dans des communautés relativement importantes comprenant parfois quatre-vingts individus. Le jour, des groupes plus petits vont à la recherche de nourriture. Celle-ci se compose principalement de plantes, mais il y a des régions où les chimpanzés se nourrissent aussi de viande, allant d'insectes aux jeunes antilopes. Au sol, le chimpanzé se déplace à quatre pattes tout comme les gorilles; mais il peut marcher debout, les bras levés pour maintenir son équilibre; il ne peut cependant pas garder cette position très longtemps. Le chimpanzé est en outre un très bon grimpeur utilisant pour cela ses quatre membres. La nuit venue ils construisent un nid dans les arbres au moyen de branches tressées. Celui-ci est prêt en quelques minutes. Chaque nuit ils construisent un nouveau nid.

Les chimpanzés sont des singes à l'aspect humain. Lorsqu'ils se trouvent en position debout, ils mesurent 1 à 1,5 mètre. Leur fourrure est épaisse et recouverte de longs poils, la couleur varie du noir au brun foncé. Le museau, les oreilles, les mains et les pieds sont dépourvus de poils; le museau lui-même est assez foncé mais toutes les parties nues sont couleur chair. Les oreilles sont beaucoup plus grandes que celles du gorille. Leur habitat s'étend de l'ouest à l'est de la Guinée jusqu'au Zaïre et à l'Ouganda. En 1929, l'on découvrit dans les forêts vierges du Zaïre un chimpanzé nain, considéré par plusieurs spécialistes comme étant une espèce à part. Sa taille est d'un tiers plus petite que celle du chimpanzé commun. Le chimpanzé produit un son rauque et bas.

Les paresseux à deux doigts ou didactyles mesurent 50 à 60 cm, ils n'ont pas de queue. Leurs pattes de derrière ont trois doigts alors que celles de devant n'en présentent que deux. Les doigts sont unis dans une peau commune de sorte que seules, les longues griffes soient libres. Les paresseux à trois doigts ou tridactyles présentent trois doigts munis de griffes aux quatre pattes. On les nomme aussi aïs. Ils sont un peu plus petits que les paresseux à deux doigts mais possèdent une queue de 6 à 7 cm. Les poils des paresseux poussent dans le sens contraire de ceux des autres mammifères, soit du ventre vers le dos. Ceci présente l'avantage que lorsqu'il pleut, la pluie dégouline le long des poils du paresseux suspendu à son arbre, sans mouiller la peau.

LE PARESSEUX

Les paresseux sont des mammifères tout à fait particuliers qui se sont adaptés à merveille à une vie arboricole. Il en existe plusieurs espèces que l'on répartit en deux catégories, les uns à deux doigts ou didactyles, les autres à trois doigts ou tridactyles. Les paresseux sont les habitants des forêts vierges de l'Amérique centrale et de l'Amérique latine: les paresseux à deux doigts se rencontrent à Costa Rica, à Panama, au Vénézuéla, en Colombie et au Brésil et ceux à trois doigts dans la région qui s'étend de Honduras jusqu'au nord de l'Argentine. Toute leur vie ils pendent la tête en bas, se déplaçant très lentement. Ils déplacent « avec prudence » une patte après l'autre. Ils mangent, dorment, s'accouplent et mettent bas leurs petits dans cette position. Bien qu'ils soient très lents, ils se défendent très bien en sortant leurs griffes et en mordant. Les paresseux se nourrissent d'oignons végétaux, de jeunes pousses, de fleurs, de feuilles et de rameaux.

LE TATOU

Il existe environ vingt espèces de tatous qui peuplent les régions tropicales et subtropicales de l'Amérique, soit du sud des Etats-Unis d'Amérique du Nord aux plaines sablonneuses du sud de l'Argentine. La peau de ces animaux est constituée d'une sorte de carapace, constituée par des écailles cornées recouvrant des écailles osseuses attachées les unes aux autres comme des charnières. Elles forment un bouclier sur la tête, un sur les épaules et sur les reins. Les pattes et la queue sont aussi cuirassées; le ventre est velu. On rencontre des tatous dans tout type d'habitat (biotopes). La nuit, ils se mettent en quête de nourriture composée généralement d'insectes, d'araignées, de vers, d'œufs, de reptiles, de lézards, de pourriture, de feuilles et de fruits. Ils s'approprient leurs aliments en creusant et en fouillant le sol au moyen de leurs griffes énormes. Chez certaines espèces, c'est surtout la griffe médiane qui est développée et elle présente généralement un aspect falciforme.

Les tatous varient en grandeur: du priodonte géant qui mesure 150 cm au chlamydophore tronqué qui mesure 12 cm. Tout comme les paresseux et les fourmiliers, les tatous font partie de l'ordre des édentés parce que les dents n'ont pas d'émail ou manquent complètement. Le priodonte géant possède de 90 à 100 dents si réduites cependant qu'elles sont à peine fonctionnelles, d'où son appartenance à l'ordre des édentés. La majorité des tatous se protègent contre les ennemis en s'enfouissant dans la terre, car leur ventre n'est pas recouvert d'une cuirasse comme le reste du corps. Il existe néanmoins une espèce de tatous qui peuvent s'enrouler sur eux-mêmes et former une boule parfaite: ce sont les tatous à trois bandes.

LE PANGOLIN

Les pangolins figurent certes parmi les animaux les plus étonnants qui peuplent notre Terre. Beaucoup de gens croient que les pangolins sont des reptiles, ce sont certes de véritables mammifères. Leur corps tout entier est recouvert d'écailles cornées à bord tranchant, posées les unes sur les autres comme des tuiles. Le ventre, la gorge et l'intérieur des pattes sont cependant velus. Ces écailles forment une protection étonnante surtout lorsque ces animaux s'enroulent comme une balle. Certains pangolins sont arboricoles, d'autres sont terrestres. Les premiers passent la journée à dormir dans les arbres, les derniers creusent des terriers dans le sol. La nuit, ils vont à la recherche de termites et de fourmis qui forment le principal constituant de leur nourriture. Grâce à leurs pattes solides, ils parviennent à soulever les termitières les plus dures.

Actuellement il existe encore sept espèces de pangolins, dont quatre habitent en Afrique et trois dans le Sud-Est asiatique. Dans les forêts vierges africaines on rencontre le grand pangolin qui mesure au total un mètre et demi, le pangolin arboricole (75 à 95 cm) et le pangolin à longue queue (90 à 105 cm). Le pangolin de Temminck (80 à 90 cm) vit dans les savanes d'Afrique orientale. En Inde et à Ceylan on rencontre le pangolin d'Inde (100 à 110 cm), à Formose et au sud de la Chine, le pangolin de Chine (80 à 100 cm) et à Malacca, en Indochine et sur de nombreuses îles de la Sonde, le pangolin malais ou javanais (100 à 120 cm). Les pangolins n'ont pas de dents; les termites et les fourmis qu'ils avalent sont triturés par la paroi musclée de l'estomac.

LE LAPIN

Le lapin de garenne européen se rencontrait autrefois uniquement à l'ouest de la Méditerranée, mais depuis son aire s'est étendue jusqu'au centre et à l'ouest de l'Europe. De toutes les espèces de lapins, seul le lapin de garenne européen a pu être entièrement domestiqué. Cette domestication s'est produite très tôt; il est devenu un animal de clapier et a donné naissance à des races innombrables. Les lapins de garenne sont adultes en trois mois environ; ensuite ils sont en mesure de se reproduire pendant toute l'année. Les lapins vivent dans des galeries souterraines et des terriers qu'ils creusent eux-mêmes. Les petits naissent dans des nids séparés appelés les rabouillères. Les petits naissent nus et aveugles et leurs yeux ne s'ouvrent qu'après dix jours. La mère se rend à la rabouillère une fois par jour pour allaiter ses petits.

Le lapin européen ressemble beaucoup au lièvre européen. Il est cependant plus petit et ses membres sont plus courts. Les oreilles sont également plus courtes; chez le lièvre, le bout des oreilles est noir. Le pelage du lapin est généralement doré, mais il existe un grand nombre de variétés. La petite queue est blanche vers l'intérieur. Les lapins de garenne mesurent environ 40 à 45 cm et pèsent à peu près deux kilos, quelquefois même plus. Le lapin de garenne européen est l'ancêtre de tous les lapins domestiques tels que les angoras, les géants des Flandres, les lapins russes, les chinchillas et bien d'autres encore. Les lapins de garenne furent importés dans beaucoup d'endroits différents.

Les lièvres sont plus grands que les lapins et mesurent jusqu'à 60 cm et ont une queue de 9 cm. Le pelage du lièvre européen est jaune brun, légèrement fauve sur le cou, les épaules et les flancs. Contrairement au lapin de garenne le bout des longues oreilles est toujours foncé. Il existe environ 22 espèces de lièvres. Le lièvre polaire qui vit dans la partie nord de l'hémisphère septentrional a un pelage brun en été et blanc en hiver; seule la pointe des oreilles est noire. Le lièvre américain présente lui aussi un pelage blanc en hiver et des extrémités noires aux oreilles. En hiver les pattes antérieures sont très velues pour permettre au lièvre de se déplacer facilement sur la couche de neige. (Lièvre à raquettes).

LE LIEVRE

Les lièvres sont des parents des lapins mais contrairement à eux ils ne creusent pas de galeries ni de terriers. Ils ne vivent pas non plus en colonies, c'est-à-dire en groupes. Ils creusent un trou peu profond dans le sol et y dorment. Un tel trou s'appelle un gîte. Le lièvre y reste toute la journée immobile, mais toujours sur le qui-vive. Lorsqu'il est traqué, il peut courir pendant longtemps à grande vitesse. Chez les lapins, les jeunes naissent nus et aveugles, les petits levrauts par contre naissent les yeux ouverts et sont recouverts de poils. Bien vite, le levraut se met à construire son propre gîte. La mère vient l'y trouver pour l'allaiter. Après un mois, les levrauts sont indépendants et cherchent leur propre nourriture à base de plantes.

LA MARMOTTE DES ALPES

Il existe plusieurs espèces de marmottes mais la seule que l'on rencontre en Europe est la marmotte commune ou marmotte des Alpes. La marmotte bobac qui habitait autrefois en Europe de l'Est, a disparu de ces régions. La marmotte des Alpes mesure de 55 à 60 cm et a une queue de 12 à 15 cm. Le pelage est fauve avec des taches grises sur la tête, les épaules et le tronc. La moitié postérieure de la queue est noire. Lorsque ces rongeurs se réveillent de leur sommeil d'hibernation ils sortent de leur terrier et s'accouplent peu de temps après. Après une période de gestation d'environ six semaines, la marmotte met bas de 2 à 4 petits. Les jeunes sortent du nid au cœur de l'été et restent auprès de leurs parents jusqu'au printemps suivant. Ils sont adultes à l'âge de deux ans.

Les marmottes vivent sur les pentes des Alpes, à une hauteur de 1 300 à 2 700 mètres. Ces animaux vivent en colonies, plus ou moins grandes, dans un réseau étendu de longs et profonds couloirs souterrains. Le jour, elles montent à la surface et se pavanent au soleil ou recherchent de la nourriture composée principalement de plantes. En automne, elles mangent tant qu'elles peuvent pour devenir grosses et grasses. Ainsi commence leur hibernation dans un nouveau nid d'herbe fraîche construit préalablement. Elles reparaissent à la surface au printemps. D'abord elles se mettent à embellir leur nid qui fera office de chambre à coucher. Les marmottes communes sont toujours en alerte et vigilantes. Lorsqu'un danger les menace, elles se mettent à siffler et toutes les marmottes qui se trouvent à proximité se réfugient dans leurs terriers.

L'ECUREUIL D'EUROPE

Les écureuils communs ou roux se rencontrent pratiquement dans toutes les régions boisées de l'Europe. Ce sont des grimpeurs très agiles qui montent par petits bonds le long des troncs les plus droits à l'aide de leurs griffes pointues. Ils sautent d'une branche à l'autre avec la plus grande agilité, quelquefois d'un arbre à l'autre et dirigeant leur trajectoire avec leur longue queue. Ils recherchent une grande partie de leur nourriture au sol, mais ils ne la mangent pas sur place. Ils l'emmènent dans l'arbre pour la manger là-haut. Sa nourriture consiste en noix, baies, fruits, champignons et bourgeons, mais il arrive parfois qu'un écureuil s'empare d'œufs et d'oisillons. Les écureuils n'hibernent pas mais construisent une série de petits nids dans les branches des arbres voisins. Dans l'un d'eux, plus grand, le 'nid natal', naissent 4 ou 5 jeunes. Ils arrivent au monde nus, aveugles et complètement indigents. Grâce aux bons soins de la femelle, ils sont adultes après quelques mois.

La famille des écureuils est l'une des plus grandes familles de rongeurs dont font partie non seulement les écureuils arboricoles mais également les écureuils terrestres, les marmottes et les écureuils volants. Ils mesurent 20 à 28 cm avec une queue en panache de 14 à 23 cm. Le pelage est généralement roux mais il existe des variations de couleurs. En hiver, les oreilles des écureuils se garnissent de plumes. L'écureuil est un animal courant de nos régions. En Angleterre l'on importa des écureuils gris d'Amérique du Nord qui vinrent remplacer les écureuils rouges dans les forêts de feuillus. L'écureuil gris est légèrement plus grand que l'écureuil commun et son museau est plus épaté. Les écureuils peuvent produire des tas de sons.

LE LEROT

Les lérots sont de petits animaux grêles mesurant entre 6 et 9 cm. La queue est uniformément velue et est longue de 6 à 8 cm. Le pelage est très soyeux et d'un beau brun jaunâtre. Le ventre présente des teintes plus claires que le dos et le menton et la gorge sont blancs. Comme nous le voyons sur la photo, les yeux entourés de noir sont très grands et les oreilles petites. La grandeur des yeux prouve que ce sont des animaux principalement nocturnes. Cependant, ils sont le plus actifs à l'aube et au crépuscule. Les lérots sont généralement taciturnes. Le bruit le plus fréquent qu'émettent ces animaux ressemble à une espèce de gazouillis. La nourriture des lérots se compose de noisettes, de glands, de graines, des baies, de bourgeons et d'autres aliments de ce genre.

Les lérots appartiennent à la famille des souris hibernantes. Ce sont de petits animaux proches de la souris qui présentent certains traits communs avec les écureuils. En France, on les rencontre en assez grand nombre. Les lérots s'abritent en général dans des buissons où ils construisent de beaux nids ronds. Ils y donnent naissance à des petits nus et aveugles, au nombre variant entre trois et sept. Les lérots commencent leur hibernation au début de l'automne. Pendant l'hibernation ils s'abritent dans un trou d'arbre, entre des fentes de rochers ou dans d'anciens nids qu'ils avaient construits en été. Avant d'entamer cette période, les lérots se nourrissent pour devenir gros et gras et ainsi avoir assez de réserves. Ils dorment en boule pour garder le plus de chaleur possible. Pendant cette hibernation ils se raidissent ce qui entraîne une baisse conséquente de la température du corps et un ralentissement du métabolisme, de la respiration et du rythme cardiaque.

LA SOURIS DOMESTIQUE

De tous les rongeurs, la souris grise est certainement la plus connue, bien que le rat surmulot ne soit pas moins réputé. Aussi y a-t-il peu d'animaux qui comme elle, aient une aire aussi étendue. Les souris domestiques vivent de préférence dans ou autour des bâtiments, surtout aux endroits où est entreposée de la nourriture. Elles se sont habituées à manger la nourriture qu'elles peuvent se procurer avec la plus grande facilité. A l'origine, ces petits animaux se nourrissaient de graines et de blé, mais de nos jours elles avalent tout ce qui est mangeable. Dès lors, ce sont de véritables fléaux pour les magasins ou pour les fermes. Les plus grands dégâts proviennent du fait qu'elles salissent et endommagent les emballages, causant ainsi la perte de grandes quantités de nourriture. Lorsqu'il y a suffisamment de nourriture, les souris domestiques peuvent se reproduire pendant toute l'année et mettre bas cinq ou six fois par an.

Les souris domestiques appartiennent à la famille des souris "véritables" alors que les mulots sont classés dans la catégorie des campagnols. Les souris que l'on rencontre en Europe occidentale, à l'intérieur des maisons, sont en général grises alors que les souris vivant à l'état sauvage sont plutôt brunes. Les souris grises mesurent entre 7 et 10 cm; la queue est à peu près aussi longue que le corps tout entier. Celle-ci n'est pourvue que de quelques poils et présente un grand nombre d'anneaux. Les souris sont fécondables après 6 semaines. La durée de gestation est de trois petites semaines. La femelle met bas 4 ou 5 fois par an de 4 à 8 petits. Dans des endroits où il y a de la nourriture en abondance, les portées sont encore plus importantes.

LE COCHON D'INDE

Le cochon d'Inde se rencontre dans maints endroits comme animal domestique. Il supporte le froid jusqu'à un certain point mais succombe aux courants d'air et à l'humidité. Le cochon d'Inde domestique fut soumis à un élevage sélectif qui produisit de nombreuses variétés. Ainsi trouve-t-on des cobayes unis, des cobayes bigarrés, des agoutis, des races à dessins (dont les tricolores), des cobayes à poils rudes et à poils hérissés (la variété la plus robuste et la plus résistante avec les poils en rosette) et les cobayes à longs poils (angoras). Bien que le cobaye n'appartienne pas à la famille des porcs (voir texte), on appelle le mâle 'verrat' et la femelle 'truie'. Les cobayes doivent être pris en glissant la main sous la poitrine.

Le cochon d'Inde ou cobaye domestique est probablement le rongeur le plus connu et l'un des premiers rongeurs à avoir été domestiqué. En réalité, le nom ''cochon d'Inde'' est inexact. En effet, il n'a aucun lien de parenté avec les cochons et ne provient nullement d'Inde. Les cobayes sauvages vivent en réalité en Amérique du Sud et sont les parents du cochon d'Inde. On les y domestique également, non pour jouer mais pour leur chair, qui, une fois cuite, est très appréciée. Dans nos pays, le cochon d'Inde est un animal domestique très populaire. Il occupe peu de place et se multiplie très rapidement. De nature, c'est un animal sauvage, mais si on le soigne bien, il s'apprivoise très rapidement. Il est uniquement végétarien. Il est en outre très doux et ne mord jamais. On l'utilise aussi pour réaliser des expériences dans les laboratoires.

L'on distingue 14 espèces d'hamsters. Le hamster doré est de loin le plus connu. Les milliers de hamsters dorés élevés comme animaux domestiques, descendent d'une seule mère dont la portée est de 12 petits. Cette espèce fut déterrée dans un désert syrien en 1930 et l'on envoya une série de jeunes en Europe. Dans maints endroits, l'on rencontre encore des spécimens qui ont échappé à la domestication et qui se retrouvent à l'état sauvage. Les hamsters dorés mesurent 17 à 18 cm; les hamsters communs peuvent atteindre une longueur de 30 cm. L'aire de dispersion des hamsters s'étend en France et en Belgique. La couleur du pelage est assez variable. En général il est brun-jaune sur le dos et noir sur le ventre. La gorge et les pattes sont blanches.

LE HAMSTER DORÉ

Les hamsters dorés ont actuellement conquis leur place dans beaucoup de foyers comme animaux domestiques; à l'état sauvage ils se trouvent en Palestine et en Syrie. Les régions qu'ils habitent sont caractérisées par un climat continental sec avec de grandes différences de température entre le jour et la nuit. Le jour, les hamsters se terrent dans des terriers profonds qu'ils ont creusés eux-mêmes, et au crépuscule ils réapparaissent à la surface pour chercher de la nourriture. Les hamsters mangent principalement des plantes, mais il leur arrive aussi de se régaler avec quelques insectes ou d'autres animaux. En été et en automne, ils accumulent les provisions. Ils remplissent leurs grandes abajoues à ras bord de nourriture de tout genre et la ramènent dans leurs magasins à provisions. Dès que l'hiver approche, les hamsters se retirent dans leur terrier pour l'hibernation. Ils se réveillent cependant à intervalles réguliers pour manger car ils n'ont pas de réserves de graisse comme certains hibernants.

LE NUTRIA

Le nutria est un grand rongeur, que l'on rencontrait à l'origine uniquement au sud de l'Amérique latine. De là il fut exporté vers plusieurs pays. Le nutria est parfaitement adapté à la vie aquatique: ses pattes de derrière sont palmées et il a des jarres longs et raides qui protègent sa fourrure imperméable à l'eau. Les nutrias sont élevés pour leur fourrure, non pas pour le pelage supérieur qui est revêche mais pour l'épaisse et douce toison inférieure. Cette toison est surtout douce et épaisse sur le ventre. Les nutrias creusent des terriers dont la sortie se trouve en partie sous l'eau. A chaque portée naissent cinq à douze jeunes. Ils sont velus et voient immédiatement.

Les nutrias mesurent entre 70 et 100 cm, dont 30 à 40 cm sont constitués par la queue. Les couleurs du pelage varient entre le brun-jaune grisâtre et le brun foncé. Les nutrias ont la tête du castor et la queue dégarnie du rat. Leur nourriture se compose pour une grande partie de plantes mais ils se régalent également de poisson ou de tout autre animal qu'ils parviennent à attraper. Un phénomène étonnant des nutrias femelles est la position dorsale des tétins.

L'OTARIE

Quand on dit otarie, on pense surtout à celle de la Californie. Nous la connaissons en effet comme équilibriste dans les cirques. Les mâles peuvent mesurer 2,5 m et atteindre un poids d'environ 200 kg. De très vieux exemplaires peuvent atteindre un poids qui dépasse de moitié le poids normal. Les femelles sont plus petites et ne pèsent pratiquement jamais plus de 100 kg. Lorsque ces animaux sortent de l'eau, leur peau est brillante et foncée, proche du noir. Lorsque leur peau est sèche, elle est plutôt brune. Les otaries ont l'habitude d'avaler des pierres. On ne sait pas si celles-ci servent à faciliter la digestion de la proie dans l'estomac ou à influencer leur poids spécifique lors du plongeon.

Les otaries sont des mammifères possédant un corps aérodynamique dont l'aspect extérieur ressemble à celui d'un poisson. Elles ont de petites oreilles externes qui leur confèrent une ouie excellente. Leurs membres postérieurs peuvent se replier sous elles, ce qui leur permet d'avancer sur le sol à une vitesse relativement élevée. Elles se nourrissent principalement de pieuvres, de poissons, de crabes et d'autres animaux aquatiques. A l'époque des amours, les mâles sont les premiers à arriver sur la plage où ils délimitent leur territoire. Quelques semaines plus tard, les femelles se rendent sur la plage pour y mettre bas le produit des accouplements de l'année précédente. Chaque mâle essaie d'attirer le plus de femelles possible dans son harem. Puis naissent les petits. Peu après, les otaries procèdent à un nouvel accouplement. Les jeunes vivent à terre pendant sept ou huit semaines pendant lesquelles ils sont nourris uniquement du lait de la mère.

LE PHOQUE

Les phoques n'ont pas d'oreilles externes comme les otaries et ne sont pas à même de ramener leurs membres postérieurs vers l'avant en les glissant sous leur corps. Les phoques rampent sur le ventre par soubresauts en s'aidant de leurs nageoires antérieures, ce qui leur permet d'atteindre une vitesse relativement élevée. Les phoques sont des nageurs gracieux qui lorsqu'ils sont à la recherche de nourriture comme les poissons, les homards, les crabes ou les coquillages, peuvent rester sous l'eau pendant vingt minutes au moins. Les véritables phoques habitent le long des côtes de l'Europe, de l'Amérique du Nord et du Nord-Est asiatique. Les petits naissent sur les plages et sur les bancs de sable et de boue recouverts d'eau par marée haute. Les petits nouveaux-nés sont très développés à la naissance et sont capables de nager peu de temps après leur venue au monde, bien qu'au début ils soient quelque peu maladroits.

Il existe plusieurs espèces de phoques mais nous ne parlerons ici que du phoque commun. Les mâles mesurent entre 150 et 180 cm et les femelles mesurent quelques cm en moins. Le poids varie entre 70 et 200 kg. Le pelage épais est constitué de poils courts et hérissés dont la couleur varie. Il y a des phoques qui ont un pelage gris argenté alors que d'autres portent un "manteau" brun ou presque noir. Entre ces deux extrêmes il y a de nombreuses nuances. Souvent, les pelages clairs sont pourvus de mouchetures et de taches foncées alors que les pelages foncés présentent des taches claires. Un phoque peut rester sous l'eau pendant plus de 20 minutes.

L'ELEPHANT DE MER

Les éléphants de mer sont les plus grands phoques dépourvus d'oreilles. Ils doivent leur nom au museau en forme de trompe qui caractérise les mâles adultes. Cette trompe est gonflable et atteint de grandes dimensions lors de la période d'accouplement. Elle sert à augmenter l'intensité du rugissement. Les femelles sont privées de cet organe. La mue des éléphants de mer est impressionnante. La vieille peau se détache par lambeaux pour faire place aux poils nouveaux qui poussent en dessous de l'ancienne. Ce phénomène semble très irritant pour les animaux. Ils se frottent contre les rochers et essaient de calmer les démangeaisons en se roulant dans la boue. Lors de la période de reproduction, les mâles arrivent les premiers sur terre. Les femelles les y suivent une semaine plus tard. Chaque mâle essaie de réunir un harem autour de lui. Dix-huit jours après la naissance des petits, la femelle est fécondée une nouvelle fois. Après cinq semaines, les petits se jettent à la mer.

Ils doivent leur nom à un museau en forme de trompe. Les mâles peuvent mesurer de 6 à 7 m et peser entre 2 et 3 tonnes, parfois plus. Les femelles sont de moitié plus petites que leurs seigneurs et atteignent à peine un poids d'une tonne. Il n'existe que deux espèces d'éléphants de mer, les éléphants du nord et les éléphants du sud. Les deux espèces ont le même aspect et les mêmes mœurs. Leur couleur est généralement gris foncé; le pelage est constitué de poils durs et courts. Ces animaux présentent souvent des cicatrices sur le corps qui sont le résultat de combats qui opposèrent les mâles pour la conquête du harem. Ces combats s'accompagnent de nombreux rugissements.

LE LION

Souvent on appelle le lion le « roi des animaux ». Seuls les mâles ont une forte crinière qui les fait apparaître plus grands qu'ils ne le sont en réalité. Les lions sont les seuls félidés à vivre en groupe. Ces groupes se composent d'un ou de plusieurs mâles adultes, d'un certain nombre de femelles et de lionceaux. Ces derniers reçoivent les soins amoureux du groupe tout entier. Les lions chassent également en groupe ce qui leur permet de dresser une embuscade à leur proie avec tactique. Bien qu'en général ce sont les lionnes qui tuent la proie, ce sont les mâles qui les premiers commencent à la dévorer. Ils se régalent surtout des intestins qui contiennent le plus de vitamines. Puis ce sont les lionnes qui mangent suivies des lionceaux. Comme les petits ne mangent que les restes, ils n'ingurgitent pas suffissamment de vitamines et meurent souvent prématurément.

Un lion adulte mesure environ 2,5 à 3 m dont 70 à 80 cm sont constitués par la queue terminée par une touffe de poils. Le poids des mâles peut atteindre 200 kg, celui des femelles 150 kg au plus. Le pelage est de couleur fauve et est plus clair sur le ventre. La crinière des mâles (les lionnes n'en possèdent pas) pousse sur la tête, le cou et les épaules et se prolonge quelquefois jusqu'à la poitrine et sur le ventre. Il y a bien longtemps, les lions étaient une espèce très commune en Europe du Sud, en Asie du Sud et dans les régions à l'est s'étendant jusqu'au nord et au centre de l'Inde. L'Asie ne compte plus actuellement que 160 à 180 lions qui sont regroupés dans la réserve de Gir en Inde. La majorité des lions vivent en Afrique orientale dans des réserves où ils sont protégés.

Les tigres présentent des différences relativement importantes quant aux diverses races surtout en ce qui concerne la taille. La sous-espèce la plus grande (le tigre de Sibérie) mesure entre 280 et 320 cm, y compris la queue d'un mètre. Le poids peut atteindre entre 175 et 225 kg. Les femelles sont plus petites. Les tigres vivent dans les broussailles et à la lisière des forêts. La toison dont les couleurs oscillent entre le jaune-brun et le rouge-brun est décorée de lignes verticales noires ou brun-noir. Ce contraste de couleurs forme un excellent moyen de protection dans les régions boisées. (Le lion vit sur les grandes étendues et possède de ce fait une toison d'un brun uniforme). Les tigres qui vivent dans le grand nord ont une fourrure plus longue et plus serrée.

LE TIGRE

Le tigre est le plus grand des félidés. Il n'en existe qu'une espèce, mais elle se divise en plusieurs sous-espèces. Des huit races de tigre, six sont menacées de disparition ou sont déjà exterminées. Autrefois, les tigres peuplaient de grands territoires en Asie. A l'origine, ils vivaient en Sibérie, mais par la suite ils se mirent à descendre vers le sud. Actuellement, l'on ne trouve des tigres qu'en Sibérie, dans le Sud-Est asiatique, à Java et à Sumatra. En général les tigres vivent solitaires, c'est-à-dire seuls, contrairement au lion qui vit en groupe. La technique d'attaque du tigre consiste à guetter sa proie et à bondir sur elle. Il arrive aussi que cette attaque soit précédée d'une brève poursuite. Parfois il mange du poisson qu'il attrappe avec beaucoup d'agilité. Les tigres sont d'excellents nageurs mais ce sont les moins bons grimpeurs des félidés.

La taille des jaguars peut atteindre entre 2 et 2,5 m avec une queue de 65 à 70 cm. Le pelage est d'un brun jaunâtre avec des reflets dorés et des taches circulaires ou rosettes; ces rosettes sont plus grandes que celle de la panthère. La robe du jaguar est ponctuée au centre d'une ou deux taches noires. Il existe cependant aussi des jaguars avec une robe noire. Le nom 'jaguara' que lui donnent les indiens dans leur pays signifie «le carnassier qui attrappe sa proie d'un seul bond». Les jaguars se nourrissent de viande animale que leur procurent leurs petites proies telles que les singes, les écureuils, les oiseaux et de temps en temps les crocodiles.

LE JAGUAR

Le jaguar ressemble à la panthère par la couleur. Néanmoins, il est plus grand et sa queue plus courte. Le territoire du jaguar s'étend du sud-ouest des Etats-Unis jusqu'en Patagonie, au sud de l'Amérique latine. Il vit principalement dans les forêts vierges, mais il se peut qu'on le rencontre en rase campagne, à la recherche de nourriture. Le jaguar chasse aussi bien au sol que dans les arbres, car c'est un excellent grimpeur. C'est en outre un très bon nageur. Sa nourriture se compose de mammifères et d'oiseaux ainsi que de poissons qu'il attrape dans l'eau grâce à ses grandes et solides griffes. Le jaguar vit seul et non en petits groupes. Les jaguars ne se réunissent que pour s'accoupler; après l'accouplement, les mâles et les femelles se séparent à nouveau.

LE CHAT

Aujourd'hui, il est généralement admis que le chat fut domestiqué pour la première fois par les Egyptiens. Selon toute vraisemblance, il descendrait du chat cafre ou nubien d'Afrique. Les chats chassent de préférence la nuit. Le jour, leurs pupilles sont bridées, mais dans l'obscurité, elles sont rondes pour capter le maximum de lumière. Lorsqu'un chat se perd ou est abandonné, il devient vite sauvage. Il cause de grands dégâts dans les champs en massacrant les oisillons et les mammifères. Ils ne poursuivent pas leur proie mais se glissent vers elle. Ils peuvent attendre pendant longtemps, ils sont infiniment patients. Souvent, l'on voit des chats dans une position d'attente devant le trou d'une souris. Généralement les chats miaulent mais lorsqu'ils se sentent bien, ils se mettent à ronronner. Par son 'glapissement' bien connu, le matou essaie d'impressionner la chatte.

Tous les carnassiers traités dans cette encyclopédie, tels que lion, tigre, panthère, jaguar, puma, guépard ou lynx, appartiennent à la famille des félidés. Celle-ci se divise en grands félidés et petits félidés. Le puma se situe entre les deux de par sa constitution. La taille d'un chat domestique est d'environ 75 cm dont un tiers est constitué par la queue. La couleur du pelage varie beaucoup d'un spécimen à l'autre; il existe plusieurs races de chats: le chat persan, birman, siamois, abyssin, le chat bleu russe et bien d'autres encore. Une race bien connue est le chat de Man, ce chat a une queue très courte ou pas de queue du tout, il a la démarche sautillante. Son nom dérive de celui de l'île de Man bien qu'il soit originaire d'Extrême-Orient.

LE GUEPARD

Le guépard vivait autrefois dans les savanes et terrains découverts de presque toute l'Afrique, en Arabie et en Asie du Sud. Actuellement, il a disparu du territoire le plus étendu d'où il était originaire. Dans ces régions, il était dressé pour la chasse. Le guépard a des griffes obtuses, qui ne sont que partiellement rétractiles. Ses pattes sont particulièrement longues et toute la forme de son corps indique une propension à la vitesse. Sur de courtes distances, le guépard est le mammifère terrestre le plus rapide du monde. Lors de l'attaque, il terrasse sa proie avec ses pattes de devant et la mord à la gorge. Sa proie favorite est l'antilope. Comme la plupart des animaux sauvages, les guépards sont en voie de disparition car on les chasse pour leur fourrure.

Le guépard mesure environ 2 m et a une queue dont la taille varie entre 70 et 80 cm. La couleur du pelage varie entre le jaune-roux et le brun jaunâtre; le ventre quant à lui présente une teinte plus claire. Le pelage est couvert de taches noires qui se transforment en cercles vers l'extrémité de la queue. Le guépard présente un gros trait noir, qui part de l'œil, descend vers le nez et encadre le museau. La couleur du pelage des petits présente au cours des premiers mois qui suivent la naissance une différence par rapport à celle des adultes: le dos est gris-brun, le ventre est foncé et la queue, plus foncée encore, se termine par un point blanc. Contrairement aux adultes, ces jeunes animaux sont d'excellents grimpeurs.

LE LYNX

Le lynx d'Europe vit dans les forêts de la partie septentrionale de l'Europe et de l'Asie. Il choisit de préférence des forêts de sapins où il peut chasser toutes sortes d'animaux, allant des insectes aux cerfs. Chaque lynx a son territoire bien délimité où il ne tolère aucun de ses congénères. On voit se réunir mâles et femelles pendant la période d'accouplement uniquement. Le lynx est un coureur infatigable. Il peut poursuivre la trace d'une proie sur plusieurs kilomètres. C'est également un bon grimpeur et il n'est pas rare de le voir guettant sa victime dans un arbre. Lorsque celle-ci vient à passer, il se jette sur elle. Il tue les grandes proies en les mordant dans le cou. Les jeunes lynx naissent velus mais aveugles, soit dans le creux d'une roche soit dans le trou d'un arbre. Les jeunes quittent le nid après deux mois et accompagnent leur mère à la chasse. Ils sont adultes après deux ans environ.

Actuellement, on ne distingue plus que deux espèces de lynx: le lynx commun dont on rencontre plusieurs sous-espèces en Europe, en Asie et dans la partie septentrionale de l'Amérique du Nord et le lynx roux dans la partie méridionale de l'Amérique du Nord où il est également appelé 'bobcat'. Le lynx dont la taille varie entre 90 et 110 cm, est légèrement plus grand que le lynx roux dont la taille oscille entre 70 et 95 cm. La couleur du pelage des deux espèces est gris-brun avec des taches noires que l'on remarque surtout sur la poitrine et les pattes. Leur queue est très courte et le pinceau de poils noirs qui orne leurs oreilles est plus long chez le lynx que chez le lynx roux. Autrefois, on comptait le caracal parmi les lynx mais bien qu'il en soit un proche parent, il appartient à un autre genre.

LA HYENE TACHETEE

La taille des hyènes tachetées peut atteindre quelque 190 cm dont 30 à 40 cm sont constitués par la queue. A la naissance les petits ont un pelage brun foncé mais après 3 ou 4 mois celui-ci se transforme en une toison gris-jaune avec des taches foncées. Outre les hyènes tachetées il existe également des hyènes rayées et des hyènes brunes. Les premières sont plus petites que les tachetées. Leur pelage est gris orné de raies foncées, leur crinière est érectile. On en trouve non seulement en Afrique mais également en Arabie et dans le Sud-Ouest asiatique. La hyène brune qui est une espèce rare, se rencontre dans le sud de l'Afrique; son pelage est brun foncé et gris sur le cou, les pattes sont striées transversalement.

L'on rencontre des hyènes tachetées sur de vastes étendues d'Afrique, au sud du Sahara. On peut les considérer comme une sorte de service de nettoyage. Elles dévorent les charognes, aussi pourries soient-elles, en un temps record. En réalité, elles dévorent tout ce qui ressemble à un animal. Elles mangent même des insectes. Mais les hyènes tachetées peuvent également poursuivre une proie qu'elles ont mise en fuite et la rattraper. Elles chassent généralement par bandes. Dès que la proie est capturée, elles se mettent à la déchiqueter vivante. Les hyènes tachetées produisent des sons proches d'un hurlement mais lorsqu'elles sont excitées, comme lors de la période d'accouplement, elles font entendre un 'ricanement'. Ce sont de véritables animaux nocturnes, passant la plus grande partie de la journée dans des antres ou des grottes entourées de broussailles épaisses. Mais il leur arrive aussi d'être actives pendant la journée.

Les ratons laveurs sont des animaux robustes, lourds et très poilus; leur tête ornée d'un 'masque' présente un air amusant. Leur taille varie entre 40 et 90 cm avec une queue de 15 à 25 cm. Malgré leur air pataud, les ratons laveurs sont d'excellents coureurs quoique leur démarche présente un balancement étrange. Le raton laveur commun se subdivise en 25 sous-espèces. Il existe en outre une espèce appelée le raton crabier qui se subdivise en 5 sous-espèces et que l'on rencontre en Amérique du Sud; sur les îles situées face à la côte du Mexique et de la Floride on trouve encore 5 autres espèces plus petites. Ces animaux furent importés en Russie Blanche et en Allemagne, actuellement leur aire de dispersion s'est étendue jusqu'au Luxembourg.

LE RATON LAVEUR

Le raton laveur est probablement l'un des mammifères les plus connu d'Amérique. Son territoire s'étend en effet du nord de l'Amérique centrale jusqu'au Canada. Ses orteils sont longs et ses pattes antérieures ressemblent beaucoup à de petites mains qu'il utilise avec autant d'agilité que les singes. Le raton laveur a la réputation de ''laver'' ses aliments du moins lorsqu'il est en captivité car il semblerait que le raton laveur qui vit en liberté n'ait pas cette habitude. Dans des régions boisées, il passe la nuit perché sur un arbre. Dans les plaines, il cherche plutôt un abri dans une caverne quelconque. Dans les régions plus froides, le raton laveur passe la plus grande partie de l'hiver en hibernation, vivant de sa propre réserve de graisse. Il mange pour ainsi dire tout ce qu'il trouve, que ce soient des plantes ou des animaux. Il est le grand ennemi des poulaillers.

Les loups peuvent mesurer entre 140 et 190 cm y compris la queue dont la longueur varie entre 30 et 50 cm. Ils présentent des ressemblances assez marquantes avec le chien de berger. Leur pelage est néanmoins plus hérissé et ils sont plus hauts sur pattes. Vu ces caractéristiques, ils sont les représentants typiques de la famille canine. Le pelage présente de grandes variations, la couleur variant entre le brun jaunâtre, le gris, le fauve, le noir et même le blanc. Les loups ont une grande capacité d'adaptation et supportent facilement les différences de climat. En été, le pelage est peu fourni alors qu'en hiver il est très épais. Il existe plusieurs sous-espèces dont la plus connue est celle du loup roux, une sous-espèce en voie d'extinction.

LE LOUP

En général l'on considère le loup comme l'ancêtre du chien. Autrefois, on le rencontrait dans pratiquement tout l'hémisphère nord. Cependant, il fut tellement pourchassé par les hommes qu'on ne le trouve plus que dans les régions les plus sauvages d'Europe orientale, d'Asie et de l'Amérique septentrionale. Lorsqu'il est en colère, il dresse les poils du cou qui prennent ainsi l'apparence d'une crinière. Le loup est un carnassier vorace et sans pitié qui chasse seul ou en bande. Les loups se réunissent en bande lorsqu'ils doivent pourchasser un animal de taille. Ils font preuve d'une grande endurance et sont capables d'épuiser tout animal qu'ils traquent. Les louveteaux naissent dans une tanière creusée par la louve. Lorsque les jeunes sont à même de quitter le nid, ils reçoivent des leçons de chasse de leurs parents. Les louveteaux sont adultes après un ou deux ans.

LE CHIEN

Jusqu'à présent, les savants ne sont toujours pas tombés d'accord sur l'origine des chiens domestiques. Il y a pourtant trois possibilités : l'une serait le loup, l'autre serait un croisement entre un loup et un chacal commun, une troisième serait le chien sauvage, une race éteinte depuis longtemps et qui différait sensiblement du loup ou du chacal. Cette dernière possibilité est basée sur des études faites sur des squelettes de chiens datant de la préhistoire et découverts récemment. Le chien est probablement le premier animal à avoir été domestiqué. On ne sait pas encore aujourd'hui quand ce processus de domestication aurait débuté, mais l'on suppose qu'il doit remonter à environ 10 000 ou 15 000 ans. L'on découvrit de nombreux squelettes de chien datant de l'an 8 000 avant Jésus-Christ en Europe centrale et septentrionale ainsi qu'en Asie et au Moyen-Orient. Ces animaux présentaient des molaires plus petites que celles des espèces sauvages.

Il n'y a pas d'animal domestique aux dimensions aussi variables que notre fidèle quadrupède, le chien. Un élevage intensif a donné naissance à quelques 400 races de chiens différentes. La race la plus petite est représentée par le chihuahua, haut de 15 cm. La plus grande est celle du chien-loup irlandais dont certains spécimens atteignent une hauteur au garrot de près d'un mètre ! On répartit également les chiens par groupes : les chiens de chasse, les chiens de berger, les chiens de compagnie, les chiens de garde et les chiens de défense. La seule race de chien 'sauvage' que nous connaissions encore aujourd'hui est celle du dingo australien. On suppose que cet animal fut emmené il y a plus de cent mille ans d'Asie en Australie.

LE RENARD

Les renards communs se rencontrent dans tout l'hémisphère septentrional quoique certains zoologues considèrent le renard roux d'Amérique du Nord comme une espèce à part. Le jour, il se cache dans son terrier, mais il devient très actif au crépuscule. C'est le moment où il va chasser les rats, les souris et les lapins bien qu'il se satisfasse également d'oiseaux, d'insectes, de vers, de baies, de champignons et de pourriture. Souvent l'on considère que les renards sont les propagateurs de la rage et pour cette raison ils sont pourchassés dans bien des pays. Les régions où une telle extermination a eu lieu est immédiatement envahie par de nouveaux renards venant des contrées voisines. En France, les renards vivent principalement sur des terrains sablonneux où leur nombre est maintenu en équilibre par la chasse. Les renards vivent seuls. Les mâles et les femelles se réunissent uniquement à la période des amours. Les petits naissent au nombre de quatre ou huit.

On reconnaît immédiatement un renard à son museau effilé, à ses grandes oreilles et à sa queue touffue. La taille est relativement variable et change d'une sous-espèce à l'autre. Il existe en outre une grande variation de couleurs: le dos, oscillant entre le sable clair et le fauve foncé et le ventre entre les couleurs claires et le blanc. Dans la majorité des cas, l'extrémité de la queue est blanche, mais il y a parfois des exceptions. A leur naissance les renardeaux mesurent entre 10 et 15 cm. Pendant 3 à 4 semaines ils sont nourris exclusivement avec le lait maternel. Le premier morceau de viande qu'ils ingurgitent a d'abord été digéré dans l'estomac de la mère. Par la suite, la mère leur apporte de la nourriture par le museau.

LE BARIBAL

Appelé aussi ours noir, le baribal américain vivait autrefois sur l'ensemble du territoire nord-américain, du Mexique central jusqu'en Alaska. Malheureusement il fut exterminé par l'homme dans maints endroits, et on ne le retrouve plus aujourd'hui que dans quelques régions. Actuellement, il est devenu l'hôte des parcs nationaux. Les baribals ne pratiquent pas à vrai dire l'hibernation bien qu'ils ne mangent pas l'hiver. Pendant cette période, ils vivent de la graisse accumulée au cours de la saison précédente. Néanmoins, il leur arrive de dormir pendant de longues périodes et de se réveiller uniquement lorsque le temps devient plus doux. Pendant les mois d'hiver, ils donnent naissance à 2 ou 3 petits, qui viennent au monde nus et aveugles. Ils têtent et dorment pendant deux mois pendant que leur mère continue à dormir. Les jeunes restent environ une demie-année près de leur mère. Les baribals sont omnivores: fruits, baies, insectes, oisillons, petits mammifères et même pourriture.

Le baribal ou ours noir mesure en moyenne 150 cm bien qu'il existe des spécimens de 180 cm de haut. Le poids varie entre 100 et 200 kg. La courte queue mesure un dm. Il y a plusieurs phases dans la couleur du pelage: noir, différents tons de brun, jaune et même blanc. Ces diverses phases peuvent se rencontrer dans une seule portée. Souvent le museau est brun mais il est généralement plus clair que le reste du corps. Les baribals se déplacent la plupart du temps sur quatre pattes mais ils peuvent également se tenir en position debout sur leurs pattes de derrière. On les voit souvent dans cette position dans les jardins zoologiques en mendiant leur nourriture. Les baribals, même adultes, sont connus comme étant d'excellents grimpeurs.

L'OURS BLANC

Les ours blancs vivent le long des côtes et sur les îles de l'Arctique. Ils séjournent au sud de la banquise. Leur fourrure jaunâtre épaisse et chaude, recouverte de longs poils, les fait se fondre dans le cadre ambiant des étendues et des blocs de glace. Les ours blancs dévorent tout ce qui est mangeable : des mammifères, des oiseaux, des œufs, des poissons, des cadavres de baleines et de morses rejetés par la mer. Au printemps, lorsque la neige se retire de certains endroits, les ours blancs se mettent en quête de baies, de tubercules, de racines et d'autres aliments de ce genre. Leur nourriture principale est néanmoins le phoque. L'ours polaire se glisse vers le phoque lorsqu'il est endormi ou l'attend près d'un trou de respiration jusqu'à ce qu'il surgisse à la surface. L'ours saisit le phoque avec ses grandes griffes le tire du trou jusqu'à lui et l'assomme. Les jeunes naissent dans une tanière creusée dans la neige, où ils restent sous la coupe de leur mère pendant une longue période.

Les ours blancs sont des carnivores terrestres collossaux dont les mâles mesurent entre 2 et 2,5 m; les femelles sont sensiblement plus petites. La caractéristique principale de ces ours est leur tête et leur cou allongés, leurs petites oreilles et le nez légèrement recourbé; cela se voit bien sur la photo. Ses doigts sont à demi palmés et lui permettent de fendre les flots avec une grande facilité. La plante des pieds est protégée par une semelle de poils qui les isole du sol ce qui leur facilite la marche sur la glace. Ils se déplacent donc facilement sur les surfaces glissantes et lors de poursuites ils peuvent atteindre des vitesses proches de 25 km à l'heure.

L'hermine mesure près de 40 cm, la queue de 10 cm y compris. Les mâles sont plus grands que les femelles. En été, le pelage est fauve sur le dos et blanc-jaune sur le ventre; les oreilles sont bordées d'un trait aux couleurs claires. Au nord de leur aire de dispersion qui s'étend sur tout l'hémisphère septentrional, la fourrure est blanche en hiver. Mais été comme hiver, l'extrémité de sa queue touffue reste toujours noire. L'hermine ressemble beaucoup à la belette qui en est une proche parente, mais celle-ci est plus petite et n'a pas cette extrémité noire qui orne la queue des hermines. La fourrure change de couleur à chaque mue qui a lieu deux fois par an, au printemps et en automne.

L'HERMINE

Les hermines vivent dans la partie septentrionale de l'hémisphère nord, soit en Europe, en Asie et en Amérique du Nord. Ces petits carnassiers ultra-rapides se rencontrent dans des types de paysages très divers, là où ils trouvent de la nourriture suffisante et un abri naturel. Bien que ces animaux sveltes se montrent parfois le jour, leur véritable chasse ne commence qu'au crépuscule. Les hermines s'appliquent surtout à attrapper des souris, des taupes, des lapins et des oiseaux couvant au sol. Les petits, dont le nombre varie entre quatre et huit, naissent dans une chambre natale creusée dans un trou quelconque. Après la période de sevrage, ils restent auprès de leur mère pendant un long moment encore. Les hermines chassent en famille mais dès l'approche de l'hiver le lien familial est rompu et chaque individu est abandonné à son sort.

LA LOUTRE

En Europe, la loutre se fait de plus en plus rare. Ce phénomène est dû à son extermination par l'homme et à la pollution des eaux. Les loutres vivent solitaires, sauf à la période de l'accouplement. Elles chassent de préférence pendant les heures nocturnes. Bien qu'elles attrapent beaucoup de poissons, elles se régalent également de rats fouisseurs et de rats musqués ainsi que d'oiseaux aquatiques et leurs œufs, de grenouilles et de crustacés. Les loutres creusent des tanières dans les berges, cachées sous un amas de buissons. En France, les loutres construisent également leurs nids au-dessus du sol entre les brousailles, sur une île flottante ou dans un creux d'arbre. Les jeunes, au nombre variant entre 2 et 4, naissent en n'importe quelle saison. Leurs yeux ne s'ouvrent qu'après 4 à 5 semaines. Avant d'atteindre l'âge adulte, il leur faut attendre 2 à 3 ans. Une loutre qui se voit obligée de fuir alors qu'elle se trouve par terre se met à galoper par bonds de plus d'un mètre.

Les loutres peuvent mesurer 120 cm, y compris la queue de 50 cm. Celle-ci est large à la base et se termine en pointe. Le museau est large lui aussi et les oreilles sont petites. Le pelage est brun, plus foncé sur le dos que sur le ventre. Les poils du pelage lustré forment une fourrure épaisse, imperméable à l'eau. Le museau est garni de moustaches raides qui font office de tentacules. Les pattes sont pourvues de cinq orteils reliés entre eux par une membrane natatoire. Les loutres sont à la fois des animaux aquatiques et des animaux terrestres. Ce sont d'excellentes nageuses qui peuvent atteindre une vitesse élevée. Elles nagent principalement avec les pattes arrière et effectuent des mouvements sinueux avec le tronc et la queue. Il existe 18 espèces de loutres.

LE DAUPHIN

Les dauphins appartiennent à la famille des odontocètes. Ils ressemblent quelque peu aux marsouins mais ceux-ci sont généralement plus petits et ont un nez plus épaté. Celui des dauphins est fin et pointu. Le dauphin commun peut atteindre 2,5 m et le marsouin peut atteindre 4 m. Les dauphins nagent en troupes et sont propulsés dans l'eau par le mouvement vertical rapide de leur large nageoire horizontale. Ils sortent régulièrement de l'eau pour reprendre leur souffle. Ils aiment suivre les navires et divertissent les voyageurs avec leurs jeux impressionnants. La couleur du dos des dauphins varie entre le brun foncé et le noir alors que le ventre est blanc. Les flancs sont ornés de bandes plus claires.

Le dauphin est le plus connu et le plus populaire des cétacés. On le considère comme un animal très intelligent et ses prouesses acrobatiques font de lui la vedette des parcs zoologiques. Il arrive que ces animaux viennent sillonner nos eaux côtières. Les dauphins sont d'excellents nageurs sur de grandes distances et de grands gourmands quand il est question de poissons. Leur nourriture se compose également de pieuvres et de crevettes. Les dauphins attendent 5 ou 6 ans avant d'atteindre l'âge adulte. Le rut a lieu au printemps et en été; la femelle porte ses petits pendant un an. Les petits naissent la queue en avant. Immédiatement après la naissance, le petit est soulevé par la mère et amené à la surface pour qu'il puisse prendre l'air. La mère est assistée en cela par les autres femelles. Celles-ci protègent la mère et le petit contre les attaques des requins attirés par le sang perdu par la mère lors de la naissance.

Le premier cheval vivait il y a environ 50 à 60 millions d'années. Il mesurait 30 cm de haut et avait 4 orteils aux pattes antérieures et 3 aux pattes postérieures. L'évolution eut lieu en Amérique du Nord. Il y a environ 2 millions d'années, on vit apparaître un ongulé évolué haut de 130 cm qui ressemblait au cheval actuel. Ces animaux pénétrèrent en Asie, en Europe et en Afrique par le pont terrestre. Selon toute vraisemblance, les premiers chevaux ont été domestiqués en Chine et en Mésopotamie aux environs de 3500 avant Jésus-Christ. Après que l'on ait inventé les brides, les éperons, les fers à cheval etc., l'usage du cheval se répandit rapidement dans toute l'Europe. Les mustangs d'Amérique du Nord sont des chevaux domestiques importés qui sont retournés à l'état sauvage.

LE CHEVAL

Il existe de nombreuses races de chevaux domestiques, chacune ayant un but déterminé. Les chevaux ont de nombreux tons différents; il y a des chevaux unis et des chevaux bigarrés. On élève les chevaux "de sang" pour les courses. Toutes les races de chevaux de sang actuelles proviennent du croisement de trois étalons arabes avec des juments rapides.
En 1793, les premiers pur-sang furent inscrits dans le livre des origines; une nouvelle race était née. Pour des raisons de facilité nous répartirons les chevaux en deux groupes: les chevaux à sang froid et les chevaux à sang chaud. Cette appellation n'a à vrai dire aucun rapport avec la température du sang. Les chevaux à sang froid sont de grandes bêtes lourdes et puissantes, relativement lentes, aptes aux travaux de force à la ferme par exemple. Les chevaux à sang chaud légers et rapides sont utilisés pour les courses.

L'ANE

Il n'existe qu'une espèce d'âne sauvage. Autrefois, il y avait trois sous-espèces dont deux sont éteintes actuellement. Il n'existe plus que quelques centaines d'exemplaires de la troisième, qui vivent en Somalie et en Ethiopie. Ces trois sous-espèces sont les ancêtres de nos ânes domestiques. Si le cheval travailla tôt au service de l'homme, l'âne y travailla encore beaucoup plus tôt. Ce qui est surprenant dans la comparaison de l'âne avec le cheval, c'est que par rapport au cheval, quelques races d'ânes seulement sont soumises à l'élevage. Ces races présentent des couleurs différentes variant du blanc au noir. Actuellement, l'âne n'est plus aussi souvent utilisé comme bête de somme ou comme monture. C'étaient pourtant ses fonctions principales dans le passé. Dans certains pays, l'âne est élevé pour sa viande. Le salami — une saucisse à base d'oignons et d'ail — est parfois produit à base de viande d'âne. L'ânesse produit un lait très nourrissant car il contient plus de sucre et de protéines que le lait de vache.

Le mulet et le bardot sont apparentés à l'âne. Le premier est issu du croisement d'un âne et d'une jument alors que le bardot provient du croisement d'un cheval et d'une ânesse. Ces croisements eurent déjà lieu dans l'Antiquité. Ces deux espèces sont cependant stériles et il faut toujours recourir à des croisements entre chevaux et ânes pour maintenir leur espèce en vie. Il semblerait cependant qu'il existe des bardots orientaux tout à fait particuliers qui soient en mesure de se reproduire. Les bardots intelligents ressemblent à des ânes: leurs oreilles sont longues et leurs pattes fines; les mulets ressemblent plus à de petits chevaux.

LE ZEBRE

A cause de leurs rayures très marquantes, les zèbres sont souvent appelés chevaux-tigres. Tout comme les ânes la queue est pourvue d'une touffe terminale et leur crinière est toujours soigneusement dressée. Les zèbres sont de véritables équidés sauvages qui vivent en troupeaux dans les savanes de l'Afrique. En période de sécheresse, ils forment d'énormes troupeaux. Souvent les zèbres s'entourent de gazelles, de gnous, d'antilopes et d'autruches. Bien que ce troupeau présente un aspect assez hétéroclite, il offre une plus grande protection contre les prédateurs qui sont à l'affût. A chacun sa façon de regarder les choses! La femelle porte son petit pendant un an environ. A chaque portée naît un seul poulain. Il parvient à se mettre debout en quelques minutes et après quelques heures il gambade joyeusement dans la plaine. Les poulains viennent généralement au monde lors de la période des pluies, lorsque l'herbe est très tendre.

De tous les zèbres, le zèbre de Grévy est le plus grand. La hauteur au garrot varie entre 140 et 160 cm. Le pelage présente de nombreuses zébrures qui se prolongent jusqu'aux sabots. Le ventre et la tache ronde au coccyx ou miroir, ne présentent pas de rayures. Les zèbres des montagnes sont plus petits. Ils se répartissent en deux sous-espèces: le zèbre du Cap et le zèbre de Chapman. La hauteur au garrot de ces animaux varie entre 118 et 132 cm. Le zèbre des steppes ou cauaggas, le plus méridional des zèbres se subdivisait autrefois en 5 sous-espèces mais actuellement il n'y en a plus que 3, 2 sous-espèces ayant été exterminées par l'homme. La hauteur au garrot de ces zèbres varie entre 120 et 140 cm. Les cauaggas produisent un son étrange.

Le rhinocéros blanc peut mesurer près de 5 m et atteindre un poids de 3 tonnes. Sa peau est grise mais cette couleur est peu perceptible car le rhinocéros aime se vautrer et se rouler dans la poussière et sa couleur devient alors blanchâtre, jaunâtre ou rougeâtre selon la couleur du sol d'où le nom de rhinocéros « blanc ». Cette couche de boue séchée le protège contre la chaleur du soleil et les morsures d'insectes. Son museau se termine par deux cornes dont la corne antérieure est plus longue que la corne postérieure. Ce sont surtout ces cornes qui valent au rhinocéros d'être poursuivi par l'homme car celui-ci était convaincu que les cornes réduites en poudre pouvaient produire un effet médicinal. En Afrique, il existe une deuxième espèce de rhinocéros : le rhinocéros « noir ».

LE RHINOCEROS BLANC

Le rhinocéros blanc se rencontre en Afrique sous deux formes : le rhinocéros du nord et le rhinocéros du sud. Le rhinocéros du nord se rencontre en quantités restreintes dans certaines parties du Soudan et à l'est du Zaïre ; le rhinocéros du sud habite un territoire assez petit dans la partie orientale de l'Afrique australe. Les rhinocéros blancs ne sont aucunement blancs ; ils sont juste un peu plus clairs que leurs congénères « noirs ». Ils broutent en se servant de leur lèvre supérieure préhensile. Ils prennent l'herbe entre leurs lèvres et l'arrachent. Avec le rhinocéros unicorne, le rhinocéros blanc est après l'éléphant le plus grand mammifère terrestre encore en vie. Le rhinocéros se reproduit très lentement. La période de gestation atteint pratiquement un an et demi et le premier petit est allaité par sa mère pendant au moins deux ans.

LE SANGLIER

Les sangliers sont originaires d'Europe, d'Asie et d'Afrique du Nord mais ont également été exportés vers d'autres pays en tant que gibier de chasse. Ils se développent facilement partout car ils se sentent chez eux dans chaque habitat, que ce soient des terrains secs ou mouillés, des régions montagneuses ou des plaines, des forêts ou des terrains de culture. Leurs endroits de prédilection sont cependant les marécages car ils peuvent s'y vautrer à cœur joie. Les sangliers sont des omnivores et mangent tout ce qui se présente, que ce soient des matières végétales ou animales. Ils se nourrissent en outre de tubercules et de racines qu'ils déterrent. Ils sont d'excellents fouisseurs étant donné que leur groin se termine par un boutoir, qui est une espèce de disque soutenu par un cartilage. En fouissant le sol, les sangliers détruisent de nombreuses cultures. C'est pourquoi l'homme chasse le sanglier depuis des siècles.

Le pelage du sanglier varie entre le gris, le brun ou le noir. Il mesure en moyenne 125 cm mais certains mâles (verrats) sont plus grands. Il n'est pas rare que ces animaux atteignent un poids de 190 kg. Les truies pèsent moins. Les défenses des mâles peuvent atteindre entre 20 et 30 cm. Les 3 à 12 petits qui naissent après une période de gestation de 4 mois sont bruns à l'origine avec des rayures de teinte claire. Les vieux verrats vivent généralement seuls; les truies forment des groupes avec les jeunes. Les sangliers sont des coureurs rapides et en outre de très bons nageurs. Pendant la journée, ils se tiennent cachés dans les fourrés et ne réapparaissent que le soir pour aller chercher de la nourriture.

LE COCHON

Actuellement, les principales races porcines sont le Landrace belge et hollandais; ce sont des races très fécondes qui produisent de beaux jambons; il y a encore le Grand Yorkshire dont la viande est d'excellente qualité et il y a aussi le Piétrain. Cette dernière race est plus fréquente en Belgique qu'aux Pays-Bas. Elle se reconnaît immédiatement aux dessins noirs et blancs qui marquent son pelage. Il a fallu attendre ces dernières années pour que l'on importe des races qui ne descendent pas du sanglier. Une de ces races importées était le porc du Vietnam à ventre pendant et au museau de carlin. L'élevage porcin prend de plus en plus d'extension dans nos régions.

Nos cochons domestiques dont il existe actuellement de nombreuses races descendent des sangliers d'Europe et d'Asie. Ils furent probablement d'abord domestiqués en Asie et ensuite en Europe. A l'époque où les hommes vivaient encore de chasse et erraient d'un endroit à un autre, il était très difficile d'emporter ces animaux au cours des pérégrinations. Il est donc probable que les cochons ne sont devenus des animaux domestiques qu'à partir du jour où les hommes s'implantèrent dans un endroit fixe comme fermiers pour y vivre d'agriculture. Dans un premier temps les cochons furent élevés pour leur viande et leur graisse, mais de vieux documents prouvent qu'ils furent également employés à d'autres services notamment comme bêtes de trait. Dans l'Egypte ancienne, les cochons furent utilisés pour battre le blé et pour enfoncer les grains de froment dans la terre: il se faisait que les sabots des cochons s'enfonçaient juste à la profondeur requise pour que le grain puisse prendre racine.

L'HIPPOPOTAME

L'hippopotame est un proche parent des porcs et est un des plus grands mammifères terrestres. Autrefois il vivait dans le Nil, mais de nos jours on n'en trouve plus que dans le cours supérieur du fleuve. Il a également presque disparu des autres régions d'Afrique et ne vit plus que dans les réserves. Le jour, ces colosses se tiennent dans l'eau. En général, seuls les yeux, les oreilles et les narines — qu'ils sont capables de fermer — dépassent de l'eau. La nuit, ils remontent les berges pour trouver de la nourriture bien qu'ils dévorent de grandes quantités de plantes aquatiques. Lorsque les hippopotames se prélassent au soleil, leurs glandes cutanées dégagent un liquide rougeâtre qui dégouline le long du corps par petits filets. Ce liquide a une fonction protectrice, il ne s'agit pas de sang issu d'une sudation comme on le croyait auparavant. En général, les femelles ne mettent bas qu'un seul petit. Celui-ci naît sous l'eau où a lieu également l'allaitement.

Les hippopotames mesurent généralement entre 350 et 450 cm. Il n'est pas rare de trouver des spécimens de plus de 3 000 kg. La couleur du pelage est gris-brun avec une teinte plus claire sur le ventre. Les yeux sont entourés de taches couleur chair. Dans la gueule, il y a d'énormes canines recourbées qui mesurent en moyenne 70 cm. Mais certaines mesurent jusqu'à 1 m. Les femelles sont plus petites que les mâles. Dans les pays qui se trouvent au nord du Golfe de Guinée, vit dans les rivières qui coulent au travers des forêts une espèce plus petite, appelée hippopotame nain. C'est une espèce à part qui mesure environ 175 cm et dont le poids atteint 250 kg. Il se trouve sur la liste des animaux en voie de disparition.

LES CAMELIDES

Il y a plusieurs sortes de camélidés à bosses. Ceux qui ne présentent qu'une seule bosse s'appellent dromadaires et ne se rencontrent plus à l'état sauvage. Ils sont élevés en Afrique du Nord et au Proche-Orient. Ceux qui ont deux bosses s'appellent chameaux. A l'état sauvage on rencontre les chameaux par petits troupeaux dans le désert de Gobi. Ils sont un peu plus élancés et présentent de plus petites bosses que les chameaux domestiques. Ce sont des animaux très farouches. Les chameaux sont très bien adaptés à la vie dans le désert. Pendant les tempêtes de sable, leurs yeux sont protégés par de longs cils qui empêchent la pénétration du sable et ils dégagent en outre une grande quantité de liquide. Les narines sont pourvues de muscles qui permettent de les fermer. Après une longue période de soif, un chameau peut boire jusqu'à 100 litres en dix minutes. Les bosses des chameaux sont des entrepôts de graisse et ne constituent pas des 'réservoirs d'eau' comme on le croit généralement.

Le nom dromadaire ne servait à l'origine qu'à désigner le «chameau d'Arabie» domestiqué mais actuellement il s'utilise pour tous les camélidés à une bosse. Ils se distinguent des chameaux d'Asie qui ont deux bosses. La hauteur au garrot des chameaux atteint en moyenne 2 m alors que la hauteur à la bosse de certains étalons se situe aux environs de 250 cm. Le dromadaire est plus petit que le chameau mais son poids est pour ainsi dire égal. Ces animaux se nourrissent principalement d'aliments végétaux et se régalent aussi bien d'herbes pleines de sève que de plantes sèches du désert. La période de gestation est d'un an environ. Chez la plupart des mammifères, la mère lèche le petit après la naissance. Ce n'est pas le cas des chameaux. Le petit court après quelques heures.

> *La hauteur au garrot du lama est de 120 cm et celle à la tête est de 160 cm. Il existe néanmoins des individus plus grands. La couleur de sa toison varie beaucoup, elle se situe entre le fauve, le blanc ou le noir. Certains lamas sont unicolores à une période de l'année et tachetés à une autre période. L'alpaga qui est une espèce domestiquée, est plus petit que le lama et fournit une laine d'excellente qualité. Les guanacos et les vigognes sont des lamas sauvages d'Amérique du Sud. Contrairement aux chameaux, ils ne possèdent pas de bosse. Les guanacos ressemblent à des moutons avec de longues pattes et un long cou. Ils sont plus petits que les lamas mais les vigognes sont encore plus petites. Celles-ci ne pèsent qu'entre 45 et 50 kg. Les lamas sont très capricieux et en colère ils crachent.*

LE LAMA

Le lama est un animal domestique d'Amérique du Sud et cousin proche du chameau. Certains zoologues sont d'avis que l'ancêtre sauvage du lama est le guanaco mais cet avis n'est pas partagé par tous. D'autres espèces de lamas sont la vigogne sauvage et l'alpaga, forme domestique (voir légende). Pour les gens vivant sur les sommets des Andes, le lama est une bête de somme indispensable. Il peut rester longtemps sans eau ou sans nourriture et effectuer des marches de plusieurs jours. Si les lamas peuvent vivre en altitude, cela est dû au fait que leur sang absorbe plus d'oxygène que celui des autres mammifères. Les femelles vivent en troupeaux et servent exclusivement à la reproduction et pour leur laine. Les lamas fournissent aux montagnards de la laine, du cuir pour leurs sandales, de la graisse pour la fabrication de bougies et des excréments qui séchés, servent comme combustible.

La taille et le poids des cerfs européens varient considérablement. Les spécimens les plus lourds se rencontrent dans la partie orientale de leur aire de dispersion et plus précisément dans les Carpates. Certains zoologues considèrent que les espèces asiatiques sont des sous-espèces du cerf européen. En été, le pelage fauve est serré et lisse, alors qu'en hiver il est plutôt gris et plus épais. Les cerfs ont souvent des bois avec de nombreuses ramifications. En 6 ans les bois se transforment du bois simple de la première année en bois à dix cors. Chaque année voit pousser de nouvelles ramifications (cors) sur le merrain (ou tige centrale de la ramure du cerf). Après la sixième année, la ramure continue à pousser et devient de plus en plus longue et de plus en plus grande.

LE CERF ELAPHE

Le cerf élaphe est réparti dans presque toute l'Europe. Il vit dans des forêts très étendues et il n'est pas rare de rencontrer en France de belles hardes ou troupeaux. Ces hardes sont généralement conduites par une vieille biche. Les mâles vivent solitaires ou en petits groupes, mais à la période des amours ils viennent rejoindre les biches. A cette période, l'on peut assister à de vifs combats entre mâles pour la possession des biches. Leur cri, appelé bramement se fait entendre à travers les forêts. Les cerfs mangent de la bruyère, de l'herbe, des aiguilles de pin, l'écorce des arbres mais également des feuilles, des champignons, de la mousse, des glands et des faînes. La durée de gestation est de 33 à 34 semaines. Les biches mettent bas dans les taillis. Il n'y a qu'un faon par portée, rarement deux. Les premiers jours, le petit reste dans le gîte construit par la mère, mais après une huitaine de jours, il suit sa mère et tous deux rejoignent le troupeau.

LE CHEVREUIL

Les chevreuils vivent dans la majeure partie de l'Europe et de l'Asie. Dans nos régions, il n'est pas rare d'en rencontrer. Ils choisissent de préférence les bois à clairières et les parcs. Ces animaux ont l'art de se déplacer dans les épaisses broussailles sans se faire remarquer. Grâce à leurs pattes à la fois élancées et tendineuses, les chevreuils sont en mesure de courir très vite ou de sauter. Ce sont aussi de bons nageurs quoiqu'ils le fassent rarement de leur propre gré. Le jour, ils se tiennent cachés parmi la végétation et au crépuscule ils se mettent en quête de nourriture. Avant que le soleil ne pointe à l'horizon, ils regagnent leur gîte. En hiver leur nourriture se compose de rameaux, de glands, de faînes, d'aiguilles de pin etc. alors qu'en été ils se nourrissent d'herbe, de trèfles et de plantes agricoles de tout genre. (Si vous trouvez un chevrotin, ne le touchez pas car il y a alors des chances que la mère le repousse et qu'il meure).

Le chevreuil fait partie des petits cervidés. Un bouc adulte atteint une hauteur au garrot d'environ trois quarts de mètres et pèse près de trente kg. La biche ou chevrette est plus petite et ne pèse pas même 20 kg. En été, la toison courte est brun fauve. En automne, elle devient grise et est plus longue et plus épaisse. La tache que le chevrotin porte à l'écusson, appelé 'miroir', est blanche en hiver et jaunâtre en été. Les bois qui coiffent uniquement les mâles sont relativement courts et droits. Ils présentent rarement plus de trois ramifications (cors). Ils tombent au cours des derniers mois de l'année et atteignent leur développement maximal en mai, époque à laquelle les bois sont libérés de la cosse.

L'OKAPI

L'okapi ne fut découvert qu'en 1900 par Sir Harry Johnston. Celui-ci croyait au début qu'il s'agissait là d'une espèce chevaline. Par la suite, il se révéla cependant qu'il était plus proche de la girafe. Les okapis vivent seuls dans les forêts vierges d'Afrique centrale où ils empruntent régulièrement les mêmes sentiers. La nourriture de l'okapi se compose de feuilles, de rameaux et de branches qu'ils arrachent à l'aide de leur longue langue. Celle-ci est très mobile. Leur cou est également long et souple ce qui permet une rotation telle de la tête que la langue peut atteindre chaque partie du corps même l'intérieur des oreilles ! La gestation de l'okapi est très longue tout comme chez la girafe, atteignant une durée de 14 à 15 mois. A chaque portée naît un seul petit que la mère allaite pendant environ six mois. A la naissance, le petit est haut de trois quarts de mètre et pèse environ 20 kg.

L'okapi mesure environ 250 cm; la queue atteint une longueur de 30 à 40 cm. La tête est très pointue et surmontée de grandes oreilles. Le pelage de l'okapi est brun foncé, court, lisse et brillant. Le bras et la cuisse sont rayés de blanc, le bas des membres est en majeure partie blanc. Seul le mâle a des cornes courbées en arrière sur l'os frontal et ce contrairement à la girafe. Pour boire et manger au sol l'okapi doit, tout comme la girafe, écarter les pattes de devant. Les okapis sont muets tout autant que les girafes mais il arrive qu'à des moments très rares ils produisent un son. Dans les jardins zoologiques, on consacre beaucoup de temps aux soins des okapis car leurs intestins sont très souvent infestés de vers.

LA GIRAFE

La girafe se rencontre uniquement en Afrique où son aire de dispersion est très fragmentée. Cet animal fut exterminé par l'homme dans bien des endroits et ce à cause de son beau pelage. L'habitat préféré des girafes sont les savanes arides et les semi-déserts. Grâce à son long cou et à sa vue développée la girafe est en mesure de regarder loin autour d'elle pour dépister à temps d'éventuels ennemis. Son long cou lui permet également d'atteindre très facilement les feuilles et les branches des arbres les plus hauts, de préférence les acacias. La langue est particulièrement dure et rugueuse et permet même d'attraper des branches épineuses. Pour manger des plantes qui se trouvent par terre, la girafe doit écarter les pattes. Elle fait de même pour boire. Après une gestation de 15 mois, la femelle met bas un petit (rares sont les portées de 2 jeunes). Cela se fait en position debout. Après un quart d'heure, le petit peut se mettre sur ses pattes et il se met à courir après quelques heures.

Les girafes ne peuvent être confondues avec aucun autre animal. Les grands mâles peuvent atteindre une hauteur totale de six mètres ! Les différentes races diffèrent cependant considérablement quant à la taille. Le cou d'une longueur extraordinaire n'est pas très flexible. Comme les autres animaux, la colonne vertébrale se compose uniquement de sept vertèbres de 40 cm chacune. En général, le pelage des girafes est d'un jaune brunâtre marqué de taches brunes et brun foncé mais le dessin des taches varie lui aussi d'une race à l'autre. Les girafes ont de grands yeux avec de longs cils. Au-dessus de la tête se trouvent deux excroissances osseuses recouvertes de peau. Ce ne sont donc pas de véritables cornes.

LE BUFFLE DE LA CAFRERIE

Il existe diverses races de buffles cafres qui vivent en Afrique, au sud du Sahara. Au tournant du siècle, de nombreux buffles sont morts à cause d'une épidémie de peste qui à cette époque faisait rage parmi les bovidés. Heureusement, les animaux ont survécu à ce fléau. Les buffles cafres dépendent de l'eau. Leur habitat préféré sont les marécages et les mares où ils peuvent prendre un bain de boue. Ces bains leur procurent non seulement un rafraîchissement mais les protègent contre la vermine qui se loge dans leur peau. Leur nourriture se compose principalement d'herbe mais lorsque celle-ci se fait rare, ils se satisfont également de feuilles et de rameaux. En général, ils donnent naissance à un seul petit à la fois après une période de gestation d'environ 10 à 11 mois. Après quelques minutes seulement, le petit buffle est capable de se tenir sur ses pattes et il se met à courir avec sa mère quelque temps après. Nombreux sont ceux qui considèrent ce buffle comme très dangereux.

Les buffles de Cafrerie sont des bovidés de forte constitution. Ils ont un pelage de teinte foncée et d'énormes cornes. Celles-ci sont très larges à la base. D'abord elles se dirigent vers le bas pour s'épanouir ensuite vers le haut et se terminer en pointe. Il arrive que ces cornes mesurent 1 m. Le record d'envergure est d'un mètre et demi! Les buffles cafres mesurent en moyenne 350 cm. Les plus grands spécimens peuvent peser une tonne (1 000 kg). Il n'existe qu'une espèce de buffle cafre mais il y a de nombreuses races locales dont les plus connues sont le buffle des savanes et le buffle rouge de forêt. Cette dernière race est relativement petite et a des cornes dirigées vers l'arrière. Ce type de buffle s'est adapté à la vie dans les épaisses forêts.

LA VACHE

Une des races bovines les plus connues est sans aucun doute la race pie-noire, la célèbre race frisonne. Ces vaches fournissent de grandes quantités de lait et de viande. D'autres races connues sont la race du Meuse-Rhin-Yssel, la Lakenvelder pie-noire et pie-rouge et la Blaarkop (étoilée au front). Cette dernière race peut être aussi bien rouge ou noire de peau. Une vache a quatre estomacs. La nourriture arrive d'abord dans le rumen où elle subit une première transformation sous l'effet des micro-organismes qui s'y trouvent; ensuite elle passe dans le bonnet où elle prend la forme de petites boules et retourne dans la gueule pour y être ruminée. Dans le feuillet, la nourriture ruminée est écrasée une nouvelle fois et parvient dans la caillette où a lieu la digestion.

On ne sait toujours pas quand l'homme a commencé à élever les vaches. L'on suppose que leur domestication a commencé il y a environ 6 000 ans, mais il se peut qu'elle soit bien antérieure à cette époque. De nombreux zoologues ont émis l'avis que nos bovins descendent du bœuf primitif ou « auroch ». Cet animal vivait autrefois dans toute l'Europe, l'Asie et l'Afrique du Nord. Le bœuf primitif fut exterminé par l'homme parce qu'il devenait trop nuisible pour l'agriculture. En Europe, on connaît surtout les squelettes trouvés au Danemark, dans le sud de la Suède et le Nord de l'Allemagne. Mais il a vécu pour ainsi dire dans toute l'Europe, excepté dans les contrées les plus nordiques. Le dernier mourut en 1627 en Pologne de la main d'un braconnier. Un élevage sélectif a permis à de nombreuses nouvelles races de bovidés de voir le jour. Certaines races produisent du lait, d'autres de la viande alors que dans divers pays on les utilise aussi comme animal de trait.

LE BISON

Les bisons sont des bovidés d'une grande robustesse qui peuvent atteindre un poids de 1 000 kg. Les génisses sont considérablement plus petites que les taureaux. Ces animaux semblent bossus à cause de la bosse qu'ils portent sur le dos. Leur fourrure épaisse est d'un brun rougeâtre. Le poil foncé qui recouvre la tête, le cou, les épaules et le haut des membres antérieurs est très rugueux et long. Les deux sexes portent de petites cornes. En Europe vit le bison d'Europe qui n'existe plus à l'état sauvage mais que l'on retrouve encore dans les jardins zoologiques et dans certaines réserves. Dans la forêt de Bialowieza située de part et d'autre de la frontière polono-soviétique, l'on trouve une centaine de spécimens.

Il fut un temps, il n'y a pas si longtemps de cela, d'innombrables bisons sauvages erraient dans les immenses prairies de l'Amérique du Nord. Il y en avait des dizaines de millions ! Certains troupeaux atteignaient une largeur de 40 km et une longueur de 60 km. L'homme commença à faire une chasse impitoyable et effrénée aux bisons, ces massacres atteignirent le summum lorsque l'on commença la construction de la ligne de chemin de fer du Pacifique qui traversait de part en part le territoire des bisons. A la fin du siècle dernier il n'en restait plus que quelques centaines. Le gouvernement est intervenu juste à temps pour protéger les bisons. Les petits nombres restants furent mis dans des parcs nationaux du Canada et des Etats-Unis. Actuellement on estime leur nombre à 30 000 têtes environ. Les bisons mangent principalement de l'herbe et à chaque saison ils parcourent de grandes distances à la recherche de pâturages favorables.

LE GNOU

Il existe deux espèces de gnous: le gnou commun, bleu ou strié et le gnou à queue blanche que l'on ne trouve plus à l'état sauvage. Il y a plusieurs sous-espèces dont les couleurs varient de l'une à l'autre. Les gnous ont le cou court et la tête longue et étroite. Les cornes lisses sont larges à la base; bien que dirigées vers l'extérieur, les pointes des cornes sont droites. Les gnous ont une crinière et une grosse barbe en dessous du menton. Le gnou strié est de couleur gris-bleu et est marqué de rayures brunâtres sur le cou et la partie du corps qui s'étend jusque derrière les épaules. La queue ressemble à celle d'un cheval et sert à chasser les insectes. Les gnous à queue blanche ne se rencontrent plus que dans des régions protégées de l'Afrique du Sud.

Les gnous, appelés « wildebeest » (animal sauvage) par les Boers se rencontrent uniquement dans la partie sud de l'Afrique. Ce sont des antilopes proches des bovidés qui vivent en troupeaux et se nourrissent d'herbes de toutes sortes, de préférence de jeunes pousses. Lors de la saison des pluies, ces animaux se dispersent dans les plaines étendues mais en période de sécheresse ils se tiennent en lisière des plaines et suivent le cours des petits fleuves à la recherche d'herbe fraîchement apparue à la suite d'une averse locale. Après une période de gestation d'environ huit mois, le gnou donne naissance à un petit. En quelques minutes, il parvient à se mettre sur ses pattes et peu de temps après il peut déjà courir. Il y a néanmoins un grand taux de mortalité parmi les jeunes gnous. Nombreux sont ceux qui deviennent la proie des carnassiers ou qui sont séparés de leur mère. Les lions sont de loin les plus grands ennemis des gnous.

L'ANTILOPE

Actuellement, les belles antilopes ne se rencontrent plus en grand nombre qu'à l'ouest de l'Afrique australe, et en particulier dans le Kalahari. Autrefois, les troupeaux se composaient souvent de plusieurs milliers d'exemplaires mais leur nombre s'est actuellement réduit à quelques centaines de spécimens. Leur habitat se situe dans les steppes et les semi-déserts où elles passent leur temps à chercher des herbes et des plantes herbacées. Les antilopes sont capables d' effectuer des sauts en hauteur de plus de trois mètres. Lors de ces sauts, elles ont le dos courbé et les pattes tendues. Derrière le dos se trouve un grand repli cutané. Lorsque l'antilope saute, ce repli se retourne la face intérieure tournée vers l'extérieur, ce qui fait apparaître une longue ligne blanche. Celle-ci sert de signal d'alarme pour les autres animaux du troupeau. A ce signal, les animaux s'enfuient à toute vitesse, le corps entièrement tendu.

Les antilopes sont d'élégantes gazelles d'Afrique du Sud; elles sont élancées et ont un cou relativement long, une petite queue frétillante et de grands yeux. Le pelage est jaune-brun sur le dos, blanc sur le ventre et entre les deux il y a une large bande noire qui se prolonge sur les flancs. Le front est blanc au centre et parcouru d'une ligne noire qui relie les yeux au museau. Les deux sexes portent des cornes qui forment des anneaux jusqu'aux extrémités. Elles forment une courbe vers l'extérieur dont les extrémités sont retournées vers l'intérieur. Elles mesurent environ entre 30 et 40 cm. La durée de gestation des antilopes est généralement de 170 jours. A chaque portée naît en moyenne un petit qui reste près de sa mère pendant six mois.

LE CHAMOIS

Les chamois appartiennent à la famille des antilopes-chèvres. Ce sont de véritables montagnards qui habitent les hautes montagnes d'Europe. Leur territoire s'étend de l'est jusqu'au Caucase. Les différentes montagnes abritent des races également différentes. En été, les chamois montent jusqu'au sommet des montagnes, mais en hiver, lorsque le temps y est froid et la végétation rare, ils descendent vers les régions plus basses. On les rencontre le plus souvent sur les flancs des montagnes où ils se nourrissent de la rare végétation composée de plantes de toutes sortes dont les plantes sèches et les aiguilles de conifères. Les chamois sont de merveilleux sauteurs et grimpeurs. Ils vivent en troupeaux et quand le troupeau broute, il y a toujours une 'vigie', ou animal de garde qui donne le signal d'alarme par un coup de sifflet perçant suivi d'un piétinement des pattes de devant. Les mâles vivent la plupart du temps solitaires, mais ils rejoignent les troupeaux au moment du rut.

Les chamois possèdent une vue et une ouie particulièrement développées et se laissent par conséquent difficilement approcher. Ils mesurent environ 120 cm et atteignent une hauteur au garrot de 80 cm. Les chamois mâles peuvent peser jusqu'à 50 kg; les femelles sont plus légères. Les deux sexes portent des cornes. Elles portent des sillons transversaux et sont verticales, leur pointe est courbée en arrière. Leur pelage est constitué de longs poils qui recouvrent une fourrure laineuse épaisse. En été, les chamois sont brun clair et leur dos est parcouru par une longue bande foncée. Le pelage est beaucoup plus foncé en hiver. Les dessins de la tête ressemblent à ceux de la gazelle: une ligne noire part de la base des cornes, traverse l'œil et se dirige vers le nez.

LE MOUTON

Les moutons ont été domestiqués par l'homme il y a bien longtemps. Le début de la domestication remonte probablement à plus de 10 000 ans. Ces animaux sont faciles à élever. Ils se regroupent en grand nombre sur les herbages où ils se gardent aisément. Il suffit de penser aux milliers de moutons que l'on rencontre sur les grandes plaines d'Amérique et d'Australie. Au cours des siècles on éleva plusieurs races de moutons qui furent exportées dans toutes les parties du monde. Les moutons ont un horaire journalier bien déterminé: ils broutent tôt le matin et tard dans l'après-midi; pendant les heures intermédiaires, ils se reposent et ruminent. Le mâle du mouton s'appelle le bélier et la femelle la brebis. La durée de gestation est de 5 mois, période après laquelle naissent les agneaux, si joyeux qui vont gambadant sur l'herbe, tableau que nous connaissons tous. La mère les allaite pendant environ 6 semaines, mais les petits commencent déjà à brouter l'herbe avant la fin du sevrage.

Actuellement il existe environ 750 races de moutons. Le mouton de Texel, connu pour sa belle laine et sa bonne viande, se rencontre dans de nombreux pays. La brebis des bruyères de Drente est plus petite et est connue depuis 6 000 ans au moins. Les brebis de bruyères ont joué un rôle important dans l'économie des régions au sol sablonneux, qu'elles enrichissaient de fumier. L'engrais chimique bouleversa quelque peu cette situation. Maintenant il n'y a plus que quelques troupeaux qu'on élève pour maintenir la race et pour attirer les touristes. Les brebis des bruyères fournissent une viande de première qualité mais une très mauvaise laine. Le lait des brebis laitières est excellent. Sur l'illustration ci-dessous, vous pouvez voir le mouton à longue laine de Lincoln.

La domestication de notre chèvre domestique remonte probablement à plus de 10 000 ans avant Jésus-Christ. Seuls les boucs possèdent une 'barbiche' et répandent une odeur nauséabonde propre aux boucs. La plupart des races élevées en Europe ont des oreilles dressées, possèdent ou non des cornes courtes recourbées vers l'arrière et des poils relativement longs. On les élève principalement pour leur lait quoique dans certaines régions on les élève également pour leur viande. Leur peau quant à elle est souvent transformée en cuir. Ces derniers temps, l'élevage de chèvres naines dont la hauteur dépasse rarement les 60 cm, connaît un grand essor chez les amateurs. Chez les chèvres on voit souvent naître des 'hermaphrodites' (bissexuelles).

LA CHEVRE

L'on considère que l'ancêtre de notre chèvre domestique est la chèvre bézoard. Elle doit son nom au bézoard, un calcul formé dans son estomac et que l'on croyait jadis être un contre-poison efficace. A l'époque des voiliers, les chèvres étaient emmenées à bord des navires pour fournir de la viande et du lait à l'équipage. Souvent, des jeunes naissaient à bord. Lorsque leur nombre devenait trop important, on abandonnait les chevreaux sur une île. Les chèvres sont très fertiles et retournent rapidement à l'état sauvage. Elles mangent littéralement tout ce qui leur tombe sous la dent et en moins de temps qu'il ne faut pour le dire, il ne reste plus rien de la végétation. Un bon exemple de ce phénomène est Curaçao où vivent beaucoup de chèvres sauvages (cabris). Autrefois, cette île était couverte de forêts tropicales; actuellement, la végétation y a pour ainsi dire complètement disparu à cause des chèvres. Des clôtures ont été placées un peu partout sur l'île pour protéger les plantations.

Les mouflons mesurent entre 110 et 120 cm et atteignent une hauteur au garrot de 65 à 75 cm. Le pelage est rouge-brun avec une légère tache sur le dos ('selle'). Le ventre, la partie inférieure des pattes et le museau sont blancs. Le front des béliers est orné de magnifiques cornes en spirale qui mesurent environ 60 cm. Le pelage est constitué d'une épaisse fourrure de laine recouverte d'une couche de solides jars luisants. Chez les moutons domestiques, cette couche de jars a complètement disparu à la suite de l'élevage. D'autres mouflons sauvages sont les aruis, les argalis, les géants parmi les mouflons habitant les montagnes d'Asie centrale, les mouflons des neiges, les bighorns et les mouflons de Dall dont certaines espèces sont totalement blanches.

LE MOUFLON

Le mouflon est le plus petit mouton sauvage d'Europe. A l'état sauvage, on ne le rencontre qu'en Corse et en Sicile. Mais son aire de dispersion s'est étendue à de nombreuses parties d'Europe notamment l'Europe centrale. Ces animaux sont encore de pure race mais dans maints endroits les mouflons furent croisés avec d'autres moutons, sauvages ou domestiques, pour constituer de beaux trophées de chasse. En dehors de la saison de reproduction, les mouflons mâles vivent dans des troupeaux séparés des brebis et des agneaux. La période de gestation dure environ 5 mois et à chaque portée naissent 1 ou 2 petits qui, tout comme les petits des moutons domestiques, se mettent à courir très vite. Les mouflons mangent de l'herbe et des plantes herbacées. Tout comme les moutons, ils broutent tôt le matin et tard l'après-midi et se reposent la journée.

L'ELEPHANT D'AFRIQUE

Les ancêtres des éléphants vivaient il y a environ 60 à 70 millions d'années. Actuellement, il n'en existe plus que deux espèces: l'éléphant d'Afrique et l'éléphant d'Asie. Ce sont les plus grands mammifères terrestres au monde. L'éléphant d'Afrique habite de grandes régions subdésertiques d'Afrique. On en rencontre beaucoup dans les parcs nationaux qui sont parfois même surpeuplés. La nourriture de ces animaux à trompe se compose de feuilles, de branches, d'herbe, de fruits, d'écorce etc. Ces colosses dévorent des quantités énormes. Pour se procurer leur nourriture, les éléphants se conduisent en véritables 'destructeurs' : ils déracinent les buissons et les arbres, arrachent les branches et les feuilles mais ne mangent pas tout. Ils boivent en outre de grandes quantités d'eau: ils absorbent 10 litres à la fois. Ils aspirent l'eau dans leur trompe et la versent dans leur bouche; cette opération est répétée une vingtaine de fois.

L'éléphant d'Afrique est considérablement plus grand que son proche parent l'éléphant d'Asie. On distingue deux sous-espèces, l'éléphant des steppes ou de savane et l'éléphant de forêt. Ce dernier est le plus petit. Un éléphant de savane pèse en moyenne entre 5 000 et 7 000 kg. On a même trouvé un spécimen pesant 12 000 kg ! L'extrémité de la trompe de l'éléphant d'Afrique est constituée de deux 'doigts' ou 'lèvres' alors que l'éléphant d'Asie n'en a qu'un. Ils se servent de leur trompe pour collecter la nourriture et pomper l'eau qu'ils boivent ou qu'ils déversent sur le dos. Il leur arrive également de répéter cette opération avec de la poussière. Les éléphants d'Afrique ont d'énormes oreilles dont ils se servent comme d'un éventail.

Comme l'éléphant d'Asie vit dans des régions boisées et qu'il est moins exposé aux rayons chauds du soleil, ses oreilles sont plus petites que celles de son compère africain. Une autre différence marquante entre ces deux éléphants sont les défenses: l'éléphant africain possède de longues défenses. Les femelles en possèdent également mais elles sont plus petites que celles des mâles. Chez les éléphants d'Asie, seuls les mâles sont pourvus de défenses. A Ceylan, seul un petit pourcentage de mâles possèdent des défenses. Les éléphants produisent des borborygmes avec leur estomac. Ces borborygmes peuvent être réglés par eux et leur permet de rester en contact avec les autres animaux.

L'ELEPHANT D'ASIE

L'éléphant d'Asie, se rencontre en Inde, en Birmanie, en Thaïlande, en Malésie et sur quelques îles telles que Ceylan et Bornéo. Il n'est cependant pas exclu que les éléphants de Bornéo soient des animaux domestiques retournés à l'état sauvage. Dans la nature, l'on rencontre les éléphants d'Asie dans les habitats les plus divers bien qu'ils donnent la préférence aux régions boisées. Les mâles vivent séparés des femelles mais à la période des amours, ils rejoignent leurs compagnes. Depuis des siècles, les éléphants d'Asie rendent de grands services à l'homme. On les utilise principalement en sylviculture pour transporter les troncs les plus lourds. Tout comme l'éléphant d'Afrique, ils mangent de grandes quantités de plantes. La durée de gestation des éléphants est généralement de 21 mois. La plupart des éléphants qui peuplent les jardins zoologiques sont des éléphants d'Asie.

LES OISEAUX: INTRODUCTION

Les oiseaux existent depuis très longtemps. Ils se sont développés à partir de reptiles il y a plus de 140 millions d'années. C'est pourquoi les oiseaux présentent plusieurs points communs avec les reptiles: tous deux pondent des œufs et présentent un diamant. Chez les oiseaux, celui-ci se trouve à l'avant de la mandibule supérieure alors que chez les reptiles — comme par exemple le lézard — il se situe dans l'os incisif. C'est avec ce diamant que les oisillons et les jeunes reptiles brisent la coquille de l'œuf.

L'oiseau le plus ancien que l'on a trouvé sous forme de fossile (vestige durci ou empreinte) remonte à 130 ou 150 millions d'années. On trouva trois spécimens, tous gravés dans une pierre calcaire lithographique de Bavière. Le fossile fut appelé *Archéoptéryx*, ce qui signifie "vieille aile" (*archaios* = vieux et *pterix* = aile).

L'archéoptéryx était de la taille d'un corbeau ou d'une pie et conjuguait les doubles caractéristiques du reptile et de l'oiseau. Ce n'était cependant pas encore à vrai dire un oiseau tel que nous les connaissons aujourd'hui mais ce n'était plus un véritable reptile. La tête ressemblait à celle du lézard, la mâchoire était garnie de dents. La queue était longue et se composait de vingt vertèbres libres et les os des ailes étaient armés de trois griffes pointues. Il possédait en outre la caractéristique principale des oiseaux: il avait des plumes! Si l'on avait découvert ce fossile sans l'empreinte des plumes on aurait certainement cru qu'il s'agissait d'un reptile.

Grâce à ces plumes, on a pu déterminer que l'archéoptéryx était un oiseau; ce sont en effet les plumes qui distinguent les oiseaux des autres animaux. Les oiseaux qui volent présentent une crête saillante sur le sternum, appelée bréchet et auquel sont attachés les grands muscles alaires. Le sternum de l'archéoptéryx ne présentait cependant pas ce bréchet, ce qui nous laisse supposer que cet "oiseau primitif" volait difficilement. Cet animal se servait vraisemblablement de ses pattes et de ses griffes pour grimper sur les plus hautes branches des arbres et ainsi se laisser planer ou glisser vers un autre arbre. On suppose que cet "oiseau primitif" était un oiseau des bois, et ce d'après la forme de ses pattes, le grand orteil étant posé à l'opposé (ou derrière) des trois autres. Cette disposition des orteils permettait à cet animal de s'asseoir sur une branche. Il possédait en outre un certain nombre d'os creux ce qui entraîne une diminution du poids.

Les fossiles d'oiseaux que l'on découvrit par la suite remontent à 70 ou 100 millions d'années. Il s'agissait d'animaux aquatiques dont certains pouvaient voler et d'autres pas. On suppose que ces oiseaux furent les ancêtres des échassiers, des mouettes et des pingouins actuels. On trouva également des fossiles d'oiseaux datant de la même période et qui représentaient les ancêtres des grèbes, des pélicans, des hérons et des flamants actuels. On connaît plus de mille fossiles d'oiseaux d'espèces différentes et datant tous des 500 000 dernières années. Certains appellent cette époque "l'âge d'or des oiseaux". Il devait en effet y avoir 12 000 espèces différentes dont un quart environ a disparu. Actuellement il n'existe plus que 8 600 espèces différentes d'oiseaux.

Dès que les oiseaux issus des reptiles avaient pris leur forme propre, ils étaient prêts à se propager dans le monde entier. Cette propagation eut effectivement lieu car à partir de ce moment-là on a trouvé des oiseaux partout dans le monde. Les oiseaux pondent leurs œufs aussi bien dans le cercle arctique que dans l'antarctique (pôle Sud). Etant donné qu'ils étaient capables de voler, ils étaient en mesure de coloniser les îles les plus lointaines. En outre les oiseaux se sont adaptés à toutes sortes d'habitats ou de biotopes (lieux où toutes les conditions nécessaires à la survie d'une espèce donnée sont présentes); ils peuplèrent aussi bien les déserts arides que les forêts tropicales, les régions les plus dénudées que les régions les plus peuplées. La majorité des oiseaux ont conservé cette aptitude à voler, quelques-uns pourtant l'ont perdue. C'est le cas, par exemple, des coureurs: les autruches (p. 89), les émeus, les nandous, les casoars et les kiwis. Ces oiseaux se sont tous adaptés à une vie terrestre et sont devenus des coureurs rapides. D'autres oiseaux qui ne volent pas sont les pingouins (p. 88). Ils se sont parfaitement adaptés à leur vie aquatique.

Tous les biotopes offrent une nourriture différente, ce qui entraîne une très grande diversité dans la forme des becs. Ce qui explique pourquoi on trouve certains oiseaux qui ont le bec à bords dentelés; dans ce cas on parle d'un bec "dentelé". De tous les oiseaux que l'on connaît actuellement, il n'y en a néanmoins pas un qui ait de véritables dents. On rencontre de tels becs dentelés chez les harles. Ces oiseaux, qui font partie de la famille des canards, vivent principalement de poissons et leur bec fin à pointe crochue constitue donc un instrument parfait pour attraper la nourriture. Le grand héron cendré d'Amérique, un proche parent de notre héron cendré (p. 92), a un long bec dont les bords présentent de petites protubérances dirigées vers l'arrière. Lorsque l'oiseau attrape un poisson, celui-ci peut glisser vers l'intérieur et non vers l'extérieur. Certains becs sont particulièrement longs, les uns recourbés comme chez la bécasse de mer, les autres retroussés comme chez l'avocette. Le bec de la bécassine est droit et parcouru d'un nombre considérable de nerfs. Il convient à merveille pour fouiller en profondeur le sol marécageux. Le moindre mouvement d'un quelconque animal est enregistré par les organes tactiles et "télégraphié" au cerveau. Ce long bec est en outre très flexible. L'extrémité du bec supérieur peut être relevée vers le haut ce qui permet à l'oiseau d'attraper sa nourriture dans la terre. Les bécasses de mer picorent leur nourriture sur le sol ou à la surface de l'eau; mais il leur arrive également avec leur bec recourbé de fouir le sol pour rechercher de petits animaux. Souvent, ces oiseaux effectuent de puissants mouvements circulaires avec le bec retroussé, l'avocette fauche la surface de l'eau et récolte de petits animaux aquatiques. La spatule a un bec spatulé muni à ses extrémités de nerfs ultra-sensibles. Lorsque la spatule cherche sa nourriture, elle remue son bec dans l'eau. Les colibris, les plus petits oiseaux au monde, ont des becs tout à fait différents qui s'adaptent à merveille aux fleurs dont ils extraient le nectar. Les ahingas chassent les poissons sous l'eau et les embrochent sur leur bec lancéolé. Le bec du flamant est coudé (p. 95), celui des oiseaux de proie ou rapaces a une forme qui leur permet de déchiqueter leurs proies. Les pics (p. 126) ont un bec en forme de ciseau, dur comme un caillou, avec lequel ils frappent l'écorce pour la briser et la faire voler en éclats. Ils savent comment attraper la vermine qui se cache derrière celle-ci. Avec leur longue langue ils happent ces insectes vivants. Ce "ciseau" rend également de grands services dans la "forge" du pic. Cette forge est constituée par une noix, une pomme de pin ou tout autre objet de ce genre coincé dans la jointure de deux branches, dans une fente, dans un trou naturel ou un trou fabriqué par le pic.

En martelant cette "enclume", le pic pénètre jusqu'au noyau ou aux graines. Lorsque le pic construit son nid dans un tronc d'arbre, son bec effilé et dur comme l'acier lui est également d'une très grande utilité. Les becs-croisés ont un bec tout à fait particulier. Leur nourriture se compose de graines de diverses espèces de conifères tels les mélèzes, les sapins et les pins. Les différentes espèces de becs-croisés mangent des cônes différents. Le grand bec-croisé possède le bec le plus lourd et se régale principalement des cônes durs des pins, alors que les plus petites espèces donnent la préférence aux cônes des sapins et des mélèzes qui sont moins durs.

Tous les pétrels ont des narines tubulaires avec des prolongements en forme de tube. Au début, on croyait que celles-ci servaient d'organes réagissant aux courants d'air. Maintenant l'on s'est rendu compte que ces "tubes" ont une toute autre utilité. Il est bien connu qu'un naufragé qui boit de l'eau de mer est voué à la mort car ses reins ne sont pas en mesure de traiter le sel. Certains animaux qui avalent une grande quantité de sel avec leur nourriture n'en subissent aucun inconvénient et ce grâce à une grande glande saline qui atteint la narine par un petit tuyau. Cette glande sécrète un liquide dont la teneur en sel est considérablement plus élevée que celle de l'eau de mer. Il existe un certain nombre d'autres oiseaux marins qui possèdent également cette glande. Chez les fous blancs et les cormorans (p. 91) cette glande se trouve entre l'œil et la narine. Chez les pétrels, le liquide des glandes salines est sécrété par les petits tubes qui conduisent aux narines. Sans ces petits tubes, l'écoulement du liquide pendant le vol serait freiné par le courant d'air. Il existe encore un grand nombre d'autres formes de becs mais leur description prendrait trop de place. Les pattes des oiseaux présentent également une grande diversité. En premier lieu, les pattes permettent aux oiseaux de se maintenir debout mais elles sont utilisées dans d'autres buts encore. Les oiseaux qui vivent dans les arbres peuvent s'en servir pour s'agripper aux branches fines et aux pousses.

Chez la plupart des oiseaux, l'os iliaque est soutenu par des muscles solides dont les tendons relient l'os aux orteils en parcourant toute la longueur des pattes. Lorsque l'oiseau est en position de repos ou s'il se déplace d'un endroit à un autre, ces tendons sont complètement relâchés et les orteils sont tendus et écartés. Lorsqu'un oiseau vient se poser sur une branche, il est accroupi avec les pattes recourbées. Cette position a pour conséquence que les tendons se tendent et que les orteils se contractent et se courbent. Ainsi, les doigts se resserrent avec fermeté autour de la branche et il n'y a pas de danger que l'oiseau tombe de l'arbre même s'il est endormi.

Les jacanas sont des oiseaux aquatiques à longues pattes qui ressemblent quelque peu à la poule d'eau de nos régions (p. 110). On ne les trouve pas en Europe. Comparativement à leur taille, ils ont les plus longs doigts de tous les oiseaux. Ceci leur permet de courir et de sautiller aisément sur les feuilles des nénuphars blancs ou d'autres plantes aquatiques. Les rapaces ont des doigts solides et des griffes acérées (serres) avec lesquels ils attrapent et tuent facilement leur proie.

L'orfraie est un grand oiseau de proie piscivore. Elle vole à une hauteur variant entre 40 et 50 mètres au-dessus de la mer. Lorsqu'elle voit une proie, elle plonge. Au moment où elle atteint l'eau, ses griffes sont dirigées vers l'avant. Ses pattes sont non seulement robustes et armées de griffes tranchantes comme un rasoir mais elles sont également munies de protubérances piquantes sous les doigts ce qui permet à l'oiseau de bien tenir le poisson gluant. Cette orfraie est en outre capable de tourner le doigt extérieur vers l'arrière comme les hiboux. Il existe aussi un certain nombre d'oiseaux qui emportent toujours avec eux un petit peigne. C'est le cas par exemple des hérons et des engoulevents. L'ongle du doigt médian est dentelé comme un peigne. Ce petit peigne permet aussi d'éliminer la saleté et la bave des poissons, qui se trouveraient sur leur plumage.

La plupart des oiseaux aquatiques ont les pattes palmées. Il suffit pour cela de regarder les canards. Ils ont des pattes palmées "normales" avec une membrane entre les trois doigts, mais chez les cormorans (p. 91), les fous blancs et les pélicans le grand orteil est dirigé vers l'avant et les membranes relient les quatre doigts. Généralement, on subdivise la famille des canards en canards de surface et en canards fuligulinés ou plongeurs. Ces deux groupes se différencient par le doigt postérieur. Chez les canards de surface c'est un doigt normal mais chez les plongeurs il est muni d'un lobe relativement bien développé; cette membrane est utilisée par les oiseaux comme une "pédale" qui leur permet de "ramer" à grande vitesse vers les profondeurs de l'eau. Les foulques noires n'ont pas de palmure, les doigts sont lobés, c'est-à-dire entourés d'une épaisse membrane. Les grèbes présentent également de tels lobes. La poule d'eau n'a pas les pattes palmées ni lobées, elle est néanmoins une excellente nageuse. Il existe aussi des oiseaux avec de toutes petites membranes entre les doigts, appelées membranes tendeuses. Ces membranes se rencontrent surtout chez les oiseaux qui vivent dans les régions marécageuses. Les doigts généralement longs reliés entre eux par des membranes tendeuses empêchent ces oiseaux de s'enfoncer dans le sol.

Les lagopèdes dont l'habitat est recouvert de neige en hiver présentent une autre caractéristique pour ne pas s'enfoncer dans la boue. Leurs pattes sont en effet recouvertes de plumes jusqu'aux ongles. Ces pattes font donc office de raquettes. Les rapides autruches ont des pattes bizarres, uniquement munies de deux doigts. Les pics quant à eux ont deux doigts dirigés vers l'avant et deux doigts dirigés vers l'arrière afin de bien pouvoir s'agripper à l'écorce. Ces pattes dites de grimpeurs se rencontrent également chez le coucou, bien que celui-ci ne grimpe jamais. Il lui arrive quand même de temps en temps de s'agripper à l'écorce d'un arbre pendant un court moment.

Il existe également quelques espèces d'oiseaux qui utilisent un "outil" pour se procurer leur nourriture. Le pinson-pic fait partie de l'une des treize espèces de pinsons de Darwin qui peuplent les îles Galapagos. Son petit bec étant relativement court, il parvient néanmoins à y remédier en prenant une petite branche ou une épine de cactus dans le bec. Cet "instrument" lui permet de fouiller les fentes des écorces pour y chercher les insectes et les larves qui s'y nichent. Le percnoptère d'Egypte est friand d'œufs d'autruche. Son bec est cependant trop faible pour briser la coquille. Ce vautour sait néanmoins comment s'y prendre. On a notamment constaté que cet oiseau parvient à casser la coquille en jetant l'œuf contre une pierre ou contre un autre œuf ou en laissant tomber une pierre

sur l'œuf. On a même observé un spécimen jetant une pierre d'un kilo sur un œuf et répétant cette action à plusieurs reprises.
Ce n'est pas la capacité de voler qui distingue les oiseaux des autres classes; il y a aussi d'autres animaux qui savent voler, comme par exemple les insectes et les chauves-souris. Ce qui les distingue néanmoins des autres groupes, ce sont les plumes dont ils sont les uniques détenteurs du monde animal. Les plumes n'ont pas pour unique fonction de permettre à l'oiseau de voler. Il y a des oiseaux non-volants qui possèdent également des plumes. Les plumes servent également à la régulation thermique (isolation), à l'imperméabilisation du corps et — fonction que l'on ne rencontre pas chez tous les oiseaux — au camouflage ainsi qu'à la présentation extérieure.
Cette dernière fonction joue un rôle important à l'époque des cérémonies nuptiales et lors des positions d'attaque. C'est à ces moments-là que les oiseaux font étal de leurs couleurs les plus éclatantes. Le rouge-gorge (p. 194) choisit un lieu idéal pour s'asseoir et dresse ses plumes pectorales rouges orangées. Lorsqu'il est très excité, il penche la tête vers l'arrière pour faire impression. Le mâle du rossignol des murailles essaie d'attirer une femelle dans un nid choisi par lui en déployant ses petites ailes et en relevant le croupion. Un moineau domestique amoureux (p. 158) sautille sans arrêt sur place devant la femelle, les ailes pendantes et la queue dressée avec fierté. La tête est soulevée entre les deux épaules et le gros bec conique dirigé en l'air. Sa "compagne" remarquera très certainement les petits miroirs blancs sur les ailes ainsi que le magnifique petit collet noir qui font la fierté du moineau et qu'il utilise pour l'impressionner.
Il existe encore d'innombrables exemples de pareils comportements dont nous ne parlerons pas ici. Il est néanmoins important de signaler que le plumage des mâles est en général plus coloré que celui des femelles. C'est le cas par exemple du canard colvert (p. 97). Le mâle a un plumage magnifique alors que la femelle se pare de couleurs plus discrètes: un brun jaunâtre avec des dessins brun-noir. Il est en effet important que pendant la période de couvaison, la cane ne se fasse pas remarquer alors qu'elle couve ses œufs dans l'épaisse végétation. Si elle avait le même plumage que son époux on la verrait de loin. Il existe cependant quelques espèces d'oiseaux dont les femelles sont les plus belles. Ce sont les espèces chez lesquelles les mâles couvent les œufs. Les phalaropes en sont un exemple typique. Lorsque les deux sexes couvent les œufs, la couleur du plumage du mâle est la même que celle du plumage de la femelle. Dans ce cas, tous deux présentent des plaques d'incubation. Peut-être vous demandez-vous ce qu'est une plaque d'incubation? On pourrait croire que lorsqu'un oiseau se place sur les œufs, l'incubation se fait automatiquement. Ce n'est cependant pas le cas; pour que la chaleur corporelle de l'oiseau puisse être transmise aux œufs, il faut que ceux-ci soient en contact avec la peau nue de l'animal couveur. Il existe néanmoins plusieurs exceptions à cette règle. La majorité des oiseaux qui couvent leurs œufs ont des endroits dénudés sur le ventre; cela provient de la mue de certaines plumes, et en particulier du duvet. Ces endroits dénudés s'appellent "plaques d'incubation": la peau y est plus mince et la graisse y disparaît entièrement. Comme le sang afflue en plus grande quantité dans les nombreux vaisseaux, la température y est élevée. Si grâce à des jumelles nous pouvons observer un oiseau qui se prépare à couver ses œufs, nous remarquerons qu'il effectue d'abord un mouvement saccadé pour étendre les plumes ventrales et pectorales et les disposer de façon à ce que les œufs soient mis en contact direct avec le corps nu. Il y a de une à trois plaques d'incubation selon l'espèce.
Chez les oiseaux, on distingue deux sortes de plumes principales; les tectrices ou plumes externes et les plumules qui constituent une excellente couche isolante en dessous des tectrices.
Les tectrices donnent à l'oiseau sa forme. Ces deux sortes de plumes ont à leur base de petits duvets soyeux qui ressemblent à des poils. Les plumes s'usent continuellement. C'est pourquoi elles sont régulièrement remplacées. Ce renouvellement s'appelle la mue. Les vieilles plumes sont rejetées par les nouvelles qui poussent en dessous. Cela se produit une ou deux fois par an. La mue se déroule de façon systématique: d'abord ce sont les rectrices et les rémiges qui tombent suivies des plumes du tronc. Chez les canards et un certain nombre d'autres oiseaux aquatiques les rémiges tombent pour ainsi dire toutes en même temps ce qui empêche l'oiseau de voler pendant un certain temps. Pendant cette période, les oiseaux se tien-

nent cachés. Les mâles des canards colverts (et d'autres espèces) subissent pour ainsi dire une mue complète. Pendant un moment, ils porteront le même plumage que les femelles. Mais après quelques mois, il se produit une nouvelle mue. Le plumage a été en quelque sorte obscurci pour un temps déterminé, on parlera par conséquent d'un ''plumage d'éclipse''.

Si nous tenons une plume — que ce soit une rectrice ou une rémige — sous un microscope, nous remarquons qu'elle présente une structure complexe. La plume est constituée d'un tuyau central dont la base (qui est enfoncée dans la peau) est creuse. Cette partie creuse s'appelle le ''tube''. Il est prolongé d'une partie pleine qui confère à la plume sa robustesse: c'est ce qu'on appelle le ''rachis''. Ce rachis porte, de part et d'autre, des barbes qui sont en fait des duvets miniatures. Chacune de ces barbes se ramifie à son tour en un double rang de barbes plus petites. Ces dernières dirigées vers le haut sont terminées par de minuscules crochets ou barbules qui relient une barbe à la barbe contiguë.

Les plumes de la queue s'appellent généralement les rectrices et servent de gouvernail. Elles assurent la direction et l'équilibre pendant le vol. Il y a des oiseaux avec une très longue queue (le faisan) et des oiseaux avec une toute petite queue (le grèbe). Il existe en outre un assortiment de queues différentes. La forme la plus courante est la queue terminée par une pointe rectangulaire ou droite, telle qu'elle se rencontre chez les étourneaux et les corneilles. Bien que le corbeau (p. 155) appartienne à la famille des corvidés, sa queue est nettement cunéiforme. Nombreux sont les oiseaux chanteurs qui ont une queue légèrement fourchue, c'est-à-dire avec une légère découpe, contrairement aux queues fourchues des hirondelles de cheminée et des sternes (hirondelles de mer) qui sont profondément échancrées.

La queue des frégates, des oiseaux vivant dans les tropiques, est fortement incisée. Pendant les virevoltes et orbites habiles décrites régulièrement par ces oiseaux, la queue s'ouvre et se referme. C'est ce qui a valu aux frégates le nom de ''queues à ciseaux''. La queue des étourneaux est très bien développée et quelque peu cunéiforme. C'est surtout le rachis des rectrices qui est fort et robuste et il dépasse légèrement de la plume. Lorsque l'étourneau monte aux arbres, ses plumes font office d'appui. Comme le rachis dépasse de la plume, celle-ci s'use moins rapidement.

Le torcol commun, qui est un proche parent des étourneaux, possède également une queue robuste. La pie et jusqu'à un certain point le coucou ont une queue étagée. Les plumes s'allongent graduellement de l'extérieur vers l'intérieur. On parle aussi d'une queue en forme d'éventail mais ceci s'applique plus aux tourterelles et aux tourterelles turques. Cette queue s'élargit surtout au moment de l'envol ou de l'atterrissage. C'est à ces moments-là que l'on remarque le mieux l'extrémité blanche de la queue. Les canards à longue queue ont une queue en forme de flèche qui se termine par une pointe. Chez certaines espèces, les rectrices centrales sont allongées. C'est le cas en particulier des stercoraires (mouettes pillardes) ou labbes. Les labbes pomarins ont les plumes centrales tournées, atteignant une longueur de 7 à 9 cm; chez le petit labbe les plumes ont la forme de brindilles et sont longues de 10 à 14 cm; chez le plus petit labbe, les plumes sont très longues (20 à 25 cm) et se présentent également sous la forme d'une brindille. Les plumes centrales prolongées des guêpiers sont visibles à grande distance. Le petit coq de bruyère quant à lui, qui est un oiseau couveur relativement rare dans nos régions, a une queue très étrange. Ces oiseaux magnifiques — du moins les mâles (coqs) — possèdent une queue en forme de lyre. Il y a encore beaucoup d'exemples de queues à forme particulière. Peut-être certains d'entre vous diront que le paon est digne lui aussi d'être mentionné pour sa queue particulière. Il l'est en effet, mais ce n'est pas alors de la queue qu'il faudra parler, car chez le paon elle est très courte. Ce que l'on considère généralement être la queue et qui se présente sous la forme d'une énorme traîne est constituée en réalité d'environ 150 tectrices caudales. Celles-ci peuvent être érigées et former un éventail fantastique. Les mâles s'en servent pour parader devant les femelles.

D'autres espèces animales utilisent d'autres accessoires pour attirer les femelles; des plumes d'ornement, des houppes et bien entendu les couleurs. Il existe deux sortes de couleurs: les pigments et les couleurs d'interférence. Le pigment est un colorant composé généralement de petits grains contenu dans les tissus des hommes, des animaux et des plantes. Les couleurs d'interférence naissent par fraction et diffraction des faisceaux lumineux.

Mais c'est là un domaine bien compliqué sur lequel nous ne nous étendrons pas davantage.
Les ailes sont recouvertes de rémiges. Chez un oiseau volant, ce sont les plumes qui sont les plus écartées du corps. Elles servent à propulser l'oiseau pendant le vol. Les petites rémiges ou rémiges scapulaires portent l'oiseau en vol et veillent à lui conférer une poussée verticale. La base des rémiges (aussi bien des grandes que des petites) est recouverte de petites plumes appelées tectrices alaires. La queue est elle aussi recouverte de tectrices, aussi bien sur la face supérieure que sur la face inférieure. On les appelle respectivement les tectrices caudales supérieures et les tectrices caudales inférieures.
Toutes les plumes ne subissent pas une mue.
Certaines espèces possèdent des plumules poudreuses. C'est le cas par exemple des hérons et des butors. Ces petites plumes croissent sans arrêt mais les extrémités tombent régulièrement et se désagrègent en une poudre extrêmement fine qui est imperméable. Au début de cette introduction il a été dit que les hérons possédaient à l'extrémité de l'ongle du doigt médian un petit peigne qu'ils utilisaient pour nettoyer le plumage des saletés et des glaires de poissons. Le duvet poudreux joue exactement le même rôle. Le héron frotte la poudre sur les plumes, la laisse sécher pendant un certain temps et l'enlève ensuite avec son "peigne".

Le vol impose un certain nombre de limites dues à la taille de l'oiseau. Un oiseau particulièrement lourd devrait posséder des ailes énormes. Si l'autruche (p. 89) voulait prendre son envol, il lui faudrait des ailes avec d'immenses surfaces portantes. L'autruche pèse environ 140 kg. L'oiseau volant le plus lourd est le cygne à trompette dont la taille est légèrement plus grande que celle de son proche parent le cygne domestique (p. 96). Cet oiseau ne pèse que 20 kilos et possède néanmoins des ailes d'une envergure de trois mètres! (L'albatros hurleur (p. 90) a une plus grande envergure encore, bien qu'il pèse beaucoup moins que le cygne). Les os des oiseaux volants sont creux pour diminuer le poids. Le poids du squelette n'atteint que 10% du poids du corps. Le plumage est également très léger mais néanmoins très efficace pour l'isolation thermique. Le nombre de plumes d'un oiseau peut varier entre 1 000 (colibri) et 20 000 voire 30 000 chez les cygnes. Chez les pingouins, les ailes sont "transformées" en nageoires. Ils ont perdu la capacité de voler mais "volent" pour ainsi dire sous l'eau. Chez la plupart des oiseaux, les plumes poussent à des endroits particuliers de la peau qu'on appelle zones de plumes. Entre ces zones, il y a des bandes sans plumes. Cette disposition est idéale pour les oiseaux qui se déplacent en volant. Cette même disposition serait cependant nuisible pour les pingouins.

Les manchots Adélie forment une des 17 espèces de pingouins. Ce sont des oiseaux aquatiques qui ne volent pas et que l'on rencontre uniquement dans l'hémisphère sud. A l'extrémité sud il y a les manchots empereurs, les manchots Adélie et les manchots à jugulaire; le plus au nord de cet hémisphère l'on rencontre le manchot de Humboldt qui vit sur les côtes du Chili et du Pérou et les manchots des Galapagos, des îles Galapagos situées sur l'équateur. Les manchots ont un corps parfaitement adapté à la vie aquatique: il est fusiforme et les ailes sont transformées en nageoires. Avec ces nageoires, ils « volent » pour ainsi dire sous l'eau et peuvent atteindre une vitesse d'environ 36 km/h. La nourriture se compose de petits poissons, de crabes et de crevettes.

LE MANCHOT ADELIE

Le manchot Adélie au dos noir et au ventre blanc atteint une hauteur d'environ 70 cm. Tout comme le manchot empereur, il vit à l'extrémité sud des côtes antarctiques et sur les îles de cette région du monde. Pendant l'hiver du pôle Sud, les manchots se tiennent sur les bords de la mer gelée. A cette époque, ils sont gavés de nourriture et ont bonne mine. Leur corps est recouvert d'une épaisse couche de graisse qui leur est d'ailleurs d'une grande utilité. A l'approche de l'été, les manchots Adélie recherchent un lieu pour couver les œufs et construisent un nid en pierre. C'est dans ce nid que la femelle déposera ses deux œufs blancs. Les mâles ont déjà jeûné pendant un certain temps et se mettent à couver les œufs pendant une période de 33 à 38 jours et ce sans prendre aucune nourriture. A l'âge d'un mois, lorsque les petits ont quitté les poches incubatrices, ils se réunissent et forment ce qu'on appelle des « crèches ». Après 9 semaines, ils se jettent à l'eau.

L'AUTRUCHE

Les autruches sont les plus grands oiseaux de notre globe. De grands spécimens mâles peuvent mesurer près de trois mètres et peser environ 150 kg. Les femelles sont plus petites. Les autruches appartiennent toutes à une seule espèce mais l'on distingue cependant diverses races ou sous-espèces. Les mâles sont noirs avec des plumes blanches sur les ailes et la queue. Les femelles sont d'un brun uniforme avec des plumes ornées d'un petit bord blanc. La tête et le cou sont couverts d'un duvet grisâtre et selon la race la peau du cou présente une couleur différente ; les teintes peuvent varier entre le bleu et le rouge. Les yeux sont munis de longs « cils ». Chaque pied comprend deux doigts seulement, le plus grand étant armé d'un ongle ou d'une griffe énorme. Les autruches mangent des feuilles, des fruits, des graines et, de temps à autre, de petits animaux.

Les autruches appartiennent à la sous-classe des ratites tout comme d'ailleurs les émeus, les nandous, les casoars et les kiwis. Il n'existe néanmoins aucun lien de parenté entre eux. Bien que leurs ailes soient couvertes de plumes et de tectrices, elles sont impropres au vol. Pour échapper à leurs ennemis, elles ont recours à la vitesse. A l'exception du kiwi, ils ont tous un cou relativement long et de longues pattes robustes. Toutes les espèces sont plus ou moins sociables ce qui signifie qu'ils vivent en groupes plus ou moins grands. Chez certaines espèces, seul le mâle couve les œufs. Chez les autruches, le mâle couve les œufs la nuit et la femelle le jour.

L'ALBATROS HURLEUR

L'albatros hurleur a une envergure d'environ 3 m. C'est le plus grand oiseau de mer volant au monde. La couleur du plumage varie avec l'âge: les jeunes qui commencent à peine à voler sont bruns avec la "face" blanche. En vieillissant, leur teinte devient plus claire. Les adultes sont généralement blancs; les ailes sont terminées par des extrémités noires et un bord arrière noir. Les albatros hurleurs vivent de pieuvres, de poissons et d'autres animaux marins vivant à la surface de la mer. Il leur arrive aussi de faire la chasse aux petits oiseaux de mer. Ces albatros couvent, face au vent, sur les flancs des collines des îles situées dans les océans du sud. Avant la nidification, les mâles déploient toute une tactique pour courtiser les femelles. La période des amours peut durer 3 semaines. Les nids en forme de petits monticules sont bâtis avec de l'herbe et de la boue. Un seul œuf est déposé dans la cuvette peu profonde du nid et est couvé alternativement par les deux parents pendant environ 80 jours.

Dans l'ordre des procellariidés, les albatros forment une seule famille. Il en existe 13 espèces dont la plupart sont localisées dans les océans du sud. L'albatros des Galapagos niche quant à lui à l'équateur et l'albatros de Laysan, l'albatros de Steller et l'albatros à pieds noirs sur les îles au nord de l'océan Pacifique. Les ailes des albatros sont très longues et étroites. Elles conviennent à merveille pour les vols planés mais il leur est difficile de les battre. C'est la raison pour laquelle les albatros se rencontrent principalement dans les régions océaniques balayées par le vent. Ils se nourrissent d'organismes qui vivent à la surface de l'eau et des déchets des bateaux. Les albatros ne viennent à terre que pendant la nidification.

LE CORMORAN HUPPE

Le cormoran huppé est plus petit et plus mince que le grand cormoran. Il se distingue par l'absence de blanc à la tête et par l'absence de la tache blanche à la cuisse caractéristique du grand cormoran. Son plumage nuptial présente une courte huppe dressée et recourbée vers l'avant. Le grand cormoran niche souvent dans les arbres alors que les cormorans huppés nichent en colonies sur les falaises rocheuses où ils couvent leurs œufs sur le bord des rochers, dans des crevasses et dans des niches. Les cormorans huppés sont plus aquatiques que les grands cormorans. Leurs nids sont construits avec des algues de mer. Les cormorans huppés sont principalement sédentaires mais il leur arrive d'errer d'une région à une autre. C'est ainsi, que l'on peut les rencontrer par hasard sur les côtes de France. Leur habitat s'étend aux côtes de la Norvège, de la Grande-Bretagne, de l'Islande et des pays de la Méditerranée.

Les cormorans dont le nombre d'espèces s'élève environ à 30 sont répandus dans le monde entier, du Groenland dans le grand nord jusqu'aux îles du pôle Sud. Ils flottent bas sur l'eau à cause des tout petits «coussins d'air» renfermés dans leurs os. Ce sont en outre d'excellents plongeurs qui poursuivent leur proie (poissons, pieuvres, écrevisses et amphibiens) sous l'eau et attrapent leur butin à l'aide de leur long bec crochu. Après la pêche, les cormorans secouent l'eau de leurs plumes, ce qui n'offre aucune difficulté car leur plumage est imperméable. La position la plus typique des cormorans est la position assise, les ailes déployées, pour sécher leurs plumes.

Il y a plus de 60 espèces de hérons répandues dans le monde entier à l'exception de la région du pôle Sud. Les hérons ne volent pas avec le cou tendu comme les cigognes mais ont le cou replié en S. Les hérons ont sur le corps des coussins de duvet poudreux. Ils enduisent leurs plumes de cette poudre, et les laissent sécher. Ensuite, ils nettoient leur plumage à l'aide de l'ongle du doigt médian. Celui-ci est dentelé et a la forme d'un peigne miniature avec lequel il élimine les reliefs des poissons et les matières grasses. Rares sont les oiseaux qui possèdent un tel «instrument». Ce peigne porte souvent le nom de «peigne de nettoyage».

LE HERON CENDRE

Les hérons cendrés nichent généralement en colonies dans les arbres mais également parmi les roseaux. Dans le premier cas, les nids sont construits avec de grandes et de petites branches, ils sont tapissés à l'intérieur avec des brindilles et tout autre matériel sec. Dans le second cas, les nids sont formés à partir de roseaux et de feuilles de roseaux. Au début, les nids sont de petites plates-formes mais ils sont renforcés chaque année avec de nouveaux matériaux et à la longue ces nids deviennent énormes. Il arrive même qu'ils atteignent un tel poids qu'ils s'écrasent par terre. Le héron cendré pond généralement 4 à 5 œufs bleu verdâtre couvés alternativement par les parents pendant 3 semaines et demi à 4 semaines. Ceux-ci apportent la nourriture dans l'estomac dans un premier temps et la regurgitent dans le bec du petit et par la suite sur le bord de nid. Les petits peuvent voler après environ 2 mois. Les hérons cendrés qui nichent dans le nord se déplacent vers le sud pour y hiverner.

L'AIGRETTE

La grande aigrette qui niche dans le sud-est de l'Europe et l'aigrette garzette qui niche dans certaines parties de l'Europe du Sud sont des visiteurs égarés de nos régions et ne s'y rencontrent que très rarement. La grande aigrette fréquente outre certaines régions d'Europe, de grandes parties d'Asie, d'Afrique, d'Australie et d'Amérique. L'aigrette garzette habite outre l'Europe du Sud, le sud de l'Asie, l'Indonésie, l'Australie et l'Afrique. En Amérique, l'on rencontre le « snowy egret », le héron des neiges qui ressemble beaucoup à l'aigrette garzette. Les grandes aigrettes nichent en colonies et s'établissent souvent à proximité d'autres espèces de hérons. Ils pêchent de préférence dans les eaux peu profondes et attrapent de petits poissons, des grenouilles, des amphibiens et d'autres petits animaux avec leur long bec pointu. La grande aigrette mesure environ 90 cm, l'aigrette garzette 55 cm. La dernière espèce a les pieds jaunes alors que la grande aigrette les a noirs.

A la saison des nids, les mâles des aigrettes sont parés d'un faisceau de plumes fines comme de la dentelle qu'on appelle aigrette. Ce sont ces aigrettes qui ont coûté la vie à plusieurs millions de hérons car à l'époque, elles étaient à la mode. A la fin du 19e siècle, on exporta du Vénézuéla des plumes de plus d'un million et demi d'aigrettes. Sur le marché de Londres en 1902, on vendait les plumes de plus de 200 000 aigrettes. Souvent, on tirait les oiseaux sur ou près du nid avec pour conséquence la mort de plusieurs milliers d'oiselets. Heureusement ces massacres n'existent plus aujourd'hui. Néanmoins, les aigrettes sont encore demandées de temps en temps.

LA CIGOGNE BLANCHE

Outre la cigogne blanche, la cignogne noire rend parfois visite à la France. Celle-ci a le plumage noir brillant et le ventre blanc. Elle niche en Espagne et dans l'est de l'Europe. La famille des cigognes comprend également des ibis chauves, des tantales ibis et des myes. Ces dernières sont relativement petites et ont un bec tout à fait particulier. Lorsqu'il est fermé, il présente une ouverture entre la base et la pointe. Ce bec ne sert pas uniquement à attraper des animaux aquatiques visqueux mais également à ouvrir les coquilles de moules ou d'autres mollusques. Tout comme nos cigognes, les myes font entendre un claquement typique. Dans la famille des cigognes, les marabouts forment le groupe des charognards.

La cigogne blanche est un grand oiseau blanc avec des rémiges noires, un long bec rouge vif et des pattes rouges également. En position debout, elle mesure environ un mètre. Dans les régions où les cigognes vivent en grand nombre, elles nichent en colonies; elles perchent de préférence dans les arbres mais on en trouve également dans des ruines, sur les toits des maisons ou sur des poteaux aménagés spécialement pour elles avec une grande roue pour leur permettre de s'y reposer. Le nid est très grand et est bâti avec des branches, des rameaux et de la boue. A l'intérieur, il est tapissé de plantes, de plumes et de déchets. Les cigognes pondent généralement 3 à 5 œufs couvés alternativement par chacun des parents. La femelle couve généralement la nuit. Les cigognes hivernent en Afrique australe. Elles évitent la mer et traversent les eaux au Détroit de Gibraltar et au Bosphore.

LE FLAMANT ROSE

Il existe trois sous-espèces du flamant rose: le flamant européen, le flamant rouge des Caraïbes et le flamant du Chili d'Amérique du Sud. Cette dernière espèce est considérée par certains ornithologues comme étant une espèce à part. Les petits flamants sont les plus nombreux de tous. Ils fréquentent les lacs salins et les lagunes d'Afrique et d'Inde. Le flamant des Andes et le flamant de James vivent dans les lacs salins à haute altitude dans les Andes, au Pérou et en Bolivie. Lorsqu'ils recherchent leur nourriture, qui se compose de petits organismes, ils tiennent leur bec coudé sens dessus dessous et tamisent ainsi la nourriture qu'ils ont attrapée dans l'eau ou dans la boue.

Le flamant rose européen niche dans le sud de l'Espagne et le delta du Rhône, mais également dans le nord de l'Afrique, le sud-est de l'Union Soviétique et le nord-ouest de l'Iran. Il mesure environ 130 cm et se reconnaît immédiatement aux pattes et au cou d'une longueur anormale et au gros bec recourbé. Les flamants roses nichent en colonies dans les eaux saumâtres peu profondes, dans les lagunes côtières et dans les lacs. Les nids sont des constructions coniques à base de boue. Les flamands roses choisissent une excavation peu profonde au sommet d'un petit monticule pour y déposer un œuf d'un blanc verdâtre, que les parents couveront chacun à leur tour pendant 4 semaines. Les petits sont nourris avec un liquide alimentaire nourrissant dégagé par l'œsophage ou la partie avant de l'estomac des adultes. Le bec des petits est d'abord droit, puis, après 3 semaines, il commence à prendre une forme courbée.

LE CYGNE TUBERCULE

Les cygnes tuberculés se rencontrent un peu partout comme oiseaux d'ornement sur les étangs des parcs. Dans nos régions, on en trouve quelques-uns qui sont redevenus sauvages et même un certain nombre à l'état sauvage pur. Le cygne tuberculé se reconnaît au bec orange avec le tubercule noir qui à l'époque des amours est très gonflé chez le mâle. Ce cygne est très imposant lorsqu'il prend une attitude agressive. Son cou est replié et ses ailes arquées au-dessus du dos. C'est dans cette position qu'à la nage, il se lance sur l'intrus, tel une figure de proue. Au vol, les ailes des cygnes tuberculés produisent un son proche du chant que l'on perçoit aisément. Le nid est un amas de matériaux végétaux avec un trou au centre où sont déposés les 5 à 7 œufs de couleur blanche. Les œufs sont généralement couvés par la femelle pendant une période de 5 semaines. Les petits sont gris et quittent rapidement le nid (nidifuges). Ils sont indépendants à 4 mois.

Deux espèces de cygnes visitent nos régions en hiver: le cygne sauvage et le cygne de Bewick. Tous deux ont un bec noir taché de jaune à la base. Chez le cygne sauvage, cette tache jaune se termine en pointe jusqu'à l'avant des narines alors que chez le cygne de Bewick elle est arrondie et se termine derrière les narines. D'autres espèces de ce groupe sont le cygne chanteur et le cygne trompette d'Amérique du Nord ainsi que le cygne de Jankowski dont l'habitat se situe dans les toundras asiatiques. Aucun de ces cygnes n'a une tubercule sur le bec et tous tiennent le cou replié en « S ». Le cygne à cou noir vit dans le sud de l'Amérique. Il est blanc avec un cou noir et a un tubercule rouge sur la mandibule supérieure.

Souvent, on classe les canards en deux groupes: les canards de surface et les canards plongeurs. Les premiers cherchent leur nourriture parmi les lentilles d'eau à des endroits peu profonds en se dressant sur la tête (barboter) ou en «broutant». Souvent, leurs ailes sont ornées d'une tache très voyante qu'on appelle «miroir alaire» et qui est généralement de couleur claire. La plupart des canards plongeurs ne possèdent pas cette «tache de beauté». Les canards de surface bondissent de l'eau à l'envol alors que les canards plongeurs courent «sur» la surface avant de s'envoler. Leur doigt arrière est muni d'un lobe qui fait office de pédale sous l'eau. C'est en effet sous l'eau que les canards plongeurs trouvent leur nourriture.

LE CANARD COLVERT

Le canard colvert est certainement celui qui est le plus connu parmi les canards « sauvages ». Comme la photo le montre, le mâle possède un plumage plus coloré que la femelle (cane). Lorsque celle-ci se met à couver dans l'épaisse végétation où elle construit son nid, elle ne se fait pas remarquer. Ces canards nichent également dans des creux d'arbres et dans un nichoir spécialement aménagé pour eux dans les arbres. La couvée comprend 10 à 12 œufs verdâtres qui sont couvés uniquement par la cane pendant une période de 4 semaines. Au fur et à mesure que la période d'incubation avance, l'intérieur du nid est tapissé d'un duvet toujours plus épais que la femelle arrache de sa poitrine. Au début, le mâle veille le nid comme une vigie mais après un certain temps il s'esquive et commence à faire la cour à d'autres femelles. La cane reste seule à nourrir ses petits qui quittent le nid peu après la naissance (nidifuges).

LE TADORNE DE BELON

Le tadorne de Belon tel qu'il est représenté ici est un hôte régulier des côtes françaises. Si nous voulons le classer de façon systématique, nous dirions qu'il se situe entre l'oie et le canard. Son vol ressemble beaucoup à celui d'une oie et est plus lent que celui d'un canard. Les mâles et les femelles sont pour ainsi dire égaux à l'exception du tubercule qui orne la base de la mandibule supérieure du mâle — qui fait défaut chez la femelle. Ce tubercule est surtout proéminent au printemps et en été. Les tadornes de Belon aiment nicher dans les terriers de lapins ou sous les broussailles. Ils pondent entre 8 et 12 œufs de couleur crème que la femelle couve pendant que le mâle veille. Les petits naissent après 4 semaines et se dirigent rapidement vers les plages. Malheureusement, nombreux sont ceux qui sont dévorés en chemin par les mouettes.

Un proche parent du tadorne de Belon est le tadorne casarca qui est un visiteur accidentel de nos régions. L'habitat du tadorne casarca se situe en Afrique du Nord et dans les régions autour de l'Himâlaya jusqu'en Chine et au Japon. Il niche surtout dans les vastes steppes du Tibet, à une altitude de 4 000 à 5 000 m. Souvent, des combats naissent entre mâles; les femelles choisissent toujours les vainqueurs pour partenaires. En Australie et dans les régions environnantes, l'on trouve le tadorne rajah et le casarca d'Australie, en Afrique du Sud le casarca du Cap et en Nouvelle-Zélande le casarca du paradis. Chez cette dernière espèce, les femelles présentent la particularité d'avoir la tête blanche et les jeunes avec leur tête noire ressemblent aux mâles.

L'EIDER A DUVET

L'eider à duvet a un parent dont les apparitions dans notre pays sont assez rares et qu'on appelle l'eider à tête grise. De loin, le mâle paraît blanc devant, noir à l'arrière. La tête est multicolore avec un grand «bouclier» orange à l'avant. Cet oiseau niche dans le grand nord, dans l'hémisphère septentrional. L'eider de Steller niche dans la région du pôle Nord, de la Sibérie à l'Alaska. L'eider à lunettes a de grandes «lunettes» autour des yeux. Son habitat se situe sur la côte nord de la Sibérie. Les eiders se nourrissent de mollusques de tout genre, d'écrevisses, de poissons, d'œufs etc. Le vol de l'eider est lourd et pesant, les sons qu'il produit ressemblent à des plaintes sonores.

L'eider à duvet est un canard marin au corps massif. Il mesure près de 60 cm. Comme on le remarque sur l'illustration, le canard a un plumage de couleurs remarquables : il a le dos blanc et le ventre noir. Les femelles sont brunes et striées de noir. Le large bec se trouve dans la prolongation de la tête « triangulaire » (profil en coin); la mandibule forme pour ainsi dire une ligne droite avec le front. Il se distingue surtout par le plumage de la tête qui se prolonge jusqu'à la mandibule supérieure. L'eider à duvet n'est pas un hôte régulier de la France mais niche en colonies dans les îles de la mer des Wadden aux Pays-Bas. Dans certaines régions de Scandinavie et d'Islande, on récolte le duvet qui sert de litière aux quelque 4 à 6 œufs de couleur vert olive. On enlève les deux premières couvées et le duvet ; la troisième couvée est laissée aux oiseaux qui reviennent chaque année au même endroit.

L'OIE CENDREE

L'oie cendrée est l'aïeule de la plupart des races d'oies domestiques. On distingue deux formes: la race d'Europe occidentale au bec orange et la race d'Europe orientale au bec rose. Ces oiseaux mesurent en moyenne 80 cm bien qu'il y ait des spécimens plus petits et des spécimens plus grands. Bien que les oies cendrées nichent dans le nord de l'Europe, se répartissant de là sur une large bande parcourant toute l'Europe jusqu'au sud-est, près de la mer Noire et de la mer Caspienne et jusque dans une vaste région d'Asie centrale et de la Chine, on en trouve également dans nos régions. En hiver, elles visitent la France. Le nid est une construction volumineuse de matières végétales. L'oie pond de 5 à 7 œufs couleur crème dans le nid peu profond. La femelle couve pendant 4 semaines. Les petits quittent le nid 1 ou 2 jours après la naissance sous la surveillance de leurs parents.

Les oies se divisent en deux groupes naturels: les oies "grises" ou "cendrées" et les oies "noires". Le premier groupe se compose des oies cendrées, des oies rieuses, des oies des moissons et des oies naines qui visitent nos régions en nombres variables pendant la saison d'hiver. C'est le cas également des oies 'noires': la bernache cravant, la bernache nonnette, la bernache du Canada et la bernache à cou roux. L'oie cygnoïde qui niche en Sibérie, en Mongolie et en Mandchourie est l'ancêtre des oies cygnoïdes domestiques. Parmi les oies "grises" on compte également l'oie des neiges. Celle-ci est blanche avec des rémiges noires. L'oie de Ross niche dans une région restreinte au centre du Canada du Nord. L'oie des neiges commune se divise en deux races.

LE VAUTOUR

Les vautours sont divisés en deux groupes importants: les vautours de l'Ancien Monde et les vautours du Nouveau Monde. Ils ne sont pas proches l'un de l'autre mais présentent des caractéristiques communes. La tête et le cou sont entièrement ou partiellement nus; cette absence de duvet pourrait s'expliquer par le fait qu'un grand nombre d'entre eux se nourrissent d'intestins d'animaux morts. Si ces parties du corps étaient recouvertes de duvet, elles se saliraient beaucoup. Certaines espèces possèdent en outre une collerette qui empêche le plumage de se salir. Le long bec crochu sert à déchirer la peau et le ventre des charognes. Les vautours n'ont pas de véritables griffes comme les autres rapaces car ils ne tuent pas leur proie eux-mêmes (sauf quelques exceptions). Les vautours du Nouveau Monde ne construisent pas de nid mais déposent leurs œufs par terre alors que ceux de l'Ancien Monde nichent dans les arbres ou sur les rochers.

Parmi les vautours du Nouveau Monde, on compte également les condors géants qui font partie des plus grands oiseaux volants au monde. Le plus beau de tous les vautours est le papa qui vit dans les forêts vierges. Il a une tête et un cou nus aux couleurs éclatantes. Il existe 7 espèces de vautours dans le Nouveau Monde et 16 dans l'Ancien Monde. Parmi les vautours de l'Ancien Monde on compte également le percnoptère d'Egypte, un des rares animaux à utiliser des «outils». Il aime beaucoup les œufs d'autruche mais n'est pas capable de les casser avec son bec. C'est pourquoi il cherche un morceau de pierre pour le lancer à pleine force sur l'œuf et le casser. Lorsqu'il y parvient, il se met à dévorer l'intérieur de l'œuf.

Cet oiseau majestueux, l'aigle royal, peut atteindre entre 75 et 90 cm. La femelle est plus grande que le mâle et a une envergure de près de 2,5 m. Ces larges ailes se remarquent aisément en vol au cours duquel les rémiges primaires sont largement écartées et retroussées. La queue est large elle aussi et est plutôt carrée. Le plumage est brun foncé uniforme teinté de jaunâtre à la tête, au cou et aux épaules. Les oiseaux immatures se reconnaissent à la queue blanche terminée par une large barre noire. Les aigles royaux forment un couple à vie. Lorsqu'un des deux conjoints meurt, l'autre se met en quête d'un nouveau partenaire. Leur territoire est très grand, il peut atteindre 40 km². En France, l'aigle royal est un oiseau erratique qui fait quelques apparitions dans le sud du pays.

L'AIGLE ROYAL

L'aigle royal a une aire de dispersion très étendue. On le rencontre en effet par groupes éparpillés dans tout l'hémisphère nord. Cet oiseau géant appelé fréquemment "le roi des oiseaux" niche dans les régions montagneuses et rocheuses aux versants abrupts partiellement dénudés. De telles régions ne se rencontrent pas partout. Les aigles construisent leurs nids sur les corniches des rochers ou en haut des cimes des grands sapins. Ces nids sont constitués de grosses branches, de rameaux et de tiges et entourés de branches recouvertes de feuilles sans cesse renouvelées. Les œufs blancs tachetés de brun au nombre de un à trois sont couvés pendant 6 semaines environ. La nourriture des aigles royaux se compose de mammifères terrestres divers et de plusieurs espèces d'oiseaux différentes. Le mâle et la femelle chassent souvent ensemble déployant une tactique tout à fait particulière.

Outre le milan noir, on rencontre également en France le milan royal. Il construit également son nid avec des branches ou utilise un vieux nid. Tout comme le milan noir, il se sert de chiffons, de bouts de papier et d'autres matériaux de ce genre pour tapisser la cuvette du nid. Le milan royal mesure environ 60 cm et a une queue plus fourchue que son congénère noir. Les milans sont omnivores; ils mangent des charognes et des déchets tout comme d'ailleurs des petits mammifères, des oiseaux, des reptiles, des amphibiens et des insectes. Le milan noir aime se régaler de poissons morts c'est pourquoi il niche dans des régions baignées par de nombreux cours d'eau. La parade nuptiale est caractérisée par de magnifiques vols planés.

LE MILAN NOIR

Le milan noir est un hôte régulier de nos régions. Il mesure environ 56 cm et sa queue est légèrement fourchue. Son aire de dispersion est très étendue, on le rencontre pour ainsi dire dans toute l'Europe et l'Asie à l'exception du nord, et dans de grandes parties d'Afrique ainsi qu'au nord de l'Australie. Il existe également un grand nombre de sous-espèces tel le milan noir d'Egypte. Cet oiseau aime fréquenter les lieux habités qu'il nettoie de tout ce qui est mangeable. Le nid est constitué de branches et est bâti dans un arbre. Il leur arrive aussi d'utiliser d'anciens nids d'oiseaux. Les œufs au nombre de 1 à 5 sont couvés uniquement par la femelle pendant environ 38 jours. Les petits quittent l'aire après environ 6 semaines.

LE FAUCON CRECERELLE

L'oiseau représenté par cette illustration est la femelle du faucon crécerelle. Le dos du mâle est roux tacheté ; la tête, le croupion et la queue sont gris. Celle-ci se termine par une large barre noire et une extrémité blanche. Les faucons crécerelles ont des ailes pointues avec lesquelles ils exécutent des battements rapides pendant le vol. Lorsque ces petits faucons chassent, ils volent sur place pour pouvoir observer les alentours. Ils volent à la même vitesse contre le vent que celle qu'ils obtiennent lorsque le vent les emporte. Ainsi les oiseaux restent immobiles au-dessus d'un même endroit en battant des ailes et en déployant la queue. Ce vol sur place s'appelle « faire le St.-Esprit ». Ils attrapent leurs proies au sol, pour la plupart ce sont des souris. Les faucons crécerelles sont des hôtes réguliers de nos régions et nichent même dans certains bâtiments des villes. Ils utilisent également d'anciens nids d'oiseaux et des nichoirs.

Le faucon crécerelle forme avec ses congénères un groupe très varié de plusieurs espèces. Les faucons sont répandus dans le monde entier. Ainsi, on trouve un sosie du faucon crécerelle dans la région qui s'étend de la Méditerranée à l'Asie centrale. Il s'appelle le faucon crécerellette et est légèrement plus petit que son double. Chez le mâle, le dos est brun uniforme sans taches. Dans maints endroits, les deux espèces nichent côte à côte sans pour autant se mélanger. Le faucon crécerellette est sociable et niche toujours en colonies. Ce petit faucon est assez rare en France et fait quelques rares apparitions dans le sud. Un autre faucon nicheur de nos régions est le hobereau.

LE TETRAS LYRE

Les tétras lyres sont des oiseaux magnifiques. Les mâles, ou coqs, mesurent environ un demi-mètre. On les appelle aussi 'petits coqs de bruyère'. Les femelles ont le plumage brun roux, une couleur que l'on retrouve chez plusieurs oiseaux nichant au sol (mimétisme). Les tétras lyres sont des oiseaux nicheurs rares dans nos régions. Leur habitat se restreint de plus en plus à la suite des défrichements des champs de bruyère. Entre la fin du mois d'avril et le début du mois de mai, les coqs se rassemblent sur les lieux nuptiaux pour y faire leur cour: à cette époque, les rectrices se déploient, les 'caroncules' au-dessus des yeux se gonflent, le cou se dresse et les oiseaux commencent à effectuer de petits sauts 'spasmodiques'. Ils courent l'un vers l'autre et commencent à se battre en jouant. Pendant cette lutte, ils émettent des sons divers tous aussi étranges l'un que l'autre. Les poules se rendent sur le lieu nuptial pour s'y accoupler avec le mâle. Après l'accouplement, les coqs quittent la couvée.

Les tétras lyres font partie de la famille des tétraonidés dont on trouve 3 espèces de lagopèdes en Europe, la gelinotte des bois, le tétras du Caucase et le grand tétras. Le plus proche parent du tétras lyre est le tétras du Caucase. Chez cette espèce, la queue ne prend pas aussi nettement la forme d'une lyre que celle du tétras lyre et les caroncules au-dessus de l'œil sont moins développées. Le grand tétras est le spécimen le plus grand de tous les gallinacés. Il y a des croisements réguliers entre tétras lyres et grands tétras donnant naissance à des hybrides. Les tétras nichent tous au sol. Les poules ont un plumage discret afin qu'elles puissent se confondre avec la végétation ambiante. Les 6 à 10 œufs sont brunâtres avec des taches et des points foncés.

Les faisans sont originaires d'une région qui s'étend comme une ceinture de la mer Noire vers l'est, jusqu'au Japon. On n'y trouve pas moins de 30 races différentes. Ces oiseaux furent ensuite exportés vers les pays du monde entier. Six races en particulier ont joué un rôle capital pour la multiplication de l'espèce en Europe et il est rare actuellement de trouver un oiseau de race pure. En 1888, il se produisit spontanément une mutation foncée du faisan de chasse en Angleterre. Le faisan vert du Japon ressemble au faisan de chasse. D'autres races connues sont le faisan doré, le faisan argenté, le lophophore, le faisan oreillard, le faisan à collier, l'argus géant et d'autres encore.

LE FAISAN DE CHASSE

Les faisans sont des oiseaux nicheurs réguliers de la France et sont très appréciés en tant qu'animaux de chasse. Les coqs peuvent mesurer jusqu'à 90 cm dont plus de la moitié constitue la queue. Comme les poules nichent généralement à terre, elles ont un plumage de couleur plus sobre. Le nid est peu profond et est tapissé de matériaux végétaux. Les 7 à 15 œufs brunâtres qui y sont pondus sont couvés uniquement par la femelle pendant une période de 23 à 27 jours. Parfois, les poules sont assises avec tellement de fermeté sur leurs œufs qu'on peut les caresser sur le dos. C'est la poule qui veille sur les petits qui dépendent d'elle pendant 10 semaines au moins. Dès que les petits ont atteint une taille raisonnable, la nuit ils dorment dans les arbres comme les adultes. Les coqs sont polygames, ils ont plus d'une femelle. Le son qu'ils émettent ressemble à un 'korrkok' rauque et sonore.

Le coq Bankiva, l'ancêtre de nos poules domestiques vit dans le Sud-Est asiatique, à Sumatra et à Java. Il fréquente les forêts et les régions broussailleuses dont l'altitude varie du niveau de la mer à une hauteur de 1 500 m. Le coq ressemble à la leghorn avec une longue queue en faucille, les barbillons à la gorge et la crête dentelée sur la tête. La poule est brun rouge mélangé de brun. Tous deux possèdent des doigts munis d'ongles puissants avec lesquels ils grattent le sol pour déterrer des graines ou des bestioles. Leur nourriture se compose de feuilles, de graines, de baies, de racines, de vers, d'insectes etc. Le coq délimite son territoire en chantant. Un seul coq possède plusieurs poules. Ils nichent au sol à un endroit bien abrité. Les petits sont nidifuges.

LA POULE

Notre poule domestique descend du coq Bankiva. On ne sait pas encore dire avec précision quand la poule fut domestiquée, mais l'on suppose que cela remonte à plus de 5 000 ans. Dans les cours des fermes modernes on ne rencontre plus que rarement des poules en train de gratter le sol à la recherche de nourriture. De nos jours, elles sont élevées dans des couvoirs par des éleveurs d'animaux de basse-cour. Comme il y a beaucoup de gens qui sont opposés à ces couvoirs, on reprend l'ancien système et on laisse courir les poules en liberté. Nombreuses sont les jeunes poules qu'on élève pour la chair. Actuellement, il existe plusieurs centaines de races de poules différentes dont un bon nombre sont de belles races d'ornement. Il existe des exemplaires avec une queue de 6 m de long.

LA GRUE CARONCULEE

L'aire de dispersion de la grue caronculée s'étend sur la partie australe de l'Afrique, au nord de la Somalie. On ne la rencontre pas dans la Province occidentale du Cap ni dans les régions très sèches. Ce sont des oiseaux très farouches qui se laissent difficilement approcher lorsqu'ils sont réunis en petits groupes dans des eaux peu profondes ou au bord des marécages et herbages. Leur nourriture se compose de toutes sortes de petits reptiles, de grenouilles, d'insectes etc., mais il leur arrive aussi de se nourrir de graines et de céréales. Elles construisent leur nid dans la boue, de préférence sur de petits îlots entourés d'eau; ce nid a la forme d'un amas de matériaux végétaux divers. En général, elles pondent 2 œufs; ils sont roses avec des taches rousses et brun foncé. La durée d'incubation se situe entre 32 et 40 jours; parfois elles produisent deux couvées par saison.

La grue caronculée mesure environ 150 cm et est une des plus grandes de son espèce. La crête est noire et le reste de la tête, le cou et la partie supérieure de la poitrine sont blancs. Le dessus est en grande partie gris et le dessous est noir. A l'avant de la tête, il y a des verrues rouges auxquelles pendent deux caroncules recouvertes de plumes. Les femelles ont plus de blanc sur la crête et ont des caroncules plus petites. Ces grues entreprennent souvent de longues migrations dont le début correspond au dessèchement des régions marécageuses. De temps en temps elles émettent un 'krrou' strident mais lorsqu'elles recherchent leur nourriture elles «cacardent» doucement.

LE PAON

Il existe deux espèces de paons appartenant tous deux au même genre (voir légende). Il y a d'une part le paon bleu ou commun d'Inde et de Ceylan et d'autre part le paon vert d'Indochine et de Java. Le corps du paon mesure environ 70 cm et sa "traîne" près de 150 cm. Cette "traîne" ne constitue cependant pas la queue mais est composée de sus-caudales allongées. Le tout peut être dressé en éventail composé d'innombrables "yeux" scintillants. Paré ainsi de ses atours, le paon se pavane devant la femelle en faisant vibrer de temps en temps la "queue" et les ailes. La queue en elle-même est courte et sert d'appui à l'éventail dressé. Les femelles ont un plumage d'un brun sobre avec çà et là un peu de vert. Elles couvent 4 à 8 œufs dont elles soigneront les petits car le coq ne s'en occupe nullement. Les paons mangent des graines, des fruits, des insectes etc. Ils cherchent la nourriture sur le sol et dorment fréquemment dans les arbres où ils sont à l'abri des prédateurs.

Les paons sont connus depuis longtemps dans nos régions comme animaux domestiques. Actuellement, on fait également l'élevage de spécimens multicolores et blancs. Outre le paon bleu et le paon spicifère il existe encore un autre paon appelé paon du Congo qui appartient à un genre différent. On le découvrit en 1937 dans les forêts tropicales du Zaïre (Congo). Ces oiseaux se caractérisent par une queue large et courte et par un faisceau de plumes blanches et noires sur la tête. Le plumage des mâles est verdâtre et bleu mélangé à du noir alors que celui des femelles est brun et vert. Les deux sexes ont une tache rouge nue sur la partie avant du cou. Les paons du Congo édifient un nid simple dans les arbres. Les œufs au nombre de 2 ou 4 sont couvés par la femelle seule.

LA POULE D'EAU

La poule d'eau appartient à la famille des rallidés. Elle se distingue par la plaque frontale rouge et son bec rouge terminé par un point jaune. Elle est également caractérisée par la raie blanche aux flancs et les sous-caudales blanches avec raie noire médiane. Les poules d'eau nagent en hochant la tête et la queue. Bien que leurs longs doigts ne soient pas palmés ou lobés elles nagent et plongent à merveille. Le nid ressemble à celui d'une foulque mais les œufs sont plus petits, d'un beau brun-jaune clair avec un certain nombre de petits points et petites taches brun-rouge. Les parents couvent alternativement les œufs pendant une période allant de 18 à 22 jours. Les petits sont nidifuges et peuvent voler après 6 ou 7 semaines. Généralement il y a 2 ou 3 couvées. La nourriture des poules d'eau se compose principalement de plantes mais elles se nourrissent également d'insectes et d'escargots.

La poule d'eau a une aire de dispersion cosmopolite: on la rencontre pour ainsi dire dans chaque partie du monde. On la trouve non seulement en Europe et en Asie mais également dans de grandes parties d'Afrique et en Amérique du Nord et du Sud. En Australie, elle est représentée par la poule d'eau à pied rouge. Un autre proche parent de la poule d'eau est le râle nain africain. En France, on connaît également la marouette poussin et la marouette de Baillon mais celles-ci appartiennent à un genre différent. C'est le cas également du râle de Laysan. Un autre rallidé des marécages est le râle d'eau qui mène une vie très cachée. On l'entend plus souvent qu'on ne le voit.

L'HUITRIER PIE

L'huîtrier pie se rencontre assez souvent dans le nord-ouest de la France. A l'origine, il nichait uniquement sur les plages mais ces derniers temps il se dirige de plus en plus vers l'intérieur du pays. L'illustration montre à droite un huîtrier pie commun et à gauche un albinos. Cette différence de couleur est due à l'absence de pigment. Le nid se trouve généralement au sol et est constitué d'une cuvette peu profonde dans laquelle sont déposés 3 à 4 œufs. Ils sont brun-jaune avec des points, des taches et des rayures noir-brun. Les parents couvent les œufs chacun à leur tour pendant 3 à 4 semaines. Les petits sont nidifuges. Les huîtriers pies se nourrissent principalement de coquillages. Avec leur bec en forme de poignard, ils sectionnent les sphincters des coquillages légèrement ouverts. Ils se régalent également de vers, de limaces et d'autres petits animaux semblables.

Les huîtriers pies sont répandus dans le monde entier. Certains ont un plumage noir et blanc proche de celui de la « pie », d'autres sont presque ou tout à fait noirs. Les huîtriers noir et blanc se rencontrent le long des côtes d'Europe, d'Asie orientale, d'Australie, du sud de l'Amérique du Nord et dans l'ensemble pour ainsi dire de l'Amérique latine. Certaines espèces noires qui fréquentent les côtes à l'ouest de l'Amérique du Nord, au sud de l'Amérique latine et d'Afrique du Sud sont considérées comme étant des variations (mutations) du huîtrier pie commun. Dans certains endroits où les huîtriers noir et blanc et les huîtriers noirs nichent côte à côte et se croisent (Australie, Nouvelle-Zélande), on classe les deux types d'oiseaux en deux espèces bien distinctes.

Le vanneau huppé fait partie des pluviers. Il se procure sa nourriture de deux façons: soit à vue, soit en faisant vibrer le sol par des battements continuels d'une des deux pattes qui fait sortir les vers et la vermine du sol. En France, il est autorisé de prendre les œufs des vanneaux huppés jusqu'à une date déterminée afin que les oiseaux puissent commencer une nouvelle ponte. Si le nombre de vanneaux huppés est décroissant, c'est dû principalement au changement de biotope et non à la levée d'œufs d'autant plus que les oiseaux reçoivent des soins intensifs après la période de levée. L'on distingue 23 espèces de vanneaux huppés réparties dans le monde entier.

LE VANNEAU HUPPE

Le vanneau huppé est un oiseau bien connu de nos régions. Il se reconnaît aisément à son plumage noir et blanc et à sa longue huppe en mèche. En vol, on remarque immédiatement les larges ailes arrondies. Pendant la période nuptiale, il accomplit des acrobaties accompagnées d'un cri typique du genre ''pîe-vouît'' et d'un bruit d'ailes. Le nid est perché dans les arbres et est tapissé de matières végétales sèches. Ils couvent généralement 4 œufs en forme de poire avec les pointes qui se touchent pour occuper le moins de place possible. Les œufs ont une coquille brunâtre ou verdâtre avec des taches plus foncées. La couvaison qui est généralement assurée par la femelle dure 24 à 30 jours. Les jeunes quittent le nid dès qu'ils sont secs et sont indépendants après environ 5 semaines. La nourriture est composée d'insectes, de vers, de limaces etc. (voir légende).

LE CHEVALIER COMBATTANT

En hiver, les mâles (coqs) et les femelles (poules) diffèrent très peu. Mais au printemps, les mâles subissent une véritable mue. A cette époque, ils sont coiffés d'une énorme collerette dont la couleur varie du blanc au noir. A la période des amours, les mâles se réunissent sur les lieux de parade ou ''terrains de joute'' et y tiennent des combats de miroir dont le but consiste à attirer la femelle. Celle-ci pénètre à un moment donné sur le terrain de joute et choisit un de ces messieurs. Après l'accouplement, c'est la femelle qui s'occupe de tout ce qui accompagne la reproduction: la construction du nid, la couvaison et la surveillance des petits. En hiver, le chevalier combattant ressemble beaucoup au chevalier gambette mais il s'en distingue cependant par le bec plus court, le dessus écaillé, la queue sombre avec une tache blanche ovale allongée de chaque côté et l'absence de blanc aux rémiges secondaires.

Trois espèces de mâles pénètrent sur le terrain de joute: les mâles territoriaux, les mâles subordonnés et les mâles satellites. Les premiers sont des "chevaliers" sédentaires qui possèdent un territoire au milieu du lieu de parade; les mâles subordonnés sont de vieux ou de très jeunes coqs qui avancent de saison en saison vers le milieu. Les mâles satellites qui portent toujours un "boa" blanc n'ont pas de territoire propre mais le partagent avec un mâle territorial. Parfois, un mâle satellite s'accouple avec la poule parce que son "hôte" est trop occupé par les "combats" avec son voisin.

LA GLAREOLE A COLLIER

Les glaréoles et les courvites appartiennent à la même famille. Les courvites n'attrapent cependant pas leur nourriture au vol mais la cherchent uniquement au sol. Il existe 9 espèces de courvites dont l'une provient d'Australie, deux d'Asie et toutes les autres d'Afrique. Parmi les courvites d'Afrique, on compte également le pluvian d'Egypte ou pluvier armé. Parfois, on appelle cet oiseau le «cure-dents du crocodile» car il nettoie la peau du crocodile des parasites qui s'y nichent et se promène dans sa gueule pour débarrasser ses gencives des lambeaux de chairs qui y demeurent. La plupart des courvites déposent leurs œufs ni plus ni moins dans le sable ou creusent une cuvette dans le sol. Le pluvier armé enterre ses œufs dans le sable.

Les glaréoles à collier peuvent se rencontrer dans certaines parties d'Europe du Sud, dans l'ensemble de l'Asie du Sud et au nord, à l'est et à l'ouest de l'Afrique. Leurs lieux de prédilection sont les limons desséchés, les plaines et les semi-déserts mais elles se rencontrent aussi dans d'autres régions. Elles nichent en colonies dont le nombre varie entre quelques dizaines et plusieurs milliers d'oiseaux. Le nid est une cuvette peu profonde dans laquelle sont déposés 3 œufs de couleur crème avec des taches grossières et des lignes foncées. Le vol des glaréoles à collier est léger et gracieux. Avec leurs longues ailes pointues et leur queue fourchue elles ressemblent beaucoup à la sterne. Bien que leur bec soit court, l'ouverture en est néanmoins relativement grande. C'est avec le bec ouvert qu'elles attrapent les insectes au vol mais il leur arrive aussi de les picorer au sol. Lors d'un vol de sauterelles, les glaréoles occasionnent de grands dégâts.

LA GUIFETTE NOIRE

La guifette noire mesure environ 26 cm. La tête et le cou sont noirs, la queue légèrement fourchue est gris ardoise tout comme les longues ailes. Les sous-caudales sont blanches et ressortent clairement sur le plumage noirâtre. Une proche parente de la guifette noire est la guifette leucoptère qui est un oiseau nicheur accidentel dans nos régions de même que la guifette moustac. L'allure en période de nidification est semblable chez les trois espèces. En été, la guifette leucoptère a les rémiges et la queue blanches; la guifette moustac a le ventre foncé et les joues blanches. Toutes trois ont leur habitat dans les marais.

La guifette noire se rencontre dans de grandes parties d'Europe ainsi qu'à l'ouest de l'Asie centrale et aux Etats-Unis d'Amérique. En France, elle est très locale. Son habitat de prédilection sont les eaux douces ou saumâtres peu profondes et calmes entourées de beaucoup de roseaux. On en trouve aussi sur certains herbages. Les guifettes noires nichent généralement en colonies. Le nid est bâti avec des joncs, de l'herbe et des tiges: l'intérieur peu profond est tapissé d'un matériau plus fin. Le tout est bâclé négligemment et posé sur des lais, des îles flottantes, des petites îles de crabes et parmi les touffes d'herbe. La couvée comprend généralement 3 œufs de couleur très variable. Ces élégantes guifettes noires se nourrissent d'insectes qu'elles attrapent de la même façon que les hirondelles ou qu'elles happent au passage sur les pointes des roseaux et des joncs.

LA MOUETTE RIEUSE

La mouette rieuse est certainement la mouette la plus connue dans nos régions. L'oiseau représenté sur cette illustration a son plumage d'été. A cette époque, il a un capuchon facial brun chocolat. En hiver, la tête est blanche avec uniquement une tache noirâtre près de l'oreille. Pendant la saison froide, les mouettes rieuses sont regroupées par dizaines dans les villes et attendent sur les toits des maisons que quelqu'un leur jette de la nourriture. Au début du printemps, la petite tache près de l'oreille s'étend et la couleur de la tête devient gris-noir. Lentement on voit apparaître le beau plumage brun et les mouettes rejoignent leurs colonies. Nos « mouettes citadines » s'envolent vers le nord et celles qui nichent dans nos régions reviennent du sud de l'Europe et du nord de l'Afrique où elles ont passé l'hiver. Dans les colonies où les oiseaux sont très bruyants, les nids sont pour ainsi dire collés les uns aux autres.

Outre la mouette rieuse, il existe encore plusieurs mouettes dont la tête est foncée: la mouette pygmée, un oiseau nicheur peu répandu en France; la mouette mélanocéphale, également peu répandue dans nos régions; la mouette de Sabine, un hôte accidentel et le goéland à tête noire dont les apparitions sont très rares. La mouette rieuse mesure environ 37 cm. Au vol, elle se reconnaît toujours à la bordure antérieure blanc pur de l'aile. A l'intérieur du pays, elle suit souvent la charrue et mange tout ce que le soc amène à la surface. Les mouettes rieuses volent souvent les œufs des oiseaux des prés, des oisillons et de jeunes mammifères. Mais elles se nourrissent également d'insectes de tous genres (qu'elles attrapent au vol), de larves, de souris, de limaces etc.

LE GOELAND ARGENTE

En France, on rencontre une espèce de goéland appelée goéland cendré qui ressemble beaucoup au goéland argenté mais qui est beaucoup plus petit (41 cm). Le bec et les pattes sont jaune verdâtre; la tête est plus ronde que celle du goéland argenté. Les yeux sont foncés et confèrent au goéland une expression de "douceur". En été, il a la tête blanche comme neige mais en hiver elle est tachetée et striée de gris. Comme chez la plupart des mouettes, les oiseaux adultes ont une bande terminale foncée sur la queue. S'il arrive au goéland cendré de manger de temps en temps un œuf ou un oiselet, il n'occasionne cependant jamais de carnages.

Le magnifique goéland argenté représenté sur cette illustration mesure environ 56 cm. La tête plate percée de deux yeux jaune pâle donne à cet oiseau une expression ''cruelle''. Les goélands argentés ne sont d'ailleurs pas de petits oiseaux ''mignons'' mais de redoutables pilleurs comme les mouettes marines. Les jeunes goélands argentés ont un plumage foncé tacheté. Ils gardent ce plumage pendant 3 ans et à la quatrième année ils perdent ces couleurs et deviennent adultes. Les goélands argentés nichent en relativement grand nombre sur les côtes de France. Le nid est un amas de matériaux végétaux formant une fosse. Les 3 œufs de la couvée sont généralement très différents en ce qui concerne la couleur et les dessins sur la coquille. L'incubation par les deux parents dure entre 25 et 33 jours. Les jeunes oiseaux mendient leur nourriture en picorant la base rouge de la mandibule inférieure des vieux adultes. Les goélands argentés nichent généralement en colonies.

Tous les pigeons sont des experts en ce qui concerne les jeux d'amour. Le pigeon mâle tourne en roucoulant et en gonflant le cou et le jabot autour de la femelle tout en s'inclinant et en secouant la tête. Puis, soudain, il fait voir son vol de parade qui s'accompagne d'un battement d'ailes ronflant. Ensuite, il recommence à faire ses «grimaces». Les jeunes pigeons sont nourris au début avec du «lait de pigeon». Chez les pigeons, l'œsophage s'élargit pour former un jabot dont la paroi s'épaissit au moment où les oiseaux commencent à couver. A l'intérieur, il se forme des plis qui par le grand afflux de sang dégagent un liquide laiteux pendant cette période. Ce liquide forme la première nourriture des jeunes pigeons. Ce «lait» est très riche en protéines.

LA TOURTERELLE TURQUE

La gracieuse tourterelle turque mesure environ 28 cm. Elle se distingue immédiatement de la tourterelle des bois par l'étroit demi-collier noir derrière le cou. Le son qu'elle produit diffère également de celui de la tourterelle des bois (p. 119). Il ressemble à un ''cou-coûh, cou'' avec l'accent sur la deuxième syllabe. Les tourterelles turques sont des oiseaux nicheurs très courants dans nos régions. Le nid est constitué d'un parterre de branches, assemblées avec peu de soin. Il est parfois si mince que l'on peut voir les deux petits œufs blancs transparaître au travers du fond lorsqu'on se trouve en dessous. Les parents couvent les œufs chacun à leur tour pendant une période d'environ deux semaines. Les jeunes quittent le nid après 18 jours. La majorité des pigeons ont la queue carrée ou arrondie mais chez les tourterelles, les rectrices diminuent vers le milieu et sont étagées. Les mâles et les femelles sont d'apparence semblable.

LA TOURTERELLE DES BOIS

Cette tourterelle est aussi grande que la tourterelle turque (p. 118) à laquelle elle ressemble beaucoup. De chaque côté du cou il y a non pas une bande noire mais des rangées de taches blanches et noires. Contrairement à la tourterelle turque qui résiste aux rigueurs de l'hiver, la tourterelle des bois s'envole en automne pour passer l'hiver en Afrique tropicale.

Tout comme les tourterelles turques, ce sont des oiseaux nicheurs très fréquents dans nos régions. L'incubation se déroule pour ainsi dire de la même façon que chez les tourterelles turques; les nids se trouvent cependant plus près du sol. En juillet 1940, on trouva aux Pays-Bas, dans la région de Lekkerkerk, le nid d'une tourterelle des bois bâti avec des morceaux de fil de fer (treillis). Ce phénomène fut considéré comme très intéressant étant donné que dans l'entourage immédiat, l'oiseau disposait de matériaux suffisants pour construire son nid. La nourriture de ces tourterelles se compose principalement de graines.

Le roucoulement de la tourterelle turque ressemble à un 'coucoûh, cou' avec l'accent sur la deuxième syllabe. Il diffère totalement du roucoulement de la tourterelle des bois qui émet un 'rourr' répété, presque roulé, ronronné. Tous les pigeons pour ainsi dire pondent deux œufs blancs brillants. Lors de l'édification du nid, le pigeon mâle fait office d'homme de peine: il apporte les matériaux nécessaires pendant que la femelle construit le nid simple. Les deux sexes couvent les œufs et se relaient apparemment selon un schéma bien déterminé: le mâle couve de 10 h du matin à 2 h de l'après-midi, et la femelle couve pendant le reste du temps.

L'ARA BLEU ET JAUNE

Les aras sont les membres les plus grands et les plus colorés de la famille des perroquets. Certaines espèces atteignent une longueur totale d'un mètre environ dont la queue forme la plus grande partie. Leur bec est très grand et très recourbé et atteint la moitié de la tête toute entière. Grâce à ce bec, les oiseaux peuvent casser les noix les plus dures et avec une grande facilité grimper le long des branches. Des quatre doigts, deux sont dirigés vers l'avant et deux vers l'arrière, ce qui facilite également les déplacements sur les branches. Chez la plupart de ces oiseaux, la partie près des joues et celle autour des yeux est nue, à quelques plumes près. Lorsque les aras sont excités, ils commencent à "rougir" et la partie nue de leur visage devient rose. Seuls les aras chloroptères ont une tête recouverte de plumes. Tous les aras vivent en Amérique tropicale : du sud du Mexique en passant par l'Amérique centrale jusqu'au Paraguay au sud de l'Amérique du Sud. En dehors de la période d'incubation, les aras errent en l'air par groupes entiers. Dans ces groupes, qui sont très bruyants, les aras se retrouvent en couples. Le vol de ces oiseaux aux couleurs aveuglantes et à la longue queue en forme de traîne, au-dessus de la cime des arbres des forêts tropicales est un spectacle impressionnant. Pour voir des aras au vol il n'est pas absolument indispensable de se rendre en Amérique du Sud, on peut également les voir dans de nombreux jardins zoologiques et dans des parcs d'oiseaux. Les aras produisent des sons rauques, stridents et souvent assourdissants. Les aras nichent dans des creux d'arbre relativement hauts. Ils n'utilisent aucun matériau pour construire le nid et les deux à quatre œufs — selon l'espèce — sont déposés sur le sol nu. Les parents les couvent à tour de rôle ; la période d'incubation dépend d'une espèce à une autre mais dure en général quatre semaines. Les petits naissent nus et aveugles. Leur évolution est étonnamment lente : les yeux s'ouvrent après un mois et avant qu'ils soient entièrement recouverts de plumes, il faut bien attendre 10 semaines. Puis il faut attendre encore quatre semaines avant que les petits prennent leur envol. Leur plumage est d'une couleur plus terne que celui des adultes et leur queue est plus courte. Ils restent auprès de leurs parents pendant quelques mois.

L'ara bleu et jaune est le plus connu parmi tous les aras. Avec l'ara macao, il constitue une des espèces les plus communes des parcs d'oiseaux et des jardins zoologiques. L'ara bleu et jaune mesure plus de 80 cm. Le dessus est d'un bleu ciel magnifique et le dessous est jaune or vif. Le mâle et la femelle ont le même plumage. Leur habitat s'étend de Panama en passant par l'Amérique du Nord, l'Amérique du Nord-Ouest et l'Amérique du Sud jusqu'au nord de l'Argentine. Ils fréquentent les régions boisées où ils se nourrissent de fruits, de graines et de noix. Aux endroits où il y a de la nourriture en abondance, ils se réunissent en grand nombre. Ils nichent dans des creux d'arbres. En général, ils pondent 2 ou 3 rarement 4 œufs blancs. La femelle couve seule pendant 25 jours.

LE COUCOU

L'illustration montre clairement les couleurs du coucou. Le dessous est blanchâtre barré de gris foncé comme l'épervier. Autrefois, on croyait qu'en hiver le coucou se transformait en épervier dont il partage d'ailleurs certaines caractéristiques externes. Néanmoins, l'épervier est toujours assis droit dans une attitude altière et son bec crochu fortement recourbé. Le coucou quant à lui a une position plutôt horizontale et un bec légèrement recourbé. Le coucou doit son nom au cri que le mâle émet dans les champs. Parfois il nous arrive d'entendre un « hachachach » bas, étouffé. La femelle émet, quant à elle, un son proche d'un long glouglou liquide. Le coucou est un oiseau nicheur courant dans nos régions. Il ne construit cependant pas son propre nid mais dépose ses œufs dans le nid d'un autre oiseau chanteur. On connaît environ 40 espèces différentes de « parents adoptifs ». Dès que le jeune coucou est né, il commence par jeter les œufs ou oisillons hors du nid. A cet effet il utilise son dos bossu.

Notre coucou est un parasite de couvée: il pond ses œufs dans les nids d'autres oiseaux qui élèvent les petits par la suite. Tous les membres de cette famille ne sont cependant pas des parasites de couvée. Des 130 espèces environ 50 coucous seulement sont des parasites. L'aire de dispersion de «notre» coucou s'étend pour ainsi dire sur toute l'Europe et l'Asie et sur de grandes parties d'Afrique, aussi bien au nord qu'au sud du Sahara. On ne le trouve pas en Amérique. Les coucous de nos régions hivernent en Afrique tropicale. Leur nourriture se compose d'insectes de tous genres. Leurs proies de prédilection sont les grandes chenilles poilues qui forment la pâture de la majorité des oiseaux.

LE HIBOU MOYEN-DUC

Le hibou moyen-duc est un oiseau nicheur de nos régions. Il habite principalement les forêts mais se rencontre également dans les parcs et les grands jardins. Le hibou a environ la taille d'un pigeon et se reconnaît immédiatement aux aigrettes longues de 3 cm. Ces aigrettes ne jouent aucun rôle dans l'ouie. Le hibou moyen-duc se voit rarement le jour. C'est le moment où il dort. Ces hiboux ne construisent pas leur nid eux-mêmes, ils utilisent de vieux nids comme celui d'une corneille, d'une pie, d'un freux ou d'un pigeon ramier. Les œufs blancs arrondis au nombre de quatre ou cinq sont pondus de deux en deux jours. La femelle couve seule et tient les œufs au chaud pendant environ un mois. Les jeunes prennent leur envol après environ quatre semaines. En majorité ces oiseaux sont sédentaires bien qu'il y en ait quelques-uns qui soient migrateurs. Leur nourriture se compose de petits mammifères tels que des rats et des souris.

Outre le hibou moyen-duc, nous rencontrons dans nos régions deux autres hiboux portant des aigrettes. L'un est le hibou grand-duc et l'autre le hibou petit-duc. Le hibou grand-duc peut mesurer près de 70 cm. Ce hibou géant niche très rarement en France. Son congénère plus petit, le hibou petit-duc, qui mesure seulement 19 cm, est un oiseau erratique. Le hibou des marais, un oiseau nicheur peu répandu lui aussi, possède également de «petites oreilles» ou aigrettes mais elles sont si petites qu'on les aperçoit difficilement. Ce hibou niche à terre. Les œufs sont déposés dans une cuvette non tapissée.

LA CHOUETTE CHEVECHE

Des six espèces de hiboux qui nichent dans nos régions, la chouette chevêche est de loin la plus petite. Par son plumage épais et lâche ainsi que sa tête relativement grosse, elle a une apparence assez robuste mais son corps est à peine plus grand que celui d'un merle. L'illustration vous montre clairement à quoi cette chouette ressemble. De tous les hiboux et chouettes qui nichent dans nos régions, celle-ci est la plus diurne. Elle aime somnoler au soleil et lors d'une averse, elle déploie les ailes et se laisse mouiller par la pluie. Bien qu'elle chasse principalement à la tombée de la nuit, il arrive qu'elle le fasse aussi le jour. Au cours du vol onduleux, on remarque immédiatement les courtes ailes arrondies. Sa nourriture se compose principalement d'animaux tels que rats, souris, taupes, oisillons et petits mammifères ; elle se régale cependant aussi de grands insectes, d'araignées, de lézards et au besoin de grenouilles et de vers. Les hiboux n'ont pas de jabot. Les parties indigestes des animaux de proie telles que les poils, les plumes et les petits os sont comprimées dans l'estomac et régurgitées par la suite. En analysant ces boules, on peut constater quelles espèces animales il y a dans certaines régions, si leur nombre est élevé etc. Les chouettes chevêches nichent de préférence dans les cavités des arbres ou dans les niches mais s'il n'y en a pas à leur disposition elles s'abritent sous le faîte d'une grange, dans des cavités rocheuses et même dans des terriers de lapins. Il ne s'agit cependant pas à proprement parler d'un nid: les œufs au nombre de trois ou cinq (ou plus lors des années fécondes en souris) sont blancs et sont déposés soit sur le sol nu soit sur quelques boules régurgitées. C'est la femelle qui couve les œufs pendant une période de quatre semaines. Elle est fermement assise sur sa couvée et si quelqu'un s'en approche, elle commence à siffler d'un air agressif et fait claquer son bec. La couvaison commence déjà avant que la couvée soit complète et le mâle apporte d'abord seul la nourriture aux petits pendant que la femelle garde au chaud les œufs non encore éclos. Par la suite, les parents nourriront tous deux leur progéniture qui s'envole après quatre semaines. Même après cette période, les parents continuent à pourvoir à la nourriture des petits. Les chouettes chevêches peuvent produire des sons différents. Il leur arrive de japper comme les petits chiens du genre « gri-ou » ou « dipp-dipp » ou bien de chanter avec des « coû » répétés régulièrement.

Outre la chouette chevêche on compte également parmi les oiseaux nicheurs de nos régions la chouette effraie dont le nombre décroît considérablement, le hibou moyen-duc, le hibou des marais, la chouette de Tengmalm et la hulotte. Tous pondent des œufs blancs qui, à l'exception des œufs de la chouette effraie, sont presque ronds. La couvaison commence avant que la couvée ne soit complète. Ainsi, les jeunes viennent au monde à intervalles réguliers. Les oiselets les plus vieux sont considérablement plus grands que les plus jeunes. S'il y a de la nourriture en suffisance, tous les petits se développent mais en période de disette, les plus petits et les plus faibles meurent. Ainsi se créent des genres robustes.

Parmi les pics qui nichent en France, on compte le pic noir, le pic vert, le pic épeichette et le torcol fourmilier qui en est un très proche parent. Les torcols fourmiliers n'ont pas des rectrices rigides et pointues. Leur plumage a la couleur de l'écorce. Pendant la parade et les moments d'excitation, ces oiseaux effectuent des mouvements circulaires bizarres avec le cou ce qui leur a valu le nom de torcol. Ces oiseaux ne creusent pas de trous dans l'écorce mais utilisent des cavités naturelles ou des nichoirs. Les œufs blancs au nombre de 7 à 10 (et quelquefois plus) sont déposés dans le fond de la cuvette du nid. Les deux sexes couvent généralement à tour de rôle pendant 12 à 14 jours.

LES PICS

Sur l'illustration, le pic noir se trouve à gauche et le pic épeiche à droite. Les pics ont un bec en ciseau dur comme l'acier avec lequel ils creusent non seulement leur nid mais recherchent également toutes sortes de vermines dans les troncs des arbres. Leur langue d'une longueur extraordinaire leur est en outre d'une grande utilité pour attraper les insectes. Les pics ne chantent pas mais signalent le lieu de couvage par un ''tambourinement''. Ils tambourinent une branche sèche à forte résonnance avec leur bec. Les pics ont des pattes faites pour grimper: deux doigts en avant et deux en arrière. Avec leurs doigts, ils s'agrippent à l'écorce et s'appuient sur leurs robustes rectrices. Les pics fouillent toujours l'écorce de bas en haut. La sittelle (p. 146) le fait aussi bien de bas en haut que de haut en bas.

Outre l'alouette des champs, on compte également parmi les oiseaux nicheurs de France le cochevis huppé et l'alouette lulu. Le premier se reconnaît aisément à sa longue huppe dressée. Il chante rarement en vol mais laisse entendre de courtes phrases répétées lorsqu'il est sur une pierre ou un perchoir bas. Le nombre d'alouettes lulu décroît constamment. Ce petit oiseau se distingue de l'alouette des champs par sa taille plus petite et sa queue très courte sans les côtés blancs, qui sont la marque distinctive des alouettes des champs. Son chant est mélodieux, alternant avec de courtes phrases du genre "lullullullu.. duliduli...". Souvent, l'alouette chante lorsqu'elle effectue son vol de parade circulaire.

L'ALOUETTE DES CHAMPS

L'alouette des champs est un oiseau nicheur fréquent en France. Dès le début du printemps, elles entonnent leur chant d'allégresse, haut dans le ciel. Elles nichent dans des terrains à découvert où elles construisent, dans une cavité, un nid peu soigné avec des tiges et de l'herbe, tapissé à l'intérieur d'un matériau plus fin. La couleur des œufs, au nombre de 3 ou 5, est très variée. Ils sont couvés pendant 11 ou 12 jours par la femelle. Les oisillons quittent le nid après une dizaine de jours mais à ce moment ils ne sont pas encore capables de voler. Lorsqu'un danger menace, ils s'aplatissent ventre à terre sans bouger. Souvent, les alouettes donnent naissance à 2 ou 3 couvées. La nourriture se compose de toutes sortes de graines et de feuilles mais également d'insectes, de vers et d'autres vermines de toutes sortes. Les alouettes des champs hivernent dans les régions situées autour de la Méditerranée où de nombreux exemplaires sont attrapés pour être mis en cage ou mangés.

L'HIRONDELLE DE CHEMINEE

L'hirondelle de cheminée est un oiseau nicheur fréquent en France. Tout le monde connaît naturellement l'oiseau représenté sur cette illustration avec sa gorge et son front brun-rouge, le dessus bleu sombre métallique et le dessous blanc crème. La queue est longue et très fourchue; les ailes sont longues et étroites et conviennent à merveille pour un vol ultra-rapide. A haute altitude, les hirondelles manœuvrent avec une grande rapidité et agilité, et une fois qu'elles ont repéré un insecte, il ne peut plus leur échapper. On ne peut se représenter le nombre de mouches et de moustiques qu'une hirondelle peut dévorer en un jour.

L'hirondelle est un des rares oiseaux à chanter à l'intérieur des maisons. Son chant ressemble à un gazouillis agréable. En cas de danger, il se mêle à un "tsivitt" élevé. Le nid a la forme d'un quart de sphère, ouvert par le dessus. Il est maçonné de boue, de glaise, d'argile et de paille collée avec de la salive. L'intérieur du nid est plat et tapissé de poils et de nombreuses plumes. Dans de nombreux cas, le nid se trouve dans des granges, des écuries et d'autres endroits de ce genre; mais on en trouve aussi sous les ponts, les faîtes, etc.

Les hirondelles pondent 4 à 6 œufs blancs avec des taches brunes. La durée d'incubation est de deux semaines environ. La couvaison se fait principalement par la femelle à laquelle le mâle tient compagnie durant les heures avancées de la nuit. Les oisillons quittent le nid après trois semaines environ mais ils continuent à être nourris par les parents pendant longtemps encore. La nuit cependant, ils retournent au nid pour y dormir. Les jeunes sont beaucoup plus ternes que les adultes et ont des filets plus courts à la queue. Lorsque les oisillons sont capables de bien voler, la femelle se met à pondre une deuxième nichée et parfois même une troisième. Il arrive souvent que les jeunes naissent à la fin de l'été et que pendant la migration vers le sud ils doivent être nourris par les parents. Avant de commencer les migrations vers les quartiers d'hiver, on voit souvent se réunir des groupes entiers d'hirondelles, qui disparaissent subitement par la suite. Elles ont accepté le long voyage vers l'Afrique tropicale. Dans certains endroits favorables, elles se regroupent par centaines de milliers et s'abattent sur des myriades de moustiques qui naissent en essaims dans la région des lacs, située au centre de l'Afrique.

L'hirondelle de cheminée n'est pas la seule hirondelle à nicher en France; il y a aussi l'hirondelle de fenêtre et l'hirondelle de rivage. Cette dernière hirondelle a le dessus brun et le dessous blanc avec une bande brune sur la poitrine. Son vol est moins gracieux que celui de l'hirondelle de cheminée mais elle est aussi experte quand il s'agit de se procurer de la nourriture. Ces oiseaux creusent des tunnels dans les rivages pour y édifier leur nid dans lequel sont déposés 4 à 6 œufs blancs fragiles. Dans nos régions nous connaissons également les martinets noirs et les engoulevents. Quoique dans certaines langues, leur nom les apparente aux hirondelles, ils ne font aucunement partie de leur famille.

L'on distingue environ 60 espèces de troglodytes réparties en plusieurs familles. Le troglodyte que nous connaissons est la seule espèce vivant dans l'Ancien Monde. Les autres espèces sont localisées en Amérique. Les troglodytes se nourrissent d'insectes qu'ils picorent sur les feuillages, dans les buissons ou sur des feuilles tombées. En Amérique, l'on trouve également de grandes espèces qui dévorent des reptiles et même de petits poissons. Le troglodyte des cactus d'Amérique du Nord a l'habitude de retourner les pierres et d'autres objets, comme notre tournepierre à collier, pour y rechercher de petits animaux de proie. Presque tous les troglodytes américains sont monogames, c'est-à-dire que les mâles ne vivent qu'avec une seule femelle.

LE TROGLODYTE

Le troglodyte qui est compté parmi les nombreux oiseaux nicheurs de la France a une aire de dispersion très étendue. Outre en Europe on le rencontre dans le centre et l'est de l'Asie, en Afrique du Nord et en Amérique du Nord. C'est un très petit oiseau rondelet et brun que l'on reconnaît toujours à sa courte queue relevée. Le troglodyte est un constructeur de nid acharné. Avec de la mousse et des feuilles séchées il construit des constructions coniques et invite ensuite une femelle pour inspecter les lieux. S'il y a un nid qui plaît à la femelle il conclut le mariage avec elle. Avant de pondre les œufs, la femelle doit d'abord habiller le nid à l'intérieur. Souvent le mâle possède plusieurs femelles (polygamie) qui occupent les nids restants. Certains nids restent inutilisés ou servent de chambres à coucher. En hiver, il y a souvent plusieurs troglodytes dormant les uns à côté des autres.

Outre la bergeronnette grise, on connaît en France deux autres espèces, notamment la bergeronnette des ruisseaux, qui est un oiseau nicheur assez rare, et la bergeronnette printanière, un oiseau nicheur très répandu. Il existe une forme britannique de cette dernière espèce qu'on appelle la bergeronnette flavéole qui est très rare en France. Les bergeronnettes printanières nichent généralement à terre. Toutes les bergeronnettes se nourrissent de petits animaux: insectes, larves, vers et mollusques. Certaines espèces habitant près de l'eau se nourrissent également de frai et de petits poissons. Nombreuses sont les bergeronnettes qui hivernent dans les régions du sud.

LA BERGERONNETTE GRISE

La bergeronnette grise n'est pas un oiseau nicheur rare dans nos régions. Ces oiseaux sveltes à longue queue se reconnaissent immédiatement aux hochements de la queue qui leur ont d'ailleurs valu le nom de « hoche-queues ». Le nid de ces oiseaux peut se rencontrer partout: dans des niches, des cavités, des berges, des meules de foin, des piles de bois, de vieux nids d'oiseaux etc. Ce sont en général des constructions peu soignées avec des matériaux végétaux intérieurement tapissés de poils et de plumes. Les 4 ou 7 œufs de la couvée sont blanchâtres allant vers le crème et tachetés de brun-gris. La femelle les couve pendant environ 2 semaines et après une période de même durée les jeunes quittent le nid. En général, la femelle pond une deuxième couvée. La race britannique (bergeronnette de Yarrell) a le dos noir au lieu de gris au printemps.

LE GOBE-MOUCHE GRIS

Le gobe-mouche gris est un oiseau brun cendré avec le dessous blanc crème légèrement rayé sur la poitrine. Ce gobe-mouche se reconnaît toujours à son attitude typique: il est droit comme un cierge en position quasiment verticale et soulève sans cesse les ailes et la queue en provoquant des secousses. Les gobe-mouches ont une façon particulière d'attraper leurs proies, les insectes volants. Ils sont assis à un poste d'affût et examinent les alentours. Dès qu'un insecte passe par là, ils se mettent à sa poursuite et le capturent avec un claquement du bec. La proie dans le bec, ils reviennent au poste d'affût pour l'y croquer. Cette tactique fonctionne uniquement lorsqu'il y a des insectes en abondance. S'il n'y a pas suffisamment d'insectes volants, les gobe-mouches se procureront leur nourriture en picorant. Le gobe-mouche noir est d'ailleurs connu comme un oiseau qui picore de nombreux insectes du feuillage et qui mange un grand nombre de chenilles. Le gobe-mouche gris niche dans des creux d'arbres, des niches, mais également dans les nids d'autres oiseaux chanteurs, dans des plantes grimpantes, etc. Il utilise aussi des nichoirs ouverts. Le nid est de construction simple avec des brins d'herbes, des tiges, des fils de racines, ou de la mousse. Le tout est tressé avec de la toile d'araignée et tapissé de poils, de laine et parfois de quelques plumes. Il est construit principalement par la femelle. Il n'est pas rare que le gobe-mouche utilise la même habitation pendant plusieurs années consécutives. Si le nid est endommagé en dehors de la période d'incubation, il est raccomodé par la femelle. La couleur de la coquille des œufs est très variée même dans une même ponte. Les uns sont crèmes, les autres bleu-clair, bleu-vert ou brun-jaune. Ils sont tachetés de brun-roux. C'est la femelle qui couve les œufs mais 12 ou 14 jours après la naissance, les parents veillent tous deux à leur progéniture. Au début, le mâle apporte des insectes à la femelle qui les transmet à ses petits. Les oisillons s'envolent après environ deux semaines mais cependant, ils continuent à être nourris par les parents ensuite.

Outre le gobe-mouche gris, qui est un oiseau nicheur très répandu dans nos régions, il existe encore une autre espèce qui est pourtant moins répandue que la première. Elle s'appelle le gobe-mouche noir; les mâles de cette espèce ont la tête et le dessus noirs mais le front blanc. En Europe centrale (et en France) le dessus est plutôt brun foncé. En automne, les mâles ressemblent beaucoup à leurs épouses. Le gobe-mouche à collier est un oiseau erratique faisant des apparitions accidentelles dans nos régions. Il ressemble beaucoup au gobe-mouche noir mais s'en distingue par son collier blanc. Le gobe-mouche nain est également un hôte de nos régions.

LE MERLE

Il y a environ un siècle, la plupart des gens connaissaient à peine le merle noir. A l'époque, il peuplait uniquement les bois mais de nos jours on le rencontre pour ainsi dire partout. L'oiseau représenté par l'illustration est un mâle ; la femelle a le dessus brun foncé et le dessous plus clair et tacheté. L'on trouve des nids de merles dans les endroits les plus divers. Ils sont de construction solide en forme de bassin, tapissés à l'intérieur d'une fine couche de boue recouverte à son tour d'un matériau végétal peu épais. Les œufs vert-bleu au nombre variant de 4 à 6 sont tachetés de brun-rouge. La femelle les couve pendant environ 2 semaines. Après une quinzaine de jours, les petits quittent le nid mais continuent à recevoir les soins des parents. Souvent, il y a deux, trois, parfois même quatre pontes en une saison. Les merles vivent de vers, de limaces, d'insectes, de fruits et de baies.

Souvent, on fait la distinction entre les merles qui habitent les villes et les villages et ceux qui fréquentent les forêts. On les appelle respectivement les « merles des villes » et « les merles des forêts ». Comme les merles des villes ont plus de facilités pour se procurer de la nourriture, ils produisent par saison 3 à 4 pontes alors que les merles des forêts n'en produisent que deux au maximum. En général, les merles des forêts sont plus farouches que ceux des villes. Comme chez la plupart des oiseaux, à leur naissance les petits restent immobiles dans le nid. Dès qu'un des deux parents atterrit sur le bord du nid les petits tendent le bec et le tiennent largement ouvert. Le même effet peut être obtenu en frappant légèrement sur le bord du nid.

LA GRIVE MUSICIENNE

Les grives musiciennes ne sont pas seulement d'excellentes chanteuses mais également des imitatrices de talent. Elles imitent encore mieux que les étourneaux. Le chant est très sonore mais ne porte pas aussi loin que celui de la grive draine, une autre variété. Dans le chant c'est le "i" qui prédomine. Il est très amusant de voir les grives en train de chercher des vers. Elles tiennent la tête penchée comme si elles écoutaient mais en réalité elles inspectent le sol à la recherche d'une quelconque pâture à leur goût. Leur nourriture préférée sont les limaces qu'elles avalent entières. Si elles attrapent un escargot, elles l'emmènent jusqu'à une pierre ou un autre objet dur et cassent la coquille en la heurtant plusieurs fois sur cette "enclume". Cet objet est réemployé à chaque fois, ce qui fait que dans son entourage se trouvent beaucoup de coquilles d'escargots brisées.

La grive musicienne mesure environ 22 cm. Elle a le dessus brun et a sur la gorge des taches plus petites que sa congénère. La grive mauvis est encore plus petite. Elle est la plus petite des grives européennes et se reconnaît à ses flancs roux et aux sourcils blanc crème très apparents. Cet oiseau niche dans les régions à haute altitude. En hiver, on les rencontre souvent en compagnie des litornes. Ces grives ont la tête et le croupion gris pâle, le dos brun marron et la queue noire. Elle a la même attitude "fière" et dressée que la grive draine. Dans nos régions on la voit quelquefois en compagnie du merle sibérien.

LE ROUGE-GORGE

Le rouge-gorge est un oiseau nicheur très commun dans nos régions et il y a peu de gens qui ne le connaissent pas. Bien qu'il soit relativement haut sur des pattes grêles, il a néanmoins un aspect rondelet. De temps en temps il penche le corps vers l'avant ce qui donne l'impression qu'il ''fléchit sur ses jambes''. Les rouges-gorges sont très familiers et extrêmement curieux! Lorsque quelqu'un est en train de bêcher ou de désherber le jardin, il ne manque pas de venir jeter un coup d'œil. Il attend patiemment qu'une motte de terre soit retournée pour y picorer un ver, une limace, une chenille, un insecte, un mille-pattes, etc. En automne, les rouges-gorges se régalent de baies, de graines et de petits fruits. L'hiver, ils dépendent essentiellement des restes de table; un petit morceau de fromage et de l'avoine sont pour eux un vrai régal! Les rouges-gorges chantent pour ainsi dire toute l'année. Ils s'arrêtent seulement pendant la période de la mue, soit aux mois de juin et juillet. Seuls les mâles chantent mais les femelles se font également entendre. Les deux sexes ont leur propre territoire en hiver qu'ils défendent courageusement contre les intrus. Lorsqu'un intrus s'aventure sur le territoire d'un autre, cela se corse. Le propriétaire légal gonfle alors la poitrine et choisit un lieu et une attitude tels que sa gorge rouge se remarque bien. Au printemps, les mâles et les femelles recherchent un rapprochement. Si la femelle ne désire pas se faire chasser elle doit avoir une attitude ''soumise'', sinon elle provoque la bagarre. Si l'intrus ne se laisse pas intimider, ces oiseaux se volent dans les plumes comme des coqs. Après la conclusion du mariage, la femelle commence à construire le nid. Elle construit le ''berceau'' avec des matériaux végétaux de toutes sortes établis sur une couche de feuilles sechées, et tapisse l'intérieur d'un matériau plus fin. Les œufs tachetés de brun-rouge au nombre de 4 ou 6 sont couvés par la femelle uniquement. Pendant cette période, le mâle veille à ce qu'il ne lui manque rien. Le nid peut se rencontrer dans toutes sortes d'endroits, aussi bien au sol, qu'entre les racines, dans des souches creuses, dans des pots de fleurs ou même dans des boîtes de conserves. Lorsque sa progéniture s'envole et quitte le nid, la mère se met à pondre une deuxième nichée.

Le rouge-gorge mesure environ 14 cm et se reconnaît immédiatement à sa poitrine rouge orangé. Le dessus est brun-gris avec un reflet olive. Les oiseaux juvéniles n'ont pas le plastron orange des adultes. Ils sont tachetés et ont la poitrine couverte de "croissants". Le rouge-gorge est l'oiseau national de Grande-Bretagne. Au cours d'une enquête menée en 1960 en Grande-Bretagne, le rouge-gorge se révéla le grand vainqueur. On le considérait comme étant un "oiseau courageux, qui aime sa progéniture et qui la défend de toutes ses forces". A la saison froide grand nombre de "nos" rouges-gorges s'envolent vers le sud de l'Europe et le nord de l'Afrique.

Le rossignol mesure environ 16 cm. Le dessus est brun et le dessous est pâle. Il se remarque surtout par sa queue roux brunâtre. Le rossignol vit caché et on l'entend plus souvent qu'on ne le voit. Certains mâles chantent à un endroit bien en vue. Le chant du rossignol a toujours été hautement loué. Il se présente sous la forme d'une mélodie riche et sonore, les notes douces et tendres alternant avec des passages sonores et retentissants; par moments elle prend la forme d'un sifflement aigu et sonore et à d'autres elle est chaude avec des tons bas et ressemble à un «tiou-tiou-tiou». Les rossignols sont considérés comme étant des oiseaux courageux qui montrent une bravoure sans limite pour défendre leur nid contre tout intrus.

LE ROSSIGNOL PHILOMELE

Le rossignol est un oiseau nicheur très commun dans nos régions. Il hiverne en Afrique tropicale. Il retourne au début du printemps. D'abord viennent les mâles qui délimitent immédiatement leur territoire. Ils essaient de conserver cette propriété en chantant à tue-tête, le jour comme la nuit. Après une semaine, les femelles arrivent. Lorsqu'un mariage est conclu, la femelle commence à construire un nid, une construction négligée de matériaux végétaux, tapissée à l'intérieur d'herbe fine et de poils. La couvée se compose de 4 à 5 œufs brun verdâtre ou bleu verdâtre qui sont couvés pendant environ 2 semaines par la femelle seule. Lorsque les petits sont nés, le mâle aide la femelle à les nourrir. Après 10 jours, les jeunes commencent à farfouiller autour du nid mais ne sont pas encore capables de voler.

Le pouillot fitis et le pouillot véloce se ressemblent comme deux gouttes d'eau. Tous deux ont un plumage jaune à prédominance verte dont le dessus est plus foncé que le dessous. En général, les pattes du pouillot fitis sont brun clair alors que celles du pouillot véloce sont brun-noir. En les tenant dans la main, l'on distingue mieux les différences: chez le pouillot fitis, la deuxième rémige est courte et la sixième émarginée. Le meilleur signe distinctif reste cependant le chant: le pouillot véloce a un chant de 2-3 notes alternées en rythme sautillant: tsiep, tsyip, tsyip, tsiep, tsieup ... (ordre irrégulier) alors que le pouillot fitis laisse entendre un chant très mélodieux. Il est plus allègre au début et plus lent vers la fin avec des sons plaintifs. Le pouillot fitis hiverne en Afrique tropicale.

LE POUILLOT FITIS

Le pouillot fitis se rencontre dans toute l'Europe à l'exception du sud et dans de grandes parties d'Asie. En France, il est également considéré comme un oiseau nicheur courant. C'est un oiseau chanteur des feuillues comme le pouillot véloce (voir légende). Sa nourriture se compose de toutes sortes de petits insectes qu'il attrape sur ou sous les feuilles des arbres et des buissons. Il se nourrit également de larves et de chenilles. Le nid est en boule avec une entrée latérale dirigée vers le bas. Il niche généralement à terre ou quelquefois dans des buissons bas. Les matériaux pour la nidification se composent de feuilles, de mousse, de petites tiges et d'herbe. A l'intérieur, le nid est tapissé de poils et de plumes. Les œufs au nombre variant entre 4 et 7 sont d'un blanc jaunâtre, parsemés de petites taches brun-rouille ou brun foncé. Ils sont couvés par la femelle pendant une période d'environ 2 semaines.

LA FAUVETTE A TETE NOIRE

Les fauvettes à tête noire mesurent environ 14 cm. Le dessus est brun-gris et le dessous gris. Le mâle se reconnaît immédiatement à la calotte noire luisante qui est rousse chez la femelle. La fauvette à tête noire est une excellente chanteuse. Son chant commence en général par des sons rapides et un marmonnement mais il gonfle lentement pour terminer par un sifflement ioulant. Le chant n'est cependant pas soutenu pendant longtemps. Dans certains pays, on appelle la fauvette à tête noire « le rossignol du nord ». Dans le sud de l'Europe, les fauvettes se nourrissent d'oranges et de figues. C'est pourquoi on les appelle aussi « mangeurs de figues ». Dans nos régions, elles se nourrissent de mûres sauvages et de baies de sureau en automne.

La fauvette à tête noire est un oiseau nicheur très courant en France. Ses lieux de prédilection sont les régions boisées aussi bien les forêts feuillues que les forêts de pins. Le mâle et la femelle construisent le nid ensemble. Il a la forme d'une petite cuvette bien soignée construite avec des tiges, des fils de racines et des herbes. L'intérieur est tapissé de petits brins d'herbe tressés, parfois avec du crin. Les œufs au nombre de 4 à 6 ont des couleurs très divergentes et sont couvés par les deux sexes pendant environ 2 semaines. Les petits quittent le nid après une période de 11 à 15 jours. La nourriture des fauvettes à tête noire se compose essentiellement d'insectes mais avant d'entreprendre les migrations vers le sud de l'Europe et l'Afrique du Nord, elles se mettent à manger des baies et de petits fruits. Le sucre se transforme plus facilement en graisse et constitue ainsi une réserve de nourriture pour les oiseaux. C'est le cas pour plusieurs oiseaux chanteurs.

LA MESANGE BLEUE

Tout comme la mésange charbonnière, la mésange bleue est un oiseau nicheur très répandu en France. Pour nicher, elles recherchent des cavités de toutes sortes : des trous dans des arbres ou des murs, des nichoirs etc. La femelle construit le nid avec de la mousse, des feuilles mortes et de l'herbe et le tapisse de poils, de plumes et de duvet. Elle pond généralement 7 à 12 œufs; ils sont blancs tachetés de brun-rouge. Seule la femelle couve les œufs sur lesquels elle est solidement assise tout comme d'ailleurs la mésange charbonnière. Elle essaie d'effrayer l'intrus en sifflant ou en soufflant. Il paraît que la mésange bleue chasse les grands oiseaux de son voisinage en se laissant pendre la tête en bas à une branche et en picorant les doigts des oiseaux. Lorsque les petits naissent, la mésange bleue apporte des tas d'insectes et d'autre vermine dans le nid pour nourrir sa progéniture. On a constaté qu'en huit heures un couple de mésanges bleues venait par 400 fois apporter de la nourriture à leurs petits.

La mésange bleue est légèrement plus petite que la mésange charbonnière : elle mesure environ 11 cm. Elle tient son nom du fait que la couleur prédominante de son plumage est le bleu. Tout comme les mésanges charbonnières, les mésanges bleues aiment se nourrir d'insectes, de larves, de petites araignées etc. mais en hiver elles mangent également de petits fruits, des graines, des baies etc. Il arrive en hiver de les voir dans les joncs où elles se nourrissent d'insectes. Le chant de la mésange bleue est un long trille cristallin du type «tsitsitsi, uuuuu...» que l'on qualifie souvent de «petit rire argenté» ou «petite sonnette».

LA MESANGE NOIRE

Parmi les oiseaux nicheurs de France, l'on compte six espèces de "vraies" mésanges qui se reconnaissent immédiatement à leurs joues blanches. Elles s'appellent la mésange charbonnière, la mésange bleue, la mésange noire et la mésange huppée qui tout comme la mésange boréale sont reprises dans le cadre de ce livre. La sixième espèce, la mésange nonnette, est décrite dans le paragraphe consacré à la mésange boréale. Les autres mésanges sont la mésange à longue queue (assez répandue), la mésange à moustaches (oiseau nicheur peu courant) et la mésange rémiz (oiseau nicheur accidentel dans nos régions). La mésange noire est la plus petite de toutes. Elle mesure 11 cm et elle est la seule à avoir une calotte noire et une tache blanche à la nuque.

La mésange noire est un oiseau nicheur très répandu dans nos régions. Son biotope préféré est le bois de pins bien qu'elle ne choisisse pas toujours un conifère pour y nicher. Le nid est toujours construit dans une cavité, soit dans un arbre, un mur ou parfois un trou dans le sol (terrier de lapin, galerie de souris, etc.). Elles utilisent également des nichoirs et vont même jusqu'à construire leur nid sous les nids des grands oiseaux. Les 7 à 10 œufs blancs tachetés de rouge sont couvés par la femelle uniquement, pendant une période de deux semaines environ. Les oisillons quittent le nid après dix-sept jours; à ce moment, la femelle commence une nouvelle ponte. En été, les mésanges noires mangent principalement des insectes, des araignées, des larves de toutes sortes, mais en hiver elles se régalent également de graines dont celles des pins et des aulnes. Elles se nourrissent en outre des petits morceaux de viande et de graisse qui se trouvent sur ton balcon.

LA MESANGE HUPPEE

Tout comme les autres mésanges, la mésange huppée niche dans des cavités. On la trouve surtout dans les conifères mais également dans les bois mixtes. Comme nid, elles utilisent les trous des pinsons, les couloirs des martins-pêcheurs, des nichoirs et d'autres endroits de ce genre. Il leur arrive aussi de creuser leur propre nid dans du bois vermoulu. La femelle construit le nid avec de la mousse, des poils, de la laine et de la toile d'araignée et couve les œufs blancs tachetés de brun, au nombre de 4 à 9, pendant une durée de 15 jours environ. Les jeunes oisillons s'envolent après 18 jours. Les mésanges huppées mangent principalement des insectes, des larves, des chrysalides, de petites araignées etc. Elles grimpent le long des branches et examinent chaque petit trou. Il leur arrive aussi de descendre sur le dos des cerfs et des chevreuils pour y happer les insectes. En hiver, elles mangent des graines et il paraîtrait même qu'elles se constituent des réserves de nourriture.

La mésange huppée qui mesure 11 cm se reconnaît immédiatement à la huppe dressée, tachetée de noir et blanc qui peut être dressée ou abaissée à volonté. La photo montre les dessins relativement compliqués de la tête. En France, les mésanges huppées sont des oiseaux sédentaires qui restent dans le pays pendant toute l'année. Lorsqu'en hiver, la nourriture commence à se faire rare, elles se mettent à errer. L'aire de dispersion de la mésange huppée se limite à l'Europe et à une partie de l'Asie occidentale. La plupart des mésanges ont un habitat beaucoup plus vaste. Ainsi, on rencontre la mésange charbonnière et la mésange noire dans de grandes parties d'Europe et d'Asie et parfois même en Afrique du Nord.

LA MESANGE A LONGUE QUEUE

La mésange à longue queue est un oiseau nicheur répandu dans nos régions. Elle construit un nid ovoïde de mousse, plumes et lichens, tressé avec de la toile d'araignée qui cadre à merveille dans son environnement. La mésange à longue queue pond entre 8 et 12 œufs crème tachetés de rouge sur un petit lit douillet tapissé d'une centaine de petites plumes. La femelle couve les œufs pendant deux semaines environ. Le mâle aide la femelle à nourrir les petits lorsqu'ils sont nés. Les petits s'envolent après approximativement 16 jours mais continuent à recevoir les soins des parents par la suite. Il n'est pas rare de voir des familles réunies entre elles pendant les mois d'hiver bien qu'à cette période, les jeunes soient déjà indépendants. Les couples se reforment au printemps pour maintenir l'espèce en vie. Leur nourriture se compose d'insectes, d'araignées, de chrysalides, de larves etc.

La mésange à longue queue mesure environ 14 cm dont plus de la moitié est constituée par la queue étagée. La sous-espèce que l'on rencontre en Grande-Bretagne, dans l'ouest et au centre de l'Europe a une tête blanche mais elle est parcourue par une large barre foncée aux sourcils. (Cette race se rencontre aussi dans notre pays). La sous-espèce du nord a quant à elle une tête entièrement blanche. Les mésanges à longue queue sont très sensibles au froid. C'est pourquoi on les voit souvent dormant les unes à côté des autres, un phénomène étranger aux «vraies» mésanges. Ce sont des oiseaux sédentaires mais il n'est pas rare de les voir errer d'une région à l'autre.

La mésange boréale a un sosie: la mésange nonnette. Toutes deux ont une calotte noire, terne chez la mésange boréale et brillante chez la mésange nonnette. La mésange boréale se distingue aussi par la tache pâle sur l'aile que l'on remarque difficilement en été. Le meilleur signe distinctif est le cri. Celui de la mésange nonnette ressemble à un «tsyiptyiptyip...» etc. (variable) alors que celui de la mésange boréale est un «fsi-tsi-tsi» très élevé et fin suivi d'un «khéé-khéé» nasal et bas, appuyé. La mésange nonnette est également un oiseau nicheur assez répandu en France. La mésange nonnette ainsi que la mésange boréale sont des oiseaux sédentaires. Elles ont moins tendance à former de petits groupes que les autres mésanges.

LA MESANGE BOREALE

La mésange boréale est un oiseau nicheur assez répandu dans nos régions. Bien qu'elle niche dans des nichoirs, des trous de pinsons et des cavités naturelles, elle préfère creuser un nid elle-même dans un arbre ou dans une souche vermoulue. Le nid est de construction négligée avec de la mousse, des fibres ligneuses, des poils, des peluches et parfois des plumes, il est bâti par la femelle. Celle-ci pond généralement 6 à 9 œufs blancs tachetés de brun rougeâtre et mouchetés. La femelle couve seule les œufs mais pendant cette période le mâle la nourrit. La durée de couvaison est de 15 jours environ. Les petits restent dans le nid pendant 16 à 19 jours et y sont soignés par les parents. L'été, la nourriture de la mésange boréale se compose principalement d'insectes, de larves, de petites araignées etc. mais en automne elle mange également des graines et des baies.

LA SITTELLE TORCHEPOT

Les sittelles torchepots sont des oiseaux nicheurs assez répandus en France. Ce sont des oiseaux trapus. Leur nourriture se compose d'insectes de tout genre, de larves, de petits œufs, de petites araignées etc. qu'elles recherchent le long des troncs et des branches. Contrairement aux pics et aux grimpereaux, les sittelles torchepots ont une courte queue. Comme elles ne s'appuient pas sur la queue pour grimper, les plumes ne sont pas dures. Les sittelles torchepots sont certainement les seuls oiseaux à pouvoir aussi bien monter que descendre le long des troncs d'arbres. Elles trahissent leur présence dans les bois et les parcs en poussant des cris sifflés sonores et métalliques: « tuit-tuit-tuit ». Le chant lui-même est un sifflement sonore et répété. En automne, les sittelles aiment se nourrir de noix. Elles les coincent dans une fissure ou une autre cavité de ce genre et les martèlent. Nos sittelles torchepots nichent dans des creux d'arbres mais elles utilisent aussi de vieux nids de pics ou même des nichoirs. Souvent, les sittelles trouvent l'ouverture du nid trop grande. Elles se mettent alors à la maçonner avec de l'argile, de la glaise et de la boue mélangés à de la salive et du fumier de cheval de façon à ce qu'elles soient les seules à pouvoir y pénétrer. Les intrus de grande taille ne peuvent donc pas y avoir accès. Ce maçonnage est une activité purement instinctive car on a constaté que les nichoirs qui étaient faits à leur mesure furent également « renforcés » à l'extérieur et à l'intérieur avec de l'argile humide. La « matière » est apportée par le mâle et la femelle, mais le maçonnage en lui-même est l'œuvre du mâle seul. Il arrive que l'entrée soit trop étroite; dans ce cas, la sittelle lui donne un grand coup de bec pour l'élargir. La femelle s'occupe de rechercher les matériaux pour la nidification tels que des écailles, des éclats de bois, des aiguilles de pins et des feuilles sèches qui servent de lit aux œufs. Les 6 à 9 œufs de la ponte sont tachetés de brun. La femelle couve seule, mais le mâle lui apporte de la nourriture. Elle est assise fermement sur ses œufs et pique du bec lorsqu'un intrus s'approche. La durée d'incubation est de 15 jours environ; les petits s'envolent après 24 jours.

La sittelle torchepot mesure environ 14 cm et se reconnaît immédiatement au gris-bleu de la calotte et du manteau, au dessous jaunâtre avec les flancs bruns et le grand trait noir en travers de l'œil. Le bec est fort et pointu. Il existe 18 espèces de « vraies » sittelles. La plus grande vit à Burma, elle mesure 23 cm. Parmi les 18 espèces, il y en a deux qui ont fait leurs adieux aux forêts et qui ont donné la préférence aux régions rocheuses dans le Sud-Ouest asiatique où elles nichent dans des cavités rocheuses et des crevasses. Mais tout comme leurs consœurs, elles possèdent la technique du maçonnage. Elles referment les grandes entrées de façon à ce que celles-ci aient juste la taille de leur corps. Le nid construit avec de l'argile présente parfois une entrée en forme de tuyau long de plus de 10 cm.

Les bouvreuils pivoines se distinguent, surtout chez les mâles, par le dessous rouge et rose vif, le dessus gris-bleu, le croupion blanc et la calotte noire. Les femelles présentent pour ainsi dire les mêmes dessins que les mâles mais leurs couleurs sont visiblement plus ternes. Ces bouvreuils qui sont des oiseaux nicheurs relativement communs dans nos régions mesurent environ 14,5 cm. Il existe un grand nombre de sous-espèces qui diffèrent légèrement les unes des autres. L'espèce d'Europe du Nord par exemple est considérablement plus grande que celle de nos régions et a des couleurs plus vives. Cet oiseau vient nous rendre des visites occasionnelles en hiver, quelquefois même par petits groupes.

LE BOUVREUIL PIVOINE

Ces oiseaux magnifiques que sont les bouvreuils pivoines ont une aire de dispersion très étendue; on les rencontre pour ainsi dire dans toute l'Europe et l'Asie à l'exception de la moitié nord: de la Grande-Bretagne à l'ouest, au Japon et la presqu'île de Kamchatka à l'est. Ils sont particulièrement détestés par les propriétaires de vergers. Il est vrai que ces oiseaux mangent une grande diversité de graines d'arbres (bouleaux, frênes) et de plantes de tous genres; au printemps, ils se nourrissent surtout de boutons d'arbres fruitiers divers. C'est le cas en particulier lorsque le bouleau ou le frêne portent peu de fruits. Certaines espèces de pommes ou de poires sont préférées à d'autres. Ainsi il arrive que dans un verger il y ait toute une rangée d'arbres d'une espèce particulière dont les fruits ont complètement disparu alors qu'une autre rangée d'une espèce différente est restée tout à fait intacte. Nombreux sont les jeunes bouvreuils pivoines qui sont mangés par les geais.

LE CHARDONNERET

Les chardonnerets mesurent environ 14 cm. Les couleurs de la photo sont suffisamment claires sans qu'il faille les décrire. Ils tiennent leur nom du fait qu'ils raffolent des graines de chardons. Les chardonnerets se rencontrent pour ainsi dire dans toute l'Europe à l'exception du grand nord, de grandes parties d'Asie de l'ouest et de l'Afrique du Nord. Leur aire de dispersion comprend un groupe à tête noire (dans l'ouest) et un groupe à tête grise (dans l'est). Dans la région qui se situe entre ces deux aires, les deux groupes se mélangent. En France, l'on rencontre deux races qui se ressemblent beaucoup: la race continentale et la race britannique. En hiver, les chardonnerets vivant au nord se rendent dans le sud; chez nous, ils sont sédentaires.

Le chardonneret est un oiseau nicheur relativement rare dans nos régions. Par la diversité de couleurs que présente son plumage, il est un des oiseaux les plus beaux et les plus remarquables de nos parcs et jardins. Son chant se compose d'une série de cris aigus et liquides. Son vol est onduleux et dessine des arcs dans le ciel. Le nid est un amas de mousse, de petites brindilles et de tiges, tapissé à l'intérieur de laine, de poils et de peluches de plantes. Il niche dans un arbre feuillu, vers l'extrémité d'une branche ou dans une haie. Les œufs au nombre variant entre 4 et 6 sont bleu clair tachetés de brun-rouge et sont couvés pendant une période de 12 à 14 jours par la femelle qui reçoit sa nourriture du mâle. Les petits quittent le nid après une quinzaine de jours; après l'envol de sa progéniture, la femelle du chardonneret produit une nouvelle nichée. Les chardonnerets mangent des insectes mais également des graines et des fruits de tous genres.

LE SERIN CINI

Le serin cini est un oiseau nicheur relativement rare en France. L'habitat d'origine du serin cini se situe dans les pays autour de la Méditerranée d'où il a pris de l'extension vers le nord et l'ouest. Cette extension continue encore de nos jours. La nourriture du serin cini se compose de graines de toutes sortes mais à la période des amours il mange également de petits insectes. Le nid est de construction relativement solide avec des tiges, de la mousse, des fils de racines, le tout tressé avec de la toile d'araignée. L'intérieur est tapissé de poils, de laine et de peluches. Les œufs bleu clair tachetés de rouge dont le nombre varie de trois à cinq sont couvés par la femelle pendant 13 jours. Les petits s'envolent après 15 jours environ. Dans le sud de l'Europe cette nichée est généralement suivie d'une deuxième ponte.

Le serin cini mesure seulement 11,5 cm. Les femelles sont très rayées et ont un croupion jaunâtre. Les mâles ont un croupion et un front jaune vif, un menton et une poitrine jaunes et sont moins rayés. Leur petit bec est court et gros. Les serins cinis présentent beaucoup de ressemblances avec les canaris des îles Canaries dont de nombreuses races sont tenues en cage. Pendant longtemps, il fut considéré comme étant une sous-espèce des oiseaux des îles Canaries mais actuellement on est d'avis que le canari européen ou serin cini constitue une espèce à part. La majorité des serins cinis hivernent dans le sud de l'Europe.

LE PINSON DES ARBRES

Peu de personnes ne connaissent pas le pinson. L'hiver, ils se rapprochent des habitations en compagnie des moineaux domestiques. Les femelles des pinsons ressemblent d'ailleurs beaucoup à celles des moineaux domestiques. Elles sont plus sveltes et ont des miroirs blancs. Les moineaux se déplacent cependant en sautillant alors que les pinsons avancent en trottinant. Les pinsons sont des oiseaux très éveillés que l'on entend chanter dès le début du printemps. Tout le monde connaît le chant du pinson qui est un motif bref, vigoureux avec une cascade d'une douzaine de notes avec fioriture finale du genre« tsi-tsi-tsi-tîl-tîl-tîl-tsiouî-oo ». Ce chant n'est cependant pas inné. Les jeunes doivent l'apprendre des parents. Les pinsons se nourrissent aussi bien de plantes que d'animaux. Ils aiment surtout les faînes. Il arrive souvent que lorsqu'il y a des hêtres le long d'une route, plusieurs pinsons soient écrasés parce qu'ils sont trop occupés à rechercher leur nourriture.

Les pinsons mesurent environ 15 cm. Comme la photo le montre, le plumage des mâles est nettement plus beau que celui des femelles. (voir texte). Les pinsons construisent un nid très artistique, bien fini. Ils l'édifient à l'aide de tiges, de brindilles, de feuilles et de mousse, ils le recouvrent à l'extérieur de mousse de feuilles et de lichen ainsi que de bouts d'écorce qu'ils tressent avec des toiles d'araignées et des cocons d'insectes. Il est tellement bien camouflé qu'il forme pour ainsi dire un tout avec son environnement. Les migrations des pinsons se font par groupes séparés : par moments on voit des vols composés de mâles uniquement puis à d'autres moments d'énormes groupes de femelles accompagnées de pinsons d'Ardennes.

LE TARIN DES AULNES

Certains cas de tarins des aulnes nichant en Belgique et en France sont connus. Il n'est cependant pas exclu que dans un grand nombre de cas, il s'agissait d'oiseaux qui s'étaient échappés de leur cage. L'habitat préféré des tarins des aulnes sont les forêts de conifères bien qu'on en ait aussi rencontré dans des bois mixtes. Le nid est perché haut dans les arbres, au bout d'une branche; il s'agit d'un tressage artistique et épais d'aiguilles de pins qui le confondent entièrement avec l'environnement. Les matériaux utilisés sont des petites branches recouvertes de lichens, des petites tiges, des brindilles, etc. Le tout est tissé avec de la laine, du crin, du filé d'insectes alors que l'intérieur est rempli de peluche, de poils et de plumes. La femelle pond généralement 3 à 5 œufs bleu clair tachetés de petits points brun-rouge et de stries de la même couleur. Ils sont couvés par la femelle pendant une période de 10 à12 jours. A leur naissance, les petits sont soignés pendant quelques jours par leur mère, puis, après deux semaines, ils quittent le nid. Dans la plupart des cas, la femelle met au monde une deuxième nichée. Les tarins des aulnes se nourrissent de graines de conifères et d'autres arbres feuillus. En hiver, les boules des aulnes constituent une source alimentaire importante. Les petits sont surtout nourris avec des graines d'ormes mais les parents leur donnent également des pucerons. Les tarins des aulnes sont des animaux très souples aussi bien en vol que lors de la recherche de nourriture. Ils font la culbute sur les branches et les rameaux comme de véritables acrobates. Cela les fait beaucoup ressembler aux mésanges. Il n'est pas rare de les voir la tête en bas. Pendant le vol de parade, le mâle chante et vole en rond, les plumes et la queue déployées; mais on le voit aussi perché face à la femelle en chantant, la poitrine gonflée et les ailes pendantes qui frémissent. Les tarins des aulnes arrivent en France et en Belgique en nombre relativement élevé pour y hiverner. Le nombre d'oiseaux hivernant dans ces régions dépend grandement des réserves de nourriture dans les parties situées plus au nord. Parfois ils errent d'une région à l'autre en groupes, s'associant souvent à d'autres fringillidés tels que les sizerins et les chardonnerets. Le chant est un gazouillis agréable, rapide et musical se terminant parfois par un "dèètsch" ou "chèî" étiré et rauque.

Le tarin des aulnes mesure environ 12 cm. Le mâle se reconnaît toujours immédiatement à la calotte, au menton noir et à la queue jaune. La femelle est plus grise et plus fortement rayée. Les proches parents du tarin des aulnes sont la linotte, le chardonneret et le sizerin flammé. Dans certaines régions montagneuses d'Europe, comme dans les Alpes et les Pyrénées, on rencontre le venturon montagnard. Il a la même taille que le tarin des aulnes mais a le dessous jaune sans rayures et la tête grisâtre. Ce petit oiseau niche sur les collines rocheuses recouvertes de broussailles et d'une végétation éparse. Les œufs sont bleu pâle et recouverts de taches rouges ou roses.

L'ETOURNEAU SANSONNET

Les étourneaux forment une famille d'environ 100 espèces. En Europe on connaît outre l'étourneau sansonnet encore 2 autres espèces: le martin roselin d'Europe du Sud-Est et d'Asie occidentale, un oiseau erratique dans nos régions, et l'étourneau unicolore d'Espagne et d'Afrique du Nord. D'autres espèces d'étourneaux sont les mainates religieux qui sont surtout connus parce qu'ils peuvent "parler". L'étourneau a en outre des parents en Afrique: les pique-bœufs. Ces oiseaux vivent dans l'entourage de grands mammifères, se cramponnent à leur peau et picorent les tics et la vermine qui y sont logés. Une autre espèce africaine est l'étourneau améthyste aux belles couleurs dont on rencontre plusieurs spécimens en volières.

Les étourneaux sont des oiseaux nicheurs très répandus en France et sont pour ainsi dire connus de tout le monde. Ces oiseaux muent en automne. Toutes les nouvelles plumes sont alors bordées et terminées par des taches brun clair et blanches. En hiver, ces extrémités claires s'estompent et le plumage devient plus foncé. Les étourneaux sont d'excellents imitateurs qui peuvent non seulement imiter les oiseaux et les autres animaux mais également des bruits mécaniques. Le vol de l'étourneau est direct et rapide, glissant à l'occasion. Les étourneaux se reconnaissent principalement aux formes que prennent les énormes troupes au vol. Ensemble, ils manœuvrent avec beaucoup d'agilité: leurs acrobaties offrent d'ailleurs un spectacle impressionnant. Les fructiculteurs détestent les étourneaux parce qu'ils mangent beaucoup de fruits; les agriculteurs quant à eux apprécient ces oiseaux parce qu'ils les débarrassent de la vermine qui nuit aux cultures.

Le corbeau se reconnaît à sa grande taille (63 cm), son bec énorme, les plumes hérissées de la gorge et surtout à l'extrémité cunéiforme de la queue qui chez les autres corvidés est droite ou quelque peu arrondie. Comme les corbeaux mangent beaucoup de charognes, leurs narines sont protégées par des faisceaux de plumes dirigées vers l'avant qui empêchent les saletés de se loger dans les narines pendant qu'ils mangent. En vol les corbeaux sont de véritables acrobates, ils savent utiliser les courants ascendants. Souvent, ils exécutent, dans l'air, les pirouettes acrobatiques les plus folles. Normalement, le corbeau se déplace en courant, mais de temps en temps il lui arrive de sautiller en laissant pendre les ailes. Les corbeaux ont un vol direct et puissant.

LE GRAND CORBEAU

Le corbeau est le plus grand des corvidés. Son aire de dispersion est très étendue: outre certaines parties de l'Europe, on le rencontre pour ainsi dire dans toute l'Asie, en Amérique du Nord et au nord de l'Afrique. Dans maints endroits, il a été exterminé par l'homme. Néanmoins il est très apprécié dans certaines régions d'Asie parce qu'il se nourrit de toutes les ordures. Les corbeaux mangent pour ainsi dire tout ce qui est mangeable: des cadavres, des insectes, des mammifères, des oiseaux, des œufs, des reptiles, des graines, des fruits, etc. Le nid est grand et est construit avec des branches et de la boue. Il est perché dans les rochers ou dans une enfourchure d'arbre. La femelle couve seule les 4 à 6 œufs pendant environ 3 semaines. Les jeunes quittent le nid après 5 ou 6 semaines.

LA CORNEILLE NOIRE

La corneille noire est un oiseau nicheur assez répandu en France. Bien qu'elle appartienne à la famille des oiseaux chanteurs, on peut difficilement la qualifier d'« artiste ». Il reste cependant que les corneilles sont capables d'imiter de nombreux sons et même la voix humaine. Les corneilles sont connues comme étant de véritables brigands. Leurs principales victimes sont les oiseaux des prés qui leur paient un lourd tribut lorsqu'elles battent la campagne à la recherche d'œufs et d'oisillons. Cette chasse se fait souvent en groupes: pendant qu'un oiseau occupe par exemple un vanneau, un autre lui prend sa nichée. Ce n'est pas pour rien d'ailleurs que l'on considère les corneilles comme étant les oiseaux les plus intelligents ! De nombreux essais en laboratoire en ont apporté la preuve. Les corneilles construisent leur nid avec des branches, des rameaux et de la mousse qu'elles tressent ensemble pour former un tout solide et elles le renforcent encore avec de la terre et des fils de racines. L'intérieur est tapissé de laine, de poils, de chiffons, de bouts de ficelle et d'autres éléments doux. Dans la plupart des cas, les nids sont perchés dans les arbres mais si les arbres font défaut elles vont nicher dans les falaises. Les œufs dont le nombre varie de 4 à 7 ont une coquille de couleurs diverses, du bleu-vert clair au vert olive profond avec de petites taches cendrées recouvertes d'innombrables petits points, taches et étoiles. Parfois, les taches sont si rapprochées qu'il est difficile de distinguer la robe en elle-même alors qu'il y en a d'autres qui ne présentent que quelques taches. La femelle couve ses œufs seule pendant trois semaines. Les petits sont nidicoles: ils naissent nus mais reçoivent leur plumage assez rapidement. Ils quittent le nid après 4 ou 5 semaines et après quelques jours, ils maîtrisent à la perfection l'art du vol. Les corneilles noires restent pendant toute l'année à l'intérieur de nos frontières. En hiver, elles reçoivent la visite des corneilles mantelées dont l'habitat se situe au nord et à l'est de l'Europe, soit dans la région baignée par l'Elbe et le Jenisej. Nombreux sont ceux qui prétendent que la corneille noire et la corneille mantelée sont deux espèces tout à fait différentes ce qui n'est pourtant pas le cas. Toutes deux sont des sous-espèces de la corneille. Aux endroits où leurs habitats se recoupent, il y a des hybridations qui se produisent, les « mariages mixtes » ne sont pas rares.

Bien que la corneille noire et la corneille mantelée appartiennent à la même espèce, leur plumage est totalement différent. Celui de la corneille noire est noir brillant; celui de la corneille mantelée est gris avec la tête, la queue et les ailes noires. Parfois, l'on pourrait confondre la corneille noire et le corbeau freux mais le freux adulte se reconnaît toujours au cercle gris et nu autour de la racine du bec. Les corneilles ont un plumage brillant et serré alors que les corbeaux freux semblent avoir des culottes lâches. Les corneilles nichent toujours en solitaires; les corbeaux freux quant à eux nichent en colonies, avec plusieurs nids les uns à côté des autres. Une autre espèce de corvidé, le choucas des tours, est beaucoup plus petite. Celui-ci est noir et a la nuque et les côtés gris. Les yeux sont d'un gris argenté remarquable.

Chez le moineau domestique, l'on remarque nettement la différence entre le mâle et la femelle. C'est ce qu'on appelle le dimorphisme sexuel. L'oiseau représenté sur la photo est un mâle. La femelle a des couleurs beaucoup plus ternes : le dessus est un brun terne rayé et le dessous gris brunâtre pâle sans dessins. Le moineau cisalpin est considéré comme étant une sous-espèce du moineau domestique. Il a une calotte brune et des joues plus blanches. Le moineau espagnol par contre constitue une race à part. Il ressemble beaucoup au moineau cisalpin mais a une poitrine plus noire. Cette espèce vit en Espagne, en Sardaigne et dans le sud-est de l'Europe. Le moineau domestique est un oiseau courant dans plusieurs parties du monde.

LE MOINEAU DOMESTIQUE

Les moineaux domestiques dépendent beaucoup des hommes. On ne trouvera aucun moineau dans des lieux inhabités. L'homme lui donne tout ce qu'il désire : la nourriture et un abri. Mais l'affection n'est pas réciproque. Les moineaux sont des hors-la-loi qui occasionnent de grands dégâts. Il est vrai qu'ils détruisent de nombreux pucerons et des graines d'orties mais là aussi leur action est néfaste : les graines restent coller aux plumes et atterrissent dans un endroit où elles ne sont nullement désirées. L'on trouve des nids de moineaux partout : dans des cavités, sous les tuiles, dans des nichoirs etc. Parfois, ils construisent leur nid en forme de boule pourvue d'une entrée latérale dans les arbres. Il leur arrive aussi d'occuper le nid d'une hirondelle de fenêtre. Il n'est pas rare que la femelle fasse trois pontes par saison. Les moineaux domestiques sont des proches parents des tisserins.

LES REPTILES: INTRODUCTION

Les reptiles sont des animaux vertébrés dont le nom, d'origine latine ("reptilis"), signifie rampant. Il ne faut pourtant pas croire que tous les reptiles se meuvent de cette façon; nous allons d'ailleurs le voir au fil des pages qui vont suivre. Les reptiles, en effet, sont une grande famille regroupant une grande variété d'espèces. Il y a des millions d'années cependant, les reptiles étaient presque considérés comme les maîtres du monde, tant ils étaient innombrables et, souvent, gigantesques. On a découvert, à l'état de fossiles ou de squelettes, des espèces qui atteignaient 40 mètres de long (de la tête au bout de la queue).
Un des géants de cette époque, le tyrannosaure, dressé sur ses pattes de derrière, mesurait quinze mètres de haut! De cette ère lointaine où les reptiles pullulaient, de ce foisonnement de genres différents, il ne subsiste plus guère que quelques espèces.
Les premiers ancêtres des reptiles actuels apparurent sur notre planète il y a environ 260 millions d'années. A ce moment, on croit savoir qu'ils étaient de taille relativement petite et qu'ils vivaient exclusivement sur la terre ferme. Ils sont à l'origine de reptiles plus évolués. Graduellement, en effet, naquirent des types de reptiles aux formes plus grandes et plus complexes. La plupart des savants s'accordent sur le fait que, très rapidement et peu après l'apparition des tout premiers reptiles, cette famille se scinda en deux groupes principaux. Le premier se constituait des ancêtres du type "dinosaure", "crocodile" et "lézard", tandis que le second allait engendrer progressivement les précurseurs des mammifères d'aujourd'hui.
Les formes gigantesques de reptiles dont nous parlions plus haut (tyrannosaure, dinosaure, atlantosaure, etc) ont véritablement régné durant des millions d'années sur le monde des vertébrés et on les rencontrait partout sur la planète. Puis, soudain, ces espèces étranges et cauchemardesques disparurent: c'est là un des plus grands mystères du passé. Mais revenons au présent. Les reptiles que nous connaissons de nos jours, cette race un peu méprisée parce que "rampante" (en tout cas pour ceux qui sont totalement dépourvus de membres), englobent près de trois mille espèces de lézards (ou sauriens), un nombre tout aussi important de serpents (ou ophidiens), environ deux cent cinquante sortes de tortues (chéloniens) et vingt-trois espèces de crocodiles (crocodiliens). Il faut aussi mentionner, n'appartenant pas à ces catégories, le sphénodon ou hattérie dont on rencontre, en Nouvelle-Zélande, la seule espèce existante, et dont il ne sera pas autrement question dans cette encyclopédie: apparenté aux lézards, il s'en écarte toutefois par un ensemble de différences fondamentales, dont la moindre n'est pas l'absence d'organe sexuel. Le mâle, en effet, n'a pas de pénis. En outre, il possède, fait inconnu chez les reptiles, des côtes abdominales. Toutes ces particularités le placent dans un ordre à part parmi les reptiles. Cet animal, de 60 cm de long, est trapu, muni de dents et il porte, sur le dos, une crête qui se prolonge sur la queue. Comme le sphénodon est en voie de disparition, le gouvernement néo-zélandais a pris des mesures officielles de protection pour le sauvegarder.
Nous analyserons plus en détail, par contre, certains types de lézards, notamment le lézard des murailles ou encore un lézard serpentiforme, l'orvet, ainsi que d'autres espèces apparentées, comme le caméléon. La famille des sauriens, qui compte les lézards en son sein, est extrêmement diversifiée. Si l'on ne trouve plus, comme jadis, de formes vraiment volantes, il subsiste néanmoins quelques espèces au physique fantastique, comme ce dragon volant qui peut se déplacer dans les airs... Ses ailes ne sont toutefois pas soutenues ou articulées par les pattes antérieures, mais se trouvent sur les flancs de l'animal. Elles sont faites d'un repli de la peau et soutenues par des côtes allongées ou mobiles.
D'autres espèces sont capables de battre de véritables records en matière de course et de nage, et sont caractérisées par leur extrême rapidité à creuser un trou. Parmi elles il y a des espèces minuscules qui n'atteignent pas 5 cm, ou des cas de gigantisme, comme ce varan des Iles Komodo (Indonésie) qui peut atteindre jusqu'à 3 m 50! C'est une espèce dont nous ne parlerons pas davantage ici.
Les lézards se rencontrent partout dans le monde, avec une nette prédominance, toutefois, pour les territoires à climat chaud. Quelques-uns sont

pourtant arrivés dans les pays à climat tempéré. Très peu s'aventurent dans les contrées froides.
Il n'existe qu'une espèce de saurien qui soit aquatique, c'est le lézard ou iguane marin, habitant les îles Galapagos. Il possède des glandes, logées dans les narines, qui éliminent le sel de l'eau de mer dans laquelle il séjourne. Il se nourrit de plantes qui poussent sur les rochers, et d'algues qui croissent au fond ou à fleur de l'eau. Ces lézards sont, bien entendu, d'excellents nageurs qui se servent de leur corps pour évoluer dans l'eau, leurs membres étant rassemblés le long du corps.
La majeure partie de la famille des sauriens (lézards) possède des membres bien développés. Seules quelques rares espèces sont affublées de pattes atrophiées, à moins que ces membres ne soient purement et simplement inexistants. Ainsi l'orvet, qui est bien un lézard et dont on reparlera plus loin, en est un exemple frappant.
De nombreux lézards sont pourvus de paupières mobiles, en ce sens qu'elles ne sont pas soudées comme on le remarque chez les serpents. Les yeux des caméléons en sont un exemple tout à fait remarquable; ils sont totalement indépendants l'un de l'autre dans leur mouvement; ils sont recouverts par les paupières qui ont juste une ouverture pour la pupille. On sait aussi que cet animal change de couleur en fonction de son environnement cependant, ce phénomène a été exagéré. Une autre caractéristique du caméléon, et digne d'intérêt, est sa langue qui est d'une longueur étonnante, et que l'animal peut projeter fort loin. Certains types de caméléons possèdent une langue qui, étendue à son maximum, atteint la même dimension que l'animal lui-même... Contrairement à de nombreux lézards, le caméléon n'a pas la langue fourchue, mais possède, à son extrémité, un renflement enduit d'une matière collante. Le caméléon a la faculté de dérouler sa langue avec une rapidité surprenante. Il guette sa proie un moment — un insecte par exemple — puis, brusquement, vif comme l'éclair, il projette sa langue vers sa victime et l'engloutit en un instant. Des espèces plus grandes sont parfaitement capables d'ingurgiter de petits mammifères ou des oiseaux.
Si les yeux, chez les lézards, jouent un rôle important, un organe tout à fait curieux doit également être mentionné ici: il s'agit de l'organe de Jacobson, situé sur la langue et dont la fonction est un complément à l'odorat. Particulièrement bien développé chez les lézards, on le rencontre aussi chez les serpents. En projetant continuellement la langue vers l'avant, ces animaux peuvent capter des substances odoriférantes qui, aussitôt, sont mises en contact avec l'organe de Jacobson qui est, si l'on veut, une partie isolée de la narine. La langue des lézards et des serpents est ainsi pourvue de papilles qui jouent le rôle d'organes de l'odorat, alors que chez l'homme, elles ne sont que gustatives. Cela explique pourquoi, lorsqu'on examine ces reptiles, on observe qu'ils "sortent constamment la langue". Cela leur permet, en effet, de suivre sans effort une trace odoriférante ou de se lancer à la recherche d'un partenaire de l'autre sexe. Chez certains autres groupes de reptiles, cet organe de Jacobson est, soit beaucoup moins développé, soit inexistant.
Chez les lézards, la peau a principalement une fonction protectrice. Leur épiderme corné ainsi que celui des serpents est une matière morte. Une fois formée, elle ne peut plus croître, ce qui explique le phénomène de "mue" chez ces espèces. La peau ancienne va se détacher et en dessous se trouve déjà la peau neuve, plus large.
Chez les petits, qui croissent régulièrement, les mues sont naturellement plus fréquentes que chez les spécimens adultes. Les serpents se défont de leur peau d'un seul coup, tandis que les lézards la perdent par petits morceaux. De nombreuses espèces ingurgitent la peau qu'elles perdent.
Un certain nombre de lézards peuvent perdre leur queue "par accident". Si vous tentez d'attraper un de ces reptiles, il se peut très bien qu'il s'échappe en vous laissant une partie de sa queue dans la main... A l'endroit de la cassure poussera une nouvelle queue où les vertèbres seront remplacées par un cordon cartilagineux. Cet appendice de remplacement atteint rarement la longueur de la queue primitive et sera plus clair.
On ne connaît que deux espèces de lézards venimeux dont le "gila monstrueux" du sud des Etats-Unis et l'"héloderme granuleux" du Mexique. Contrairement à ce que l'on observe chez les serpents, les crochets et les glandes à venin de ces lézards ne se localisent pas sur la mâchoire supérieure, mais bien sur la mâchoire inférieure.
Comme nous l'avons dit plus haut, il existe environ trois mille espèces de serpents; un certain nombre d'entre eux tuent ou paralysent leur proie en leur inoculant du venin. D'autres étouffent

leur victime. On nomme ce dernier fait d'un mot savant, la ''constriction'', c'est-à-dire l'étranglement: le serpent s'enroule fortement autour de sa proie.
Si les paupières des lézards sont mobiles, il n'en est pas de même chez les serpents. Au cours de l'évolution de cette espèce, les paupières sont devenues transparentes et se sont soudées par leurs bords, causant cette étrange fixité du regard chez les serpents.
Le serpent a un corps tout étiré en longueur. Sa colonne vertébrale compte de 200 à 400 vertèbres selon les espèces. Les plus petits serpents n'atteignent pas dix centimètres (serpents fouisseurs) et ne sont donc pas plus grands que des vers de terre. Les espèces les plus grandes et les plus impressionnantes mesurent jusqu'à dix mètres (les pythons et les anacondas par exemple). Les mâchoires des serpents sont exceptionnellement souples. De chaque côté de la tête les mâchoires inférieures et supérieures sont indépendantes; les deux demi-maxillaires inférieurs sont réunis par un ligament élastique. Chez les serpents qui se nourrissent principalement d'œufs, la peau de la gorge est particulièrement extensible.
Environ un tiers des serpents connus sont venimeux. La plupart des gens imaginent que les venins n'ont que des propriétés nuisibles pour l'être humain. C'est une erreur, la médecine d'aujourd'hui en fait des médicaments fort utiles pour l'homme, notamment des produits coagulants ou des calmants analgésiques.
De nombreux lézards et serpents pondent des œufs dont l'enveloppe externe est souple, un peu ''parcheminée'' et non calcaire. Une fois sortis de l'œuf, les petits ressemblent à leurs parents, c'est-à-dire qu'ils n'auront pas à passer par une ''métamorphose'' comme les batraciens.
Chez les reptiles, lézards ou serpents, il existe des espèces ovipares (le petit sort de l'œuf qui a été pondu préalablement) et ovovivipares (l'œuf se développe dans l'oviducte à l'intérieur de la mère). Dans ce dernier cas, une fois l'œuf pondu, le bébé lézard ou serpent sort immédiatement de sa coquille, parfaitement développé.
Actuellement, on distingue quelque vingt espèces de crocodiles: 1) les alligators et les caïmans, parmi lesquels nous n'examinerons que le second type, 2) les vrais crocodiles, dont nous citerons une espèce et 3) le type gavial, qui ne sera pas analysé. On reconnaît ces derniers animaux à leur museau d'une longueur exceptionnelle. Le ''gavial du Gange'' vit en Inde et en Birmanie, en eaux courantes et profondes. C'est un type qui se différencie en tout des autres espèces. La mâchoire supérieure présente une encoche de chaque côté, où vient se loger la quatrième dent du maxillaire inférieur, voilà ce qui différencie le crocodile de l'alligator. On reparlera certes de ce phénomène au chapitre adéquat.
Les crocodiles se reproduisent par oviparité: leurs œufs sont blancs et durs. Pour sortir de la coquille, le museau des bébés crocodiles est pourvu d'une dent cornée. Celle-ci leur permet de briser l'enveloppe calcaire. Cette dent, appelée diamant, se retrouve chez les oiseaux. Elle tombe rapidement après la naissance.
Les crocodiles cherchent leur nourriture sur l'eau plutôt que dans l'eau. Tout ce qu'ils ne peuvent digérer est rejeté avec les excréments.
Enfin, quelques mots au sujet des tortues: nous parlerons de trois d'entre elles dans cette encyclopédie. On les rencontre sur les terres et dans les mers tempérées, tropicales et subtropicales bien qu'elles soient de loin plus nombreuses dans les deux dernières. Parmi les reptiles, les tortues, que l'on regroupe sous le nom scientifique de ''chéloniens'', représentent un type très particulier, notamment par le fait qu'elles ''portent leur maison sur le dos'', sous la forme d'une carapace osseuse, souvent extrêmement dure.
Sur le dos, la couverture osseuse, appelée ''carapace'', est recouverte de plaques cornées, tandis que la carapace du ventre, osseuse également, est appelée ''plastron''. En divers pays, une distinction est faite entre la tortue de mer et la tortue terrestre, mais on trouve également des tortues de marais, dites tortues palustres, et des tortues de fleuve. Si les britanniques distinguent généralement, à leur tour, les ''turtles'' et les ''tortoises'', on ne connaît chez nous que la seule appellation ''tortue''.
Ces animaux sont surtout nombreux en Afrique, au sud du Sahara, mais on les rencontre aussi tout autour de la Méditerranée, dans le sud de l'Asie et — quoiqu'en nombre restreint — en Amérique. L'Amérique du Nord connaît surtout la tortue des marais: sa carapace est assez aplatie, tandis que la tortue terrestre montre une carapace beaucoup plus arquée. Les tortues de mer, comme leur nom

l'indique, vivent exclusivement dans l'eau de mer, sous les climats chauds des régions tropicales. Leur carapace n'est que peu bombée et se termine en pointe à l'arrière.

Les membres antérieurs sont très larges et ils servent de nageoires; les membres postérieurs larges, exercent une fonction de gouvernail. Les membres et la tête ne peuvent pas disparaître sous la carapace.

Elles ne viennent sur la terre ferme qu'à l'époque de la ponte. Les tortues de mer sont menacées de disparition; un grand nombre d'œufs, bien qu'enfouis sous terre, disparaissent et les petites tortues naissent en petit nombre. De plus, beaucoup de jeunes tortues sont la proie de différents prédateurs qui les attaquent lorsqu'elles se dirigent vers la mer. Les tortues de mer se nourrissent de poissons et d'autres petits animaux marins (crustacés, mollusques, etc) bien qu'elles ne dédaignent pas la nourriture végétale (algues...).

Les tortues terrestres, par contre, sont avant tout végétariennes, mais se nourrissent aussi, quelquefois, de petits animaux. Les tortues des marais sont surtout carnivores et mangent de temps à autre des plantes; tandis que d'autres espèces sont uniquement végétariennes.

Le phénomène de la migration des oiseaux n'est pas encore démystifié, loin s'en faut; il en est de même en ce qui concerne la migration des tortues de mer. Ces voyages sont des plus remarquables dans le monde animal. Il n'est pas rare de voir certaines espèces parcourir des centaines sinon des milliers de kilomètres pour déposer leurs œufs en un endroit déterminé.

Après l'accouplement, les tortues ne se contentent pas de déposer leurs œufs dans un trou creusé dans le sable, mais elles le comblent aussi, puis le recouvrent de tout ce qu'elles peuvent trouver: plantes mortes, morceaux de bois,... de façon à ce que rien ne permette de distinguer le nid de son environnement. Une fois cette opération terminée, la tortue femelle considère son rôle maternel comme rempli. Elle ne reviendra plus sur les lieux de la ponte, laissant à la chaleur du sol le soin de "couver" les œufs. Une fois parvenue à maturité, la petite tortue brisera la coquille à l'aide de la "dent de l'œuf" dont elle est pourvue, elle aussi. Elle se frayera un chemin à travers le sable qui la recouvre pour atteindre l'eau le plus vite possible. La croissance est excessivement lente.

Les tortues présentent une variété de tailles extrêmement étendue. Pour les mesurer, on prend en considération la longueur de la carapace, prise en ligne droite, et non en suivant la voûte qu'elle peut former.

L'une des espèces les plus petites est la tortue de Muhlenberg dont la répartition géographique est peu importante, puisqu'on ne la rencontre que sur la côte Est des Etats-Unis: elle n'atteint pas 11 cm. Bien qu'il s'agisse d'une tortue d'eau, elle vit le plus souvent sur la terre ferme et se nourrit de plantes. Dans l'eau, elle est carnivore.

La "Tortue Luth" est la plus grande et la plus lourde de toutes les espèces connues. Elle peut dépasser deux mètres et peser six cents kilos. Sa carapace a disparu et est remplacée par une mosaïque d'écailles cornées qui sont tout à fait indépendantes de son squelette interne. Elle vit dans les mers chaudes d'où elle s'éloigne parfois.

Outre la distinction générale faite entre tortues de mer, tortues de marais ou tortues terrestres, les savants distinguent encore ces animaux selon la forme de leur cou, au moment où ils se réfugient dans leur carapace: c'est ainsi qu'on parle aussi de "cryptodères" et de "pleurodères". Les "cryptodères" sont capables de replier presque complètement leur cou, en forme de "S", dans leur carapace. Cette espèce se rencontre partout dans le monde, sauf en Australie. Les "pleurodères", par contre doivent rejeter leur tête sur le côté pour l'introduire dans leur carapace. Cet ordre vit surtout dans l'hémisphère Sud.

LE LEZARD DES MURAILLES

Le lézard des murailles atteint 25 cm dont les 2/3 forment la queue. Cette dernière partie du corps est très fragile et se détache très facilement, ce qui est d'ailleurs le cas chez pratiquement tous les lézards. Le corps est allongé, mince, et la tête aplatie se termine par un museau en pointe, comme cela apparaît très clairement sur notre photo. La coloration de ces lézards est très variable, c'est pourquoi, en fonction de cette particularité, on distingue de nombreux sous-groupes. On rencontre les lézards des murailles dans les plaines et les régions montagneuses jusqu'à des altitudes de 2 500 mètres. Ils hibernent d'octobre à mars. Toutefois, dans les régions du Sud, cette période est beaucoup plus courte.

Le lézard des murailles est une espèce fort répandue en Europe, principalement dans la région méditerranéenne. Il se rencontre aussi dans le Nord de l'Europe, dans une grande partie de la France, de la Belgique, des Pays-Bas et de l'Allemagne Occidentale bien qu'il y devienne de plus en plus rare. C'est notamment une espèce protégée en Hollande. Il aime se réfugier dans les anfractuosités des murs sur lesquels il sort pour se chauffer lorsque le soleil est très chaud. Il a une prédilection pour les zones sèches et ensoleillées. Le lézard des murailles est réputé pour son agilité et une extrême rapidité à s'échapper lorsqu'il est en danger. Il s'agrippe, avec une facilité déconcertante, aux murs les plus abrupts. Il se nourrit volontiers d'insectes. De mai à juin, la femelle pond de 3 à 8 œufs qui écloront vers la fin du mois de juin ou au mois de septembre. Le lézard des murailles est un animal très utile. La femelle met près de deux ans avant de pouvoir pondre des œufs.

L'ORVET

On le rencontre presque partout en Europe, sauf dans les régions nordiques. On l'observe également au Nord-Ouest de l'Afrique et dans la partie occidentale de l'Asie. On le rencontre dans tous les terrains, les bois d'arbres feuillus, sur le bord des ravins, jusqu'à une altitude de 2 000 m. Il se déplace comme un serpent, il s'agit pourtant d'un lézard. Dans le courant de son évolution son espèce a vu disparaître ses membres. En regardant attentivement le squelette, on découvre l'endroit où auraient dû se trouver ses membres. L'orvet se nourrit d'insectes, d'araignées et d'escargots. Il a une préférence pour les petites limaces blanches qui causent de grands dégâts aux jeunes cultures, d'où sa grande utilité.

Les orvets mesurent de 40 à 50 cm. La queue en forme à peu près la moitié et se termine en pointe. Le nom scientifique de l'orvet est « anguis fragilis ». Dans certaines contrées, on l'appelle aussi « serpent de verre », ce qui signifie à peu près la même chose que le terme latin. En effet, la queue de ce lézard se casse très facilement et permet ainsi à l'animal de fuir. La perte de sa queue n'a aucune conséquence fâcheuse pour l'orvet et elle se régénérera très rapidement, et à l'endroit de la brisure il ne poussera qu'une courte excroissance. Les femelles sont ovovivipares : elles mettent donc au monde leurs petits vivants, entourés d'une matière membraneuse et gluante, dont ils se débarrassent en se contorsionnant. La femelle met ainsi entre 8 et 15 jeunes au monde.

LE CAMELEON

Les caméléons vivent principalement en Afrique et à Madagascar, mais on les signale également en différents endroits de l'Europe du Sud, et dans quelques points de l'Asie du Sud et du Sud-Ouest. Le caméléon vulgaire est l'espèce que l'on rencontre le plus au Nord: elle habite l'Afrique du Nord, la Syrie, l'Asie Mineure et, même, le Sud de l'Espagne, l'Inde et Ceylan (Sri-Lanka). Les caméléons sont des lézards, dont la particularité est leur mimétisme, c'est-à-dire le fait qu'ils prennent la couleur de leur environnement. Ce mimétisme ne peut être exagéré: en fait, chaque espèce est limitée à un certain nombre de couleurs. Les caméléons vivent traditionnellement sur les arbres (on dit qu'ils sont arboricoles), quoique certaines espèces vivent aussi sur le sol. Ils évoluent lentement et avec une extrême prudence. Autre trait marquant qui les distingue des lézards: leur langue, qu'ils peuvent projeter très loin en avant et dont la longueur peut égaler celle de leur corps.

Par rapport à sa longueur, le corps du caméléon est assez haut et aplati sur les côtés. Parmi les caractéristiques de sa race, la plus remarquable consiste sans aucun doute en ses yeux, qui sont couverts d'écailles et percé d'un petit orifice pour la pupille. De plus, ils sont tout à fait indépendants l'un de l'autre. De nombreuses espèces de caméléons sont pourvus d'une queue préhensile, c'est-à-dire que ce membre leur permet de s'accrocher aux branches et aux troncs des arbres. Cela explique notamment le fait que cette queue, contrairement à celle des autres lézards, ne peut pas se briser. Ils possèdent cinq doigts aux deux pattes, dont deux ou trois sont soudés. De ce fait, les pieds ressemblent à de petites pinces. On dénombre 90 espèces de caméléons de 15 à 30 cm.

LA VIPERE

On rencontre la vipère presque partout en Europe et en Asie : on a même signalé quelques spécimens à la limite du Cercle Polaire. En Belgique, on les connaît bien dans les territoires touristiques des Hautes Fagnes. Dans les montagnes, en Suisse ou en France, elle vit jusqu'à 2 500 mètres de hauteur. Dans ce dernier pays, elle se retrouve plus ou moins localement dans le Massif Central. Les vipères sont ovovivipares, c'est-à-dire que l'œuf se développe dans le corps de la mère et qu'elle met ses petits au monde vivants. Le bébé vipère se débarrasse de l'enveloppe qui le recouvre par des mouvements de contorsion répétés. A ce moment, ils ne mesurent pas plus de 15 cm, mais sont capables de vivre seuls et de pourvoir à leur nourriture. Après quatre ans, les mâles sont en âge de se reproduire ; pour les femelles, cette période est de 5 ans. Les vipères se nourrissent de grenouilles, de lézards, de souris, mais ingurgitent aussi des oisillons et des œufs.

Les serpents qui appartiennent à la famille des vipéridés (dont les vipères font bien sûr partie) sont de gros serpents assez trapus. Les mâles mesurent généralement 50 cm, tandis que les femelles sont très sensiblement plus grandes. La coloration varie fortement suivant les espèces, mais on peut toujours reconnaître une vipère à la rayure qui court en zig-zag le long du dos, avec des taches sombres des deux côtés. Les femelles sont plus sombres que les mâles. La tête est plate et s'élargit vers l'arrière, formant une sorte de triangle. Cette famille de serpents a un système venimeux particulièrement développé. Les crochets de ces serpents sont percés d'un canalicule relié à des glandes à venin. Au moment de la morsure, ces crochets agissent comme une véritable seringue.

LA VIPERE ASPIC

La vipère aspic n'est guère différente des vipères communes. Il y a également diverses sous-espèces. Sa répartition géographique est différente: c'est le territoire méditerranéen jusqu'au-dessus des Alpes, mais pas au-delà vers le Nord. Si la vipère aspic est taquinée, elle devient dangereuse. Sa morsure est certes très douloureuse, mais rarement mortelle. Cependant, sur ce dernier point, les avis sont encore extrêmement partagés. A l'instar des vipères du Nord, les aspics affectionnent les territoires ensoleillés où elles peuvent se dorer au soleil, mais où elles peuvent, en même temps, trouver un endroit apte à leur assurer un refuge rapide. La vipère aspic hiberne dans des lieux très abrités. Elle se nourrit de souris, de jeunes taupes et d'oisillons, etc. Ovovivipares, comme les vipères en général, les femelles pondent de 15 à 20 œufs; les petits atteignent de 15 à 20 cm de longueur.

La vipère aspic a une couleur un peu plus claire que la vipère commune. Son museau est un peu plus retroussé, l'arrière de la tête est un peu plus large et celle-ci est recouverte de petites écailles. Les aspics dépassent rarement 60 cm. Une espèce apparentée à l'aspic, mais dont la morsure est beaucoup plus dangereuse — elle est considérée comme le serpent le plus venimeux d'Europe — est la Vipère des Sables ou Vipère Ammodyte: on la rencontre en Europe Méridionale et Centrale. Citons encore, la Vipère de Lataste, que l'on rencontre en Espagne, au Portugal et en Afrique du Nord; la Vipère d'Orsini, d'une soixantaine de centimètres, que l'on ne rencontre, en France, que dans les Basses-Alpes, mais qui vit aussi en Autriche, et dans la Péninsule Balkanique.

LE COBRA

Les cobras sont venimeux et ils sont une dizaine d'espèces répandues en Afrique et dans le Sud asiatique. Nous n'avons représenté ici que le cobra égyptien, ou « serpent de Cléopâtre », qui vit en Afrique, au Nord et au Sud de Sahara, ainsi que dans toute la partie occidentale de ce continent. Contrairement au cobra asiatique (serpent à lunettes, cobra indien ou naja), le serpent de Cléopâtre ne porte pas de dessin de lunettes sur la partie arrière de son cou : il mesure environ deux mètres de long. Les cobras se nourrissent de lézards, de petits mammifères, de grenouilles, de crapauds et d'œufs d'oiseaux. Il est très difficile extérieurement de distinguer, le mâle de la femelle. Celle-ci pond de 10 à 20 œufs qu'elle surveillera jusqu'à leur éclosion. Les jeunes cobras naissent 50 à 70 jours après la ponte. Ils sortent de l'œuf grâce à la « dent de l'œuf ». Ils mesurent approximativement 25 cm. Le cobra royal, que l'on rencontre en Asie occidentale construit un nid : les œufs y sont profondément enterrés.

Les serpents à lunettes ou cobras indiens sont parés de couleurs extrêmement diverses. On en trouve des bruns foncés, des bruns clairs, des grisâtres et même des noirs. Certains sont unis, d'autres sont parés de stries. La gorge est généralement plus claire que le reste du corps. On trouve aussi des espèces albinos. Ces dernières sont blanches avec des yeux rouges. La taille moyenne d'un serpent à lunettes est d'un mètre cinquante, bien que l'on rencontre des spécimens plus grands. Lorsque le cobra est irrité, il peut gonfler son cou transversalement et la peau du cou, ainsi distendue, présente sur la face supérieure une tache qui fait un peu penser à une paire de lunettes, d'où le nom de « serpent à lunettes » qu'on lui donne aussi.

LA COULEUVRE A COLLIER

Les couleuvres à collier mâles atteignent facilement un mètre; chez certaines espèces, on rencontre des femelles de 2 m environ. Le corps, puissant, est arrondi. Sur la photo, les couleurs de ce serpent apparaissent clairement, il est donc superflu de les décrire. On l'appelle couleuvre à collier en raison de l'anneau blanchâtre, jaunâtre ou orange qu'elle porte en arrière de la tête. Sa répartition géographique est immense, ce qui explique qu'on en trouve de nombreuses sous-espèces, dont la coloration varie ou qui ne porte pas le collier coloré dont nous parlions plus haut. En France, on la rencontre dans les Alpes, à des altitudes supérieures à 2 000 m, dans le Massif Central (1 000 m) et l'on trouve une variété corse.

La couleuvre à collier est le serpent le plus répandu en Europe Occidentale. Mais on la rencontre également dans le Nord-ouest de l'Afrique et en Asie Mineure. Populaire aussi dans nos régions, la couleuvre à collier aime le voisinage de l'eau où elle nage de façon remarquable. D'après certains témoignages, elle pourrait même y demeurer près d'une demi-heure. Ces serpents inoffensifs se nourrissent de batraciens, de poissons et, quelquefois, de souris, mais plus rarement. La couleuvre avale toutes ces proies vivantes. Afin d'éloigner d'éventuels agresseurs, elle sécrète une substance à l'odeur peu agréable. La femelle pond de 10 à 30 œufs recouverts d'une matière collante, de sorte qu'ils sont agglomérés l'un à l'autre: ils sont déposés sous des tas de feuilles mortes, dans de la mousse ou dans du fumier: à leur naissance, les jeunes couleuvres atteignent 15 cm et se nourrissent d'insectes. Les couleuvres à collier aiment la chaleur et prennent volontiers des bains de soleil.

LA COULEUVRE LISSE

C'est l'une des couleuvres les plus répandues en Europe, mais elle s'étend aussi en Transcaucasie et en Syrie ; elle atteint 70 cm. Une espèce différente, dite « couleuvre girondine » se rencontre en Méditerranée (Sud de la France, Sicile, Italie, Péninsule Ibérique, Algérie et Maroc). Elle n'excède pas 60 cm. La couleuvre lisse commune, de son côté, aime les endroits rocailleux et sableux, les bordures des forêts, les clairières. Elle possède un art tout particulier pour se cacher. Si malheureusement, quelqu'un l'aperçoit, elle est trop souvent confondue avec la vipère et se fait tuer, par erreur ! Pourtant, cette couleuvre est absolument inoffensive. La femelle met ses petits au monde vivants, par nombre de 10 à 18. La coquille de l'œuf se brise au moment de la naissance.

Les couleuvres lisses, que l'on nomme aussi d'un joli nom « Coronelles » ne mesurent guère plus de 75 cm. Les mâles sont un peu plus petits que les femelles. Leur coloration est fort variable selon les spécimens, allant du brun au gris pour les mâles, et du jaunâtre ou grisâtre pour les femelles. Les deux sexes, toutefois, portent sur le dos de deux à quatre séries de taches sombres. Autre caractéristique des couleuvres lisses, la raie brun foncé qui, partant des narines, passe entre les yeux et s'arrête à la base du cou. Ces serpents, parfaitement inoffensifs, se nourrissent de lézards, de souris, de petits oiseaux et d'œufs. La couleuvre s'agrippe violemment au cou de sa proie, l'étrangle immédiatement en s'enroulant fortement autour d'elle, puis l'ingurgite.

LES CROCODILES

On rencontre les crocodiles dans les régions très chaudes d'Afrique, d'Asie, d'Australie et du continent américain. Ce sont les espèces les plus grandes parmi les reptiles vivant aujourd'hui: ils peuvent en effet atteindre une longueur de 1,5 m à 7 m. Ils sont particulièrement voraces et adaptés à la vie aquatique. Leurs narines sont situées très haut sur leur museau et peuvent se fermer grâce à une membrane mobile. De même, une valvule mobile tout à fait similaire permet la fermeture des oreilles. Un conduit extrêmement long relie les narines à l'arrière du larynx. Cette possibilité de fermer à la fois les narines et les oreilles permet au crocodile de demeurer longtemps sous l'eau la gueule ouverte et de respirer. De la sorte, ils peuvent aussi noyer leur proie sans avaler d'eau par la trachée. Bien que les doigts des crocodiles soient palmés, c'est surtout la queue aplatie latéralement qui les aide à se mouvoir dans l'eau.

Les crocodiles proprement dits comptent 11 sortes, dont les deux plus grandes sont le Crocodile à museau effilé (crocodile à museau pointu), qui peut dépasser les cinq mètres, et le terrible crocodile marin (aussi appelé «crocodile à double crête»). Animaux du même genre, il faut aussi citer les caïmans et les alligators qui diffèrent des vrais crocodiles de par la quatrième dent de la mâchoire inférieure: chez l'alligator celle-ci s'adapte, en effet, parfaitement dans un orifice situé dans la mâchoire supérieure, de sorte qu'elle est invisible lorsque l'animal n'ouvre pas la gueule. Chez les crocodiles, une encoche est prévue de chaque côté de la mâchoire supérieure où s'imbrique cette quatrième dent, qui est donc visible, même lorsque l'animal a la gueule fermée.

LES CAIMANS

Les caïmans et les alligators appartiennent à la même famille. On les rencontre dans la partie nord de l'Amérique du Sud et, principalement, dans la région amazonienne. Les caïmans s'accouplent dans l'eau et, quatre à cinq semaines après la fécondation, la femelle construit un nid à l'aide de débris végétaux qu'elle va placer en un endroit sec et surélevé. Elle y déposera de 30 à 50 œufs, de consistance dure et qu'elle recouvrira de plantes vertes. De temps en temps, afin de maintenir les œufs dans un milieu humide, elle comprimera légèrement ces végétaux. Les bébés caïmans ont besoin d'une "dent de l'œuf" pour venir à bout de la coquille qui les emprisonne. A noter que la femelle demeure auprès du nid et surveille sa progéniture jusqu'au moment de l'éclosion. Au moment de leur éclosion, les petits caïmans font entendre un coassement très caractéristique. La femelle les aide à se libérer de la coquille et des végétaux qui les entourent. Aussitôt libres, ils courent vers l'eau la plus proche.

Les caïmans ressemblent beaucoup aux alligators, mais en diffèrent toutefois très sensiblement par la couche osseuse qui recouvre leur ventre. On distingue généralement cinq types de caïmans. Les caïmans à lunettes se trouvent de l'Amérique Centrale au Centre de l'Amérique du Sud: on les appelle aussi caïmans à museau large. Ils peuvent atteindre 2,5 m. Le caïman noir, que l'on rencontre à peu près dans les mêmes régions que le précédent peut atteindre 6 m: il peut être dangereux pour l'Homme et ce dernier le chasse, car sa peau est très appréciée. Autre variété, toujours dans la même aire géographique, le caïman au front lisse ou caïman à tête lisse. Enfin, citons, le caïman à sourcils (1,45 m) et, plus petit encore, le caïman à tête blanche (1,25 m).

La tortue grecque et la tortue mauresque ne diffèrent guère l'une de l'autre. Toutes deux atteignent de 25 à 30 cm. Les mâles sont un peu plus petits que les femelles. La carapace est fortement bombée. La couleur fondamentale en est jaune ou brune; les plaques osseuses du dos sont noires en leur milieu et nimbées de noir. La partie de la carapace couvrant la queue se scinde en deux chez la tortue grecque, ce qui n'est pas le cas chez la tortue mauresque. Cette dernière possède deux petites plaques cornées, en forme d'éperon, à la face interne de chaque cuisse. La queue de la tortue grecque est revêtue d'écailles cornées et allongées à la façon d'une aiguille. Cette particularité se retrouve chez les deux sexes. La tête, les pattes et le cou sont d'un jaune-vert.

LA TORTUE GRECQUE

On connaît deux sortes de tortues grecques dont l'une vit en Albanie, Grèce, Roumanie, Bulgarie, dans le Sud de la Hongrie et en Italie; l'autre se rencontre dans le Sud de la France, aux Baléares, à l'Est de l'Espagne, en Corse et en Sardaigne. L'une est la « Tortue grecque » proprement dite, l'autre la « Tortue d'Hermann ». Il existe peu de différences entre elles. Ces animaux affectionnent les terrains secs et rocailleux, ainsi que les broussailles, bien qu'elles évitent généralement les végétations trop denses. Les tortues grecques — qui sont les représentantes les plus communes de la famille des tortues — sont végétariennes, elles aiment les feuilles vertes, les fruits et les tiges de légumes et de fruits mais elles ne dédaignent pas les vers de terre, les limaces ou les petits insectes, et apprécient également les excréments. Leur hibernation dure environ 6 mois. Aux environs du mois de juin, la femelle pond quelque 12 œufs qui parviendront à éclosion en automme.

La tortue bourbeuse ou tortue des marais européenne mesure environ de 25 à 35 centimètres. La carapace seule peut atteindre une vingtaine de centimètres. Sa couleur, ainsi que celle des pattes et de la tête, peut être brune ou d'un noir verdâtre, constellée de petits points ou de taches jaunes. Toutefois, la couleur fondamentale de ces tortues diffère selon les espèces: les spécimens du Nord sont un peu plus foncés que ceux du Sud. Le cou et la queue sont très longs et couverts de petites écailles. Les pattes sont également couvertes de petites écailles et pourvues de griffes très acérées. De plus, elles sont palmées pour faciliter, bien sûr, les mouvements dans l'eau. La tortue des marais américaine ressemble beaucoup à notre espèce européenne.

LA TORTUE BOURBEUSE

Cette tortue palustre (ou des marais, comme son nom l'indique) possède une vaste répartition géographique qui englobe tout le Sud de l'Asie et certains territoires de l'Afrique du Nord. C'est l'une des rares tortues qui habitent les zones tempérées de notre planète. Elle affectionne les eaux aux courants lents ou les marais et vit au détriment des poissons. En général, elle est carnivore, partant en chasse le soir et se nourrissant aussi de petits batraciens (grenouilles et salamandres), de vers et de limaces. Son hibernation dure de septembre à mars. En été, la femelle pond de 5 à 16 œufs qui se développeront grâce à la chaleur du soleil. Les jeunes ont une caractéristique singulière: leur queue est plus longue que leur carapace. Cette queue se résorbera peu à peu pour atteindre, chez l'adulte, une taille similaire à celle de la plupart des tortues. Elle porte aussi le nom de « cistude ». En France on en a rencontré dans la région de Strasbourg, en Corrèze, dans la Loire, dans le Massif Central.

LA TORTUE MUSQUEE

Ce type de tortue n'apparaît, en général, que dans l'hémisphère occidental où on les voit évoluer dans la vase des marais ou au fond de rivières au courant peu agité. Elles recherchent partout, dans ces endroits humides, la végétation luxuriante, et n'attachent qu'une importance très relative à la propreté de l'eau dans laquelle elles vivent, à tel point qu'on peut aussi les observer dans la boue et dans les eaux très sales. Leur nourriture est principalement constituée de petits animaux, bien qu'elles soient aussi végétariennes. Mais il faut surtout mentionner que ces tortues jouent un très grand rôle par le fait qu'elles débarrassent les endroits où elles résident, des cadavres et autres déchets organiques. La tortue musquée ou « cinosterne musquée », fait partie de la grande famille des tortues palustres ou tortues des marais. Outre les Etats-Unis, on la rencontre aussi au Mexique, ainsi qu'en Amérique Centrale et du Sud.

Les tortues ou cinosternes musquées sont des animaux de très petite taille: 12 à 14 cm. La partie centrale du plastron (carapace ventrale) est fixe, assez réduite par rapport aux autres espèces, mais peut venir rejoindre, par ses extrémités, les bords de la carapace. Leur qualification de « musquée » provient de ce qu'elle possède, à l'arrière du corps, une glande dont émane une forte odeur musquée. Les pêcheurs l'appellent souvent « vilaine-qui-sent-mauvais »...
On rencontre ces cinosternes musquées communes dans la partie Est des Etats-Unis. Une autre espèce de cinosterne musquée vit dans le Sud des Etats-Unis et possède un renforcement de la carapace au centre de celle-ci, formant une espèce de crête.

LES BATRACIENS OU AMPHIBIENS: INTRODUCTION

Les batraciens, que l'on connaît aussi sous le nom d' "amphibiens" sont des vertébrés. Ils doivent leur nom au fait qu'ils sont aptes à évoluer aussi bien sur terre que dans l'eau. Toutefois, leur période aquatique se situe principalement avant l'âge adulte.

En général, les espèces actuelles de batraciens ont une peau parfaitement lisse. Toutefois, certaines d'entre elles présentent une peau terne et ridée recouverte de pustules ou de petites verrues. C'est notamment le cas des crapauds, dont nous étudierons trois spécimens plus loin dans cet ouvrage. Il s'agira du "crapaud commun", du "sonneur à ventre jaune" que l'on appelle aussi "sonneur à pieds épais" et du "crapaud calamite".

Les batraciens sont divisés en trois ordres. Il y a d'abord les batraciens dépourvus de membres que l'on nomme "apodes" (terme grec qui signifie "sans pattes"). Ensuite, ceux qui n'ont pas de queue et sont désignés sous le nom d'"anoures", tandis que les membres du troisième groupe qui, eux, possèdent une queue, sont connus sous l'appellation d'"urodèles". Si les grenouilles et les crapauds appartiennent à la seconde catégorie, les salamandres et les tritons font partie de la dernière. Les "apodes" ne se rencontrent pas dans nos régions, mais plutôt en Asie, en Afrique, en Amérique centrale et tropicale.

Si l'on considère l'évolution des êtres vivant sur notre planète, on constate que les batraciens furent les premiers à quitter l'élément aquatique pour tenter de vivre sur la terre ferme. Ce phénomène n'est pas récent, puisqu'il eut lieu il y a plus de 400 000 000 d'années. Ces animaux n'ont pourtant pu se résoudre à abandonner tout à fait l'eau: c'est dans les lacs, les marais, les étangs qu'ils doivent retourner pour se reproduire et que leurs petits vivront les premiers mois de leur existence. D'ailleurs, quelle que soit l'espèce à laquelle il appartienne, on peut dire que la vie d'un batracien commence toujours dans l'eau. Observons une grenouille.

La plupart des batraciens hibernent pendant l'hiver, c'est-à-dire qu'ils se retirent au fond d'un trou creusé dans le sol, ou vont s'enfouir sous des amoncellements de feuilles mortes, des morceaux de bois ou d'écorce, ou encore sous une pierre. Dès que le soleil de printemps a réchauffé suffisamment la terre, tous les batraciens vont se réveiller. Les mâles et les femelles s'en vont alors vers un marais ou un point d'eau. Chez les grenouilles, ce sont les mâles qui, les premiers, se rendent au bord de l'eau et, par leurs coassements sonores très caractéristiques, vont tenter d'attirer les femelles. Fait extrêmement curieux, les crapauds, surtout, sont très attachés à l'endroit où ils sont nés.

Lorsqu'une grenouille mâle rencontre une grenouille femelle, que se passe-t-il? Le mâle la saisit avec ses pattes de devant; c'est ainsi que pendant un moment la femelle entraîne le mâle installé sur son dos. Dès que la femelle de son côté, libère les ovules par son cloaque, le mâle les féconde. La fécondation se produit après la ponte. C'est ce qu'on appelle l'accouplement.

Si, un jour de printemps, on examine les œufs de grenouilles au bord d'un étang, on s'aperçoit qu'ils se présentent comme une masse de petites boules agglomérées les unes aux autres et souvent fixées à des plantes aquatiques. Ces petits œufs noirs sont entourés d'une sorte de gelée et commencent à se développer aussitôt après la fécondation par le mâle. Très vite, on verra apparaître une tête minuscule, ainsi qu'une petite queue. Une dizaine de jours plus tard, un mouvement se dessine déjà dans cette masse d'œufs qui se détachent les uns des autres. Les têtards naissent et s'accrochent aux plantes environnantes ou à ce qui reste de l'enveloppe des œufs à peine éclos, grâce à un tout petit organe situé près de ce qui sera plus tard leur bouche.

Cet organe sécrète un liquide visqueux aux propriétés adhésives. Le têtard, qui baigne dans l'eau, respire à l'aide de branchies externes.

Quelques jours vont s'écouler à nouveau et le têtard commence à se nourrir d'algues et de morceaux de plantes aquatiques. Dans les semaines qui suivent, il va se mettre à croître extrêmement vite, mais aussi à subir des changements d'aspect très importants; c'est la métamorphose (terme d'origine grecque qui signifie "transformation"). Tout d'abord, les branchies externes, qui permettaient la respiration sous l'eau vont disparaître pour laisser peu à peu la place à des poumons internes. Lorsque le têtard atteint l'âge de six semaines environ, les membres postérieurs deviennent visibles à l'œil nu. Ensuite, apparaissent les pattes de devant qui surgissent presque à l'endroit où se trouvaient les branchies. Ces dernières disparues et remplacées par les poumons, la future grenouille doit, à présent, sortir fréquemment la tête hors de l'eau pour aspirer l'air nécessaire à sa survie. Tandis que les membres continuent à croître, la queue, de son côté, s'amenuise de plus en plus avant de disparaître complètement, chez les grenouilles et les crapauds en tout cas. Enfin, le têtard devient grenouille: il en possède toutes les caractéristiques extérieures et sort de l'eau pour la première fois. La métamorphose est terminée.

Chez les crapauds, les œufs sont collés les uns aux autres en grains de chapelet et se présentent donc comme un véritable "cordon".

Chez les tritons, par contre, batraciens qui possèdent une queue, les œufs sont pondus séparément, ou par petits groupes sur les feuilles des plantes aquatiques se trouvant sous l'eau. Les petits naissent très rapidement, pourvus de branchies externes. Trois semaines ne sont pas écoulées que, déjà, apparaissent les membres antérieurs. Quatre à cinq semaines plus tard, les pattes de derrière se mettent à grandir à leur tour. C'est alors seulement que disparaissent les branchies et que se forment les poumons internes. A ce moment, les petits batraciens ressemblent étonnamment à leurs

parents; ils sont prêts à mener leur vie sur la terre ferme et à hiberner. Certaines espèces de salamandres, l'axolotl du Mexique, notamment, resteront à l'état larvaire et garderont leurs branchies externes pendant toute leur vie. Ils sont pourtant parfaitement capables de se reproduire car, intérieurement, ils ont atteint l'état adulte et une entière maturité sexuelle.

De très nombreux batraciens sont pourvus de glandes à venin situées à différents endroits de leur corps. Certains de ces batraciens sécrétant ces substances venimeuses, ont d'ailleurs, très souvent, une peau aux couleurs extraordinairement vives; c'est ce que l'on appelle les "couleurs de dissuasion". Les prédateurs apprennent très vite à reconnaître ces "couleurs de dissuasion", parce qu'ils les associent à un goût passablement répugnant! Ainsi, les petites grenouilles venimeuses d'Amérique tropicale sont parées de couleurs particulièrement éclatantes.

Leurs glandes cutanées sécrètent un venin dangereux. Du nom anglais "arrow-poison frogs" ces petites bêtes ont été aussi baptisées "grenouille-à-flèche-empoisonnée". En effet, autrefois, bien avant la colonisation, cette substance fut utilisée par certains Indiens pour en enduire la pointe de leurs flèches, d'où ce nom.

Un type de grenouille aux caractéristiques fort surprenantes est incontestablement le "Pseudis de Mérian" que les scientifiques connaissent sous le nom de "Pseudis Paradoxa". Dans "paradoxa" — terme latin — se trouve le mot français "paradoxal", qui signifie "contraire à ce que l'on pourrait penser". Et il est vrai que ce "Pseudis", vivant en Amérique du Sud, principalement dans le bassin de l'Amazone, présente des caractères pour le moins incompréhensibles: l'animal adulte n'est-il pas, par exemple, plus petit que le têtard! Le têtard, en effet, peut atteindre une longueur de 25 à 27 cm, tandis que l'animal adulte et formé, lui, a une taille d'environ 7,5 cm. Avant de se métamorphoser en grenouille, cet énorme têtard doit se rapetisser jusqu'à devenir un nain de 4 à 5 cm. Les organes internes doivent également diminuer dans les mêmes proportions. Avant de résoudre ce paradoxe, les scientifiques se sont pour le moins posé bon nombre de questions. Une autre particularité de cette étrange grenouille est son pouce opposable aux autres doigts.

Dans la famille des salamandres, il existe également de nombreuses espèces étranges, comme le "Protée anguillard", au corps très allongé, aux membres de devant à trois doigts et de derrière à deux orteils, et qui, toute sa vie durant, restera à l'état larvaire (phénomène de néoténie dont nous parlions plus haut). Le "Protée anguillard", d'une longueur de 20 à 30 cm, se caractérise par la couleur de sa peau, d'un extraordinaire blanc-rose, marqué par le rouge grenat de ses branchies externes qui subsisteront après la métamorphose. Ce batracien habite dans l'obscurité la plus complète des eaux souterraines du sud des Alpes et du nord-ouest de la Yougoslavie. Cette vie obscure a sans doute entraîné l'atrophie (le sous-développement) des yeux, cachés sous la peau transparente.

Autre trait étonnant chez le "Protée anguillard" qui, sans être aussi allongé que l'anguille, a effectivement quelques points de ressemblance avec elle, d'où son nom: il devient noir lorsqu'il est exposé un certain temps à la lumière vive. La reproduction, chez cette espèce, est interne. La femelle pond ses œufs séparément et les cache sous les pierres. Toutefois, on croit savoir aussi que les femelles conserveraient les œufs en elles jusqu'à la naissance. On qualifie ce type de reproduction d'un mot étrange: "l'ovoviviparité" et l'on dit de ces animaux qu'ils sont "ovovivipares". Contrairement aux animaux ovipares qui se reproduisent en pondant des œufs, ceux-ci se développent en dehors du corps de la femelle.

Pour dire un dernier mot sur l'ordre des "salamandridés" - la famille des salamandres et des tritons -, il nous faut parler de la salamandre terrestre que l'on rencontre presque partout en France et jusqu'à 1 200 m dans les Alpes, ainsi que dans quelques régions de la Belgique et des Pays-Bas, plus rarement toutefois dans ces deux derniers pays. Cette salamandre, qui a servi d'emblème au roi de France François 1er, mesure de 18 à 23 cm. Elle a le corps d'un noir luisant, taché ou rayé de rouge, de jaune ou d'orange brillant terminé par une courte queue ronde. Pendant le jour, elle demeure cachée sous des pierres creuses, des anfractuosités humides, ou des végétaux. Lorsque la nuit tombe, elle part en chasse et se nourrit principalement d'insectes, de vers et de limaces.

LA GRENOUILLE ROUSSE

La grenouille rousse, adulte, mesure de 6 à 9 cm. La femelle est un peu plus grande que le mâle. Les doigts des membres postérieurs sont palmés. La peau, lisse, est de couleur extrêmement variable, mais ce sont souvent les tons bruns qui dominent. Les taches foncées de la région temporale sont les caractéristiques les plus marquantes de cette espèce. Contrairement à la grenouille verte, les sacs vocaux du mâle sont internes. Son coassement est fort doux, à tel point qu'on l'a souvent comparé au ronronnement d'un chat. La grenouille rousse est un batracien essentiellement nocturne: il se terre durant le jour et part en chasse la nuit, se nourrissant d'insectes, de limaces, etc.

La grenouille rousse est très connue de par le monde, car elle possède un très vaste territoire, allant de toute l'Europe, à l'exception de quelques zones dans le Sud, jusqu'au Japon. On la trouve dans le Nord de la Sibérie et de nombreuses contrées d'Asie. En France, on la rencontre dans les Alpes et les Pyrénées. En Espagne, elle vit dans le Nord du Pays. Malgré son nom de « rousse », sa coloration varie énormément. Dans nos régions, elle s'accouple très tôt dans l'année. Dès la fin de l'hiver (février ou mars), on observe déjà dans les mares et les étangs ces agglomérats d'œufs très caractéristiques. Très rapidement, les œufs se transforment en têtards, avec leur grosse tête ronde, leur longue queue, très mobile qui les aide dans la nage. Peu après, les pattes apparaissent et la queue disparaît progressivement. Les petites grenouilles, enfin formées, gagneront la terre ferme. Trois ou quatre ans plus tard, elles retourneront vers l'eau, là où elles sont nées, pour pondre.

LA GRENOUILLE VERTE

La grenouille verte est une espèce largement répandue en Europe, en France notamment. On la rencontre aussi en Afrique du Nord et dans l'ouest de l'Asie. On a cependant constaté son absence dans les contrées les plus élevées des Ardennes belges. Les mœurs de la grenouille verte sont beaucoup plus aquatiques que celles de la grenouille rousse et le jour on la rencontre le plus fréquemment dans les fossés et les marais, où croissent de nombreuses plantes d'eau. Sa nourriture est principalement constituée d'insectes, de vers, de limaces ou d'œufs de poissons. L'accouplement se produit de la mi-mai au mois de juin. C'est aux mois d'août ou de septembre que surviendra la métamorphose. Mais il arrive souvent que les têtards passent tout l'hiver à l'état larvaire avant de se métamorphoser au printemps suivant. Les grenouilles vertes adultes hibernent généralement dans la vase mais parfois, sur la terre ferme. Signalons encore qu'elles mesurent de 6 à 12 cm.

La grenouille verte adulte mesure de 6 à 12 cm. La femelle est plus grande que le mâle. Cette espèce possède, comme la grenouille rousse, des membres postérieurs palmés, très développés qui lui permettent des sauts assez impressionnants. La coloration de la grenouille verte est très variable, allant du vert pomme au grisâtre, en passant par le brun sombre. Certains types de grenouilles vertes sont couvertes de taches sombres, parfois franchement noires. Le ventre est souvent clair, parfois blanchâtre. En été, on peut entendre les mâles coasser en chœur. Si on les observe lorsqu'ils crient, on peut constater un gonflement de leurs sacs vocaux, ceux-ci faisant saillie par deux fentes, de chaque côté de la tête.

LES GRENOUILLES ARBORICOLES

Elles sont petites de taille, celle-ci n'excède pas 5 cm. Leur peau est lisse et de couleur verte, la peau du ventre granuleuse est blanche ou jaunâtre. Ces grenouilles, ont des yeux très saillants. Leurs pattes rosâtres sont munies de disques digitaux adhésifs, ce qui permet à cette grenouille de se maintenir aux troncs d'arbres et aux feuilles. Le mâle a une gorge flasque qui se dilate pendant le chant. Celui-ci est très puissant et le son pourrait se traduire par des «gek gek gek». Les œufs sont déposés dans l'eau par petits paquets. Ils ne flottent pas. Une fois les œufs pondus, la femelle sort de l'eau suivie, peu après, du mâle. Cette espèce vit d'insectes saisis par la langue.

Nous devons, ici, employer le pluriel pour cette famille très étendue de grenouilles. Les grenouilles arboricoles — c'est-à-dire « qui vivent dans les arbres » — se rencontrent dans toute l'Europe, dans le Nord de l'Afrique, ainsi que dans la plus grande partie de l'Asie. Elles sont subdivisées en plusieurs espèces, mais les zoologistes reconnaissent deux espèces principales, en Europe : la « rainette verte méridionale » et la « rainette commune ». La rainette verte méridionale vit en Afrique du Nord, en Espagne, au Portugal, en Italie et dans le Sud de la France. La rainette commune par contre se rencontre dans toute l'Europe Centrale et Méridionale, en France, en Belgique, aux Pays-Bas, en Allemagne. Les grenouilles arboricoles, comme leur nom l'indique, vivent dans les arbres et s'abritent dans leur feuillage. Seuls le printemps et l'accouplement les poussent vers l'eau où les femelles déposeront des centaines d'œufs blancs jaunâtres.

Chez les crapauds communs, le mâle mesure environ 8 cm, tandis que la femelle atteint généralement 5 cm de plus. Le corps est trapu et épais. Les pattes arrière sont beaucoup plus grandes que celles de devant. La coloration de la peau est extrêmement variable, allant du brun jaune au brun-grisâtre, avec des taches foncées. La peau est verruqueuse (couverte de callosités) ou fort plissée. Le ventre offre aux regards une zone beaucoup plus claire que le reste du corps. Lorsque le crapaud est attaqué, certaines de ses nombreuses glandes sécrètent, une substance laiteuse très irritante pour l'assaillant. Contrairement à la plupart des grenouilles, les crapauds mâles ne possèdent pas de sacs vocaux. Au moment des amours, les mâles lancent des roucoulades.

LE CRAPAUD

Le crapaud commun montre une vaste répartition géographique couvrant l'Asie, l'Afrique du Nord et l'Europe. On le rencontre partout en France, dans les parcs, les bois, les champs, les prairies. Les mâles (5 à 8 cm) sont plus petits que les femelles qui, elles, peuvent atteindre de 8 à 10 cm. Le crapaud commun se nourrit d'araignées, d'insectes, de vers, de cloportes, de limaces et de fourmis. Comme beaucoup de batraciens de ce genre, c'est la nuit qu'il part en chasse. Les crapauds communs hibernent le plus souvent sous terre ou sous des amoncellements de feuilles mortes. Lorsqu'ils sortent de la torpeur de l'hibernation, les crapauds se dirigent en masse vers des endroits humides — fossés ou mares — pour l'accouplement. Cette expédition est, pour eux, souvent mortelle car, pour se rendre vers les étangs, les lacs et les mares, ils doivent traverser les routes. La femelle dépose, dans l'eau, ses œufs en cordon, tandis que le mâle les féconde au fur et à mesure.

LE CRAPAUD CALAMITE

Les crapauds calamites ne se rencontrent qu'en Europe. Leur répartition géographique englobe l'Espagne, le Portugal, l'Europe Occidentale et Centrale, au Nord jusqu'au Danemark et le Sud de la Suède. Ils sont assez communs en France. De nombreux spécialistes ont constaté son absence dans le Sud des Alpes. Ils aiment les terrains sablonneux et secs où ils peuvent s'enfouir facilement, par exemple au bord du littoral, dans les dunes. Grâce à leurs membres postérieurs très musclés, ils creusent des trous dans le sable à la vitesse de l'éclair pour disparaître aux yeux de l'observateur ou du chasseur. Mais, ces mêmes membres postérieurs, très courts, leur interdisent pratiquement de sauter: ils courent pour se déplacer et c'est en courant, très vite d'ailleurs, qu'ils attrapent leur proie: insectes, larves, petites araignées, limaces et vers de terre. Les crapauds calamites, dont la taille adulte varie de 5 à 8 cm, hibernent souvent en groupe, soit dans des trous profonds, soit sous des pierres.

Le crapaud calamite a de nombreux traits communs avec le crapaud commun, mais il est un peu plus petit que lui. De plus, on le reconnaît très facilement à la ligne jaune clair qui s'étend, sur son dos, de la pointe de son museau jusqu'à l'intersection de ses cuisses. Ses pattes sont plus courtes que celles de son cousin. Sa couleur va du gris au brun jaunâtre; quelquefois, le mâle est tacheté de petits points rouges, jaunes ou verts. La peau du dos est verruqueuse. En cas de danger, certaines glandes de la peau, sécrètent une substance nauséabonde. Lorsqu'il a peur, le crapaud calamite peut également se gonfler, tout comme le crapaud commun. Les mâles possèdent un énorme sac vocal et leur cri s'entend à de grandes distances. Les œufs sont pondus dans des eaux peu profondes.

La taille des « sonneurs à pieds épais » varie entre 5 et 6 cm. Les femelles sont un peu plus grandes que les mâles. Ces crapauds sont de coloration gris fauve, avec un ventre jaune citron ou orange, agrémenté de petits points noirs. En cas de danger, ces crapauds s'enfouissent aussitôt dans la boue, mais s'ils sont sur terrain sec, ils rejettent la tête en arrière, et creusent le dos, de façon à ne plus laisser apparaître que l'abdomen vivement coloré. Ejaculation possible d'un liquide cloacal blanc et mousseux qui peut irriter. Le sonneur à pieds épais porte aussi le nom de « sonneur à ventre jaune » afin de ne pas le confondre avec une autre espèce, à ventre rouge, qui vit à l'est de son territoire. Cette dernière espèce a le ventre rouge-orange et le dos couvert de taches noires.

LE SONNEUR À PIEDS ÉPAIS

Cette espèce est répandue en Europe Occidentale et du Sud ; on ne la rencontre pourtant pas dans la Péninsule Ibérique (Espagne). On la rencontre aussi dans le Nord européen (Pays-Bas) et sur les hauteurs des Ardennes et des Fagnes belges. Le « sonneur à pieds épais » est aussi appelé « sonneur à ventre jaune » pour ne pas le confondre avec une espèce semblable dont le ventre est rouge. Ce sonneur à ventre jaune a des mœurs principalement aquatiques : il aime les eaux dormantes, les ruisseaux dont le cours est calme, les marais et les étangs. Durant le printemps, l'été et l'automne, le sonneur se tient dans l'eau, sauf le soir, lorsqu'il part en chasse sur la terre ferme et capture de petits vers, des insectes, des limaces, etc. Son hibernation, néanmoins, prend place en terrain sec, bien à l'abri des regards indiscrets. La ponte a lieu de mai à juin et les œufs, disposés en cordon, se fixent aux plantes aquatiques. Durant le temps des amours, le mâle laisse entendre un doux gémissement.

LE TRITON À CRÊTE

Le triton à crête, que l'on rencontre dans toute l'Europe Centrale, la France — sauf dans le Sud de ce pays — est l'un des plus grands spécimens de cette espèce, avec ses 16 cm de longueur. Le dos du triton à crête, gris sombre, est couvert de petites callosités verruqueuses: le ventre est jaunâtre ou orangé avec de fines stries noires. La queue est aplatie sur les côtés, comme c'est le cas chez la plupart des tritons et salamandres. Lors de la saison des amours, le mâle s'orne d'une crête dorsale et caudale très haute, pourvue de dents assez prononcées et que ne possède pas la femelle. On rencontre aussi, dans nos régions, le triton palmé, plus petit et le plus connu de l'espèce (il n'excède pas de 8 cm), ainsi que la salamandre terrestre.

Il s'agit là d'une espèce fort connue en Europe. On la rencontre partout en France, sauf dans le Midi. En Belgique, le triton à crête affectionne les hauts plateaux. Sa crête est particulièrement développée au moment de l'accouplement. Cet animal a des mœurs aquatiques: il aime les eaux calmes et profondes, les étangs, etc. Contrairement au triton alpestre, il n'est guère pointilleux sur la propreté des eaux qu'il fréquente. Mais son mode de reproduction est le même que celui du triton des Alpes. Le triton à crête, qui peut mesurer jusqu'à 16 cm, est un animal fort glouton: il mange de très grosses quantités de vers, de limaces, de larves d'insectes, ainsi que des petits animaux aquatiques. Par ailleurs, les larves de triton sont un met très apprécié d'insectes comme les hannetons, les charançons ou les dytiques (tous trois de la famille des coléoptères).

LES POISSONS : INTRODUCTION

Les poissons appartiennent au tout premier groupe — le plus ancien aussi — de vertébrés qui apparurent sur terre. Leur existence remonte au moins à 500 millions d'années. Aujourd'hui encore, ils représentent le groupe le plus important parmi les vertébrés de par le nombre. Les espèces actuellement connues sont de 20 000 environ, dont près de 12 000 sont des poissons de mer. D'où il apparaît que les poissons ont une surprenante faculté d'adaptation, ils sont aptes à vivre en eau douce, salée ou même saumâtre. De plus, ils peuvent vivre dans les eaux glacées des mers polaires, comme dans les eaux chaudes des mers tropicales. Certaines espèces vivent au fin fond des océans, à des milliers de mètres de profondeur; d'autres vivent dans des eaux souterraines, ou se sont parfaitement acclimatés à des eaux alcalines ou très chaudes. Etant donné qu'ils se sont adaptés à mille et un milieux cela explique leur grand nombre et leurs formes variées. Certains poissons présentent un corps presque serpentiforme, qui leur permet de fuir très rapidement lorsqu'ils sont attaqués par d'éventuels agresseurs. Un grand nombre vit sur le fond marin ce qui leur offre la possibilité de se camoufler aisément. Une plie peut par exemple changer de couleur et ainsi se confondre avec son environnement. D'autres poissons sont pourvus d'épines très acérées. Ils peuvent en outre se gonfler, comme des ballons, de sorte que leur agresseur ne peut pratiquement pas les agripper. Et que dire de ces spécimens munis d'épines venimeuses, de ces poissons capables de produire une forte décharge électrique, ainsi de suite...

On classifie les poissons en quatre ordres principaux : une première classe est constituée de poissons sans mâchoires, au squelette cartilagineux, et qui ne possèdent pas de dents ; ce sont les élasmobranches ; les poissons cuirassés, qui s'éteignirent tous et dont on ne connaît que des fossiles, dont il ne sera donc pas question dans cette encyclopédie. Ensuite, nous trouvons les chondrichthyens ou poissons cartilagineux, dont le squelette est lui aussi, cartilagineux, mais qui sont munis de dents. Cet ordre englobe, notamment, les requins et les raies. Et enfin nous avons les téléostéens englobant la majorité des espèces de poissons aujourd'hui connus (à squelette osseux). Parmi les élasmobranches, il faut citer les lamproies et les chimères. Nous ne les traiterons pas dans cette encyclopédie. Leur bouche faite pour la succion est entourée de petites dents (denticules) recouvertes d'émail. Ils s'agrippent à leur proie (d'autres poissons) et leur arrachent de petits lambeaux de chair. Pendant la journée, ils s'abritent dans la vase, ne sortant que la nuit pour chasser. Aveugles, ils recherchent leur proie à l'aide d'organes tactiles extrêmement développés. Ils se nourrissent aussi bien de poissons morts que de poissons vivants. Ils se fixent à une victime, forent un trou et dévorent les intestins. Comme nous l'avons dit plus haut, les requins et les raies font partie des Sélaciens. On les rencontre pratiquement dans toutes les mers du globe.

Beaucoup de personnes s'imaginent que tous les requins sont de redoutables mangeurs d'hommes, rien n'est moins vrai. Certaines espèces ne se nourrissent que de plancton ou de tout petits poissons qu'ils filtrent au moyen de leurs branchies, tout en nageant. C'est notamment le cas du « requin-baleine » qui se nourrit de planctons et de petits crustacés. Les torpilles possèdent des organes électriques dans les nageoires pectorales de chaque côté de la tête et qui peuvent produire un choc de plus de 300 volts. D'autres raies sont munies d'une ou plusieurs épines sur la queue, qui permettent d'infliger à leur victime ou leur agresseur de très graves blessures. Les téléostéens, ou poissons osseux, enfin, représentent la classe la plus importante de par le nombre. Tous présentent des nageoires qui servent au déplacement, à la direction et à l'équilibre. On distingue les nageoires paires et impaires. Les nageoires pectorales et ventrales appartiennent au premier groupe. Les nageoires impaires appelées parfois nageoires verticales sont : la nageoire dorsale qui peut être constituée de deux ou trois parties distinctes, la nageoire anale et la nageoire caudale, qui est verticale. La nageoire caudale du dauphin et de la baleine par contre, est horizontale. Tous deux sont des mammifères.

Certains poissons présentent également un repli

de la peau, entre la nageoire dorsale et la caudale, que l'on nomme « nageoire adipeuse ». Les nageoires sont soutenues par des rayons, dont la constitution varie selon les espèces. Chez la perche, par exemple, la partie avant de la nageoire dorsale est soutenue par des rayons durs, et la partie arrière par des rayons mous.

Les poissons se déplacent grâce aux contorsions de leur corps et, principalement, de la queue. Lorsque le poisson nage lentement, ses nageoires agissent sur l'eau comme des rames de bateau mais, lorsqu'il se déplace à toute vitesse, elles peuvent aussi lui servir de freins. Les nageoires ventrales servent à maintenir l'animal en équilibre. La plupart des poissons, à l'exception des élasmobranches et des poissons vivant sur le sol marin, possède une vessie natatoire: c'est une sorte de sac membraneux qui en se remplissant plus ou moins de gaz règle l'équilibre de l'animal dans l'eau. Les chondrichthyens ou poissons cartilagineux qui n'ont pas de vessie natatoire — les requins, par exemple — doivent rester constamment en mouvement dans l'eau s'ils ne veulent pas couler vers le fond... Les requins se déplacent en un mouvement ondulant, bien qu'ils soient fort effilés, ils sont généralement beaucoup moins agiles qu'on ne le pense. Un organe extrêmement important aussi, et très curieux, chez les poissons, est la « ligne latérale », qui court sur les flancs de l'animal dans le sens de la longueur. Il s'agit si on veut d'une série de petits organes sensitifs visibles, de minuscules canaux (ou pores) qui s'ouvrent vers l'extérieur à travers les écailles. Ils sont reliés, à l'intérieur, avec un canal, rempli de mucus.

Grâce à ce système sensitif, les poissons enregistrent les vibrations émises par leur environnement et toutes sortes d'obstacles qui pourraient surgir devant eux, autres animaux ou mouvements insolites de l'eau. Cet organe fonctionne comme suit: le poisson, par son propre mouvement, produit un mouvement qui se répercute dans l'eau qui l'environne, puis revient, en écho, vers sa « ligne latérale ». Grâce à ce système, le poisson peut évaluer la distance qui le sépare d'un objet, d'une proie, d'un congénère dans sa colonie etc... Il existe des poissons prédateurs qui ne peuvent maîtriser leur nourriture que grâce à cette « ligne latérale ».

L'accouplement des poissons se passe le plus souvent dans l'eau: la femelle libère ses ovules (que l'on appelle aussi improprement « œufs ») tandis que le mâle les arrose de sa laitance, c'est-à-dire de spermatozoïdes. Quand les ovules sont fécondés par la laitance, ils portent alors le nom « d'œufs ». Le fait de s'accoupler, chez les poissons, se nomme aussi « frayer », tout comme l'ensemble de la ponte des poissons s'appelle « frai ». Certains poissons parcourent des distances extraordinaires pour s'accoupler: c'est la migration. Habituellement, les poissons mâles ne se distinguent guère des poissons femelles. Mais, dès que vient la période de frai, la couleur des mâles devient plus voyante. On connaît des espèces qui changent presque totalement de couleur à ce moment, de sorte que l'on peut vraiment parler de « parure de noces ». Chez la plupart des carpes, on voit apparaître, au moment de l'accouplement, une sorte de petite éruption sur la tête des mâles, ainsi que de petits boutons sur la partie antérieure du corps. Dès après la fécondation, ces éruptions disparaissent.

On rencontre des poissons solitaires, c'est-à-dire qu'ils ne vivent pas en groupe, sauf pendant la période de frai. D'autres, par contre, aiment la compagnie et vivent avec leurs congénères. Ce genre de rassemblement porte le nom de « banc ». Les jeunes poissons se rassemblent souvent de la sorte en bancs de poissons très compacts. Ces bancs sont principalement constitués de poissons de la même famille, de la même taille. Ces rassemblements présentent un grand avantage: il est plus facile, en effet, de repérer un ennemi lorsqu'on est ainsi groupé que lorsque l'on voyage seul. Ainsi, un banc de poissons peut-il aisément duper un brochet car celui-ci n'aperçoit devant lui qu'une foule grouillante.

Tout comme c'est le cas chez les oiseaux, on parle aussi de poissons sédentaires et de poissons migrateurs. Les uns demeurent souvent à un même endroit, tandis que d'autres parcourent des milliers de kilomètres. Il suffit de se référer au texte sur l'anguille. D'autres espèces parcourent également de grandes distances pendant la période de frai. Il y a des poissons qui passent une certaine partie de leur croissance en eau de mer avant de partir vers l'eau douce pour s'y accoupler. Fait remarquable, les saumons remontent le courant des rivières pour aller s'accoupler à l'endroit où ils sont nés.

Les requins mangeurs d'hommes, tels le « requin blanc », dont les dents peuvent atteindre 8 cm, mesurent entre 5 et 6 m en moyenne, mais on connaît certains spécimens qui atteignent sans problème les 13 m. Pareils géants peuvent peser près de trois tonnes. Ces requins sont d'une coloration gris-bleu sur le dos, s'éclaircissant vers le ventre. Ce dernier est souvent blanc. Les nageoires sont relativement petites, à l'exception des nageoires pectorales, extraordinairement développées et en forme de faucille. La tête est allongée, pointue même et la bouche, impressionnante, est pourvue de grandes et larges dents triangulaires en dents de scie sur les bords. Sur le côté de la tête, les requins sont pourvus de 5 fentes branchiales. Ils n'ont pas de vessie natatoire.

LES REQUINS

Il existe de nombreuses espèces de requins qui, contrairement à ce que l'on pense, ne sont pas dangereuses pour l'Homme. Les requins mangeurs d'hommes vivent souvent dans les eaux chaudes des Tropiques ainsi que dans les régions subtropicales. On en rencontre cependant quelques spécimens dans les eaux tempérées comme la Méditerranée, l'Océan Atlantique au Sud du Golfe de Gascogne. Ces requins vivent loin des côtes, bien souvent en eau peu profonde. Toutefois, près des côtes cubaines, on a pêché un requin qui se trouvait à 1 300 mètres de profondeur. Ces requins sont voraces, ils se nourrissent de toutes sortes de poissons, ainsi que de dauphins, de phoques, même les tortues de mer sont pour eux, une proie facile... A certains endroits, ils sont un vrai danger pour les baigneurs. La fécondation est toujours interne. Chez cette espèce on a déjà trouvé des jeunes vivants dans le corps de la mère, ce qui permet de supposer que les jeunes naissent vivants.

LA RAIE

L'aigle de mer ou raie Manta vit dans les eaux tropicales et subtropicales. Toutefois, on en rencontre une espèce le long des côtes ouest de l'Europe: c'est la mourine. Les aigles de mer, comme de nombreuses raies, nagent souvent seuls ou en couple. Ils évoluent en rond grâce à des mouvements extrêmement gracieux de leurs nageoires pectorales. Les aigles de mer se nourrissent de petits poissons: la bouche ouverte, ils nagent en rond de telle façon que la nourriture pénètre dans leur bouche avec le courant d'eau, dirigée vers un étonnant appareil constitué par les branchies et une sorte de tamis qui retient la nourriture avant que l'eau ne s'échappe vers l'extérieur. Les raies Manta, malgré leur taille impressionnante et leur apparence lourde, sont parfaitement inoffensives. Fait extrêmement surprenant, on sait qu'en dépit de leur poids, ces poissons sortent quelquefois de l'eau et se maintiennent en vol quelques instants, avant de se laisser tomber sur la surface de l'eau.

La Manta est de la famille des raies mais on l'appelle également "diable des mers" à cause de deux protubérances cornues sur le front. Il existe environ 20 espèces différentes de raies. L'espèce la plus petite qui vit le long des côtes australiennes mesure 60 cm en largeur, tandis que la Manta atlantique, un genre plus grand, et même de très grande taille, a une envergure d'environ 7 m, et peut peser 2 tonnes. Le corps de la raie Manta, comme celui des autres raies, est très aplati. La queue, chez certaines espèces, est pourvue d'une épine venimeuse.
On pense généralement que les raies Manta ne mettent au monde qu'un jeune à la fois. Cette espèce de poisson est vivipare.

Les truites appartiennent à la même famille que les saumons (les salmonidés), et sont parfois très semblables à ces derniers. En général, toutefois, on confond par leur appellation, saumon de mer et truite d'eau douce... Il existe diverses sortes de truites. La truite de mer fréquente les côtes ouest de l'Europe jusqu'en Espagne et on la rencontre aussi en Europe du Nord. Elle fraie dans les rivières. Il existe aussi une espèce qui vit dans les lacs, et choisit de grandes étendues froides. Mais, elle aussi, fraie en rivière. Les alevins regagnent la mer lorsqu'ils atteignent l'âge d'un an à trois ans. La truite de bassin est petite, dépassant rarement les vingt centimètres en bassin et cinquante centimètres en rivière. Cette espèce n'émigre pas, mais occupe de vastes territoires.

LA TRUITE

La truite commune, que l'on connaît surtout sous le nom de « truite de vivier » affectionne les eaux froides et riches en oxygène. Lorsqu'elle n'est pas élevée en bassin, on la rencontre dans les rivières. Sa répartition géographique est assez vaste : elle couvre toute l'Europe et l'Asie Mineure. On a constaté que les truites qui vivaient en vivier parvenaient plus rapidement à maturité sexuelle que les truites de rivière. Les premières sont aptes à frayer vers l'âge de deux ou trois ans, celles de rivière vers quatre ou cinq ans. Les jeunes femelles de bassin (vivier) ne produisent cependant que de cent à trois cent œufs, tandis que leurs congénères de rivière, plus âgées, peuvent en produire beaucoup plus. A sa naissance, la jeune truite est rayée de noir mais se pare presque aussitôt de sa coloration adulte qui, en fait, est très variable, allant du sombre au très clair. Les truites se nourrissent de toutes sortes de petits animaux aquatiques, comme des larves de phryganes, des crevettes de ruisseaux, etc.

Les ombres communs sont de jolis poissons avec un dos à la coloration variée, allant du vert-brun au vert bleuâtre. Ses flancs sont d'un beau gris doré et il a le ventre tout blanc. Sa haute et longue nageoire dorsale est remarquable par sa coloration pourprée. Les ombres grandissent très rapidement. Après un an, les alevins mesurent déjà de 7 à 12 cm. Après deux ans, ils atteignent entre 15 et 20 cm. Toutefois, cette espèce dépasse rarement 50 cm, pour un poids de 2 à 3 kilos. La pêche à l'ombre est un véritable sport, car c'est un poisson très expérimenté et plein de ruse: on le pêche généralement «à la volante». Son nom scientifique est «Thymallus», à cause de l'odeur qu'il dégage et qui rappelle le thym. L'ombre vit en Europe du Nord et de l'Ouest.

L'OMBRE EUROPEEN

Il se rencontre partout en Europe Centrale et du Nord. Dans le Nord on le rencontre même en Laponie. Ce poisson affectionne par dessus tout les eaux sombres, très froides, riches en oxygène, et au courant rapide, tapissées de pierres de préférence. On le rencontre quelquefois avec ses congénères: ils forment alors un petit banc. La nourriture des ombres européens se compose de larves de moustique et de phryganes, qu'ils vont chercher entre les pierres. Ils n'hésitent pas non plus à ingurgiter des œufs de truite ou même de saumon reposant sur le fond ou flottant au fil de l'eau. Les individus les plus gros ne dédaignent pas les autres poissons, les vairons notamment, ni même les petits mammifères. Si un insecte vient se poser à la surface de l'eau, l'ombre européen se laisse lentement flotter jusqu'à la surface à son tour et s'approche très délicatement de sa proie avant de plonger sur elle. Le frai a lieu en eaux peu profondes, sur fond de sable ou autre.

LE BROCHET

Les brochets possèdent un corps effilé, et un tant soit peu arrondi, avec une tête large, un peu aplatie et rostriforme. La mâchoire inférieure est plus longue que la supérieure et le bec est remarquablement grand. Les jeunes brochets sont jaunes ou vert clair, avec des taches brunâtres. D'autres spécimens sont plus sombres, gris-brun ou vert foncé avec des taches ou des bandes sombres. Les mâles atteignent un mètre de long, les femelles, un mètre et demi. La ponte a lieu d'avril à juin, la plupart du temps en eaux peu profondes. Durant la période de frai, les brochets s'abstiennent preque totalement de manger. Les femelles adultes peuvent pondre de 200 000 à 300 000 ovules. Une fois fécondés, ceux-ci parviennent à maturité environ deux semaines plus tard.

Le brochet présente une répartition géographique extrêmement étendue. On le rencontre partout en Europe (excepté dans la Péninsule Ibérique), en Asie et sur le continent américain. Il vit dans les marais, les étangs, les canaux, les lacs. Les brochets sont des poissons très utiles, car ils débarrassent les eaux des animaux malades et ont ainsi, au sein de la nature, une tâche sélective. On appelle souvent le brochet le « requin d'eaux douces », mais on a beaucoup exagéré ses instincts de férocité et de voracité. Un brochet peut garder une immobilité tout à fait étonnante, caché parmi les plantes aquatiques, guettant l'approche d'une proie. Alors, grâce à un formidable coup de queue, il se jette sur sa victime qu'il agrippe aussitôt. Une fois capturée, celle-ci est incapable de s'échapper, les dents du brochet redoutablement acérées sont inclinées vers l'arrière. La mâchoire inférieure présente des dents, plus grandes, implantées verticalement.

LE PIRANHA

Les piranhas sont de petits poissons extrêmement voraces de la même famille que les carpes, mais dont le territoire couvre une grande partie de l'Amérique du Sud, où ils habitent les rivières. Ils ont une réputation justifiée de voracité. Ils chassent en bancs, qui peuvent être composés de milliers de spécimens. Ils vivent en général de petits poissons, mais si une autre proie se présente, celle-ci est tout aussi gloutonnement avalée. Les piranhas sont pourvus de petites dents très pointues, dont les bords sont coupants comme des lames de rasoir. Grâce à elles, ils déchirent les peaux les plus épaisses des plus gros mammifères qui se présenteraient. Au début de la saison des pluies, la femelle pond ses œufs et les déposent très soigneusement sur des plantes aquatiques. Le mâle arrose ces ovules de sa laitance et les surveille jusqu'à l'éclosion. Cinq jours après leur naissance, les petits piranhas peuvent se débrouiller seuls.

Parmi les piranhas (ou pirayas), on distingue environ 18 sortes différentes dont la taille varie de 20 à 50 cm. Dans le Rio San Francisco vit une espèce particulièrement redoutable, qui atteint les 60 cm. Le corps est haut et aplati sur les côtés. La queue est particulièrement allongée et fortement musclée, ce qui permet à l'animal d'atteindre, dans l'eau, une vitesse impressionnante. La coloration des piranhas est très variable selon les espèces. Certaines d'entre elles possèdent un corps vert, aux écailles dorées, avec des taches sombres. D'autres sont franchement noirs ou d'un noir bleuté. La partie inférieure de la majorité des piranhas est franchement dorée ou argentée, gris ou rouge-sang. Certaines espèces sont tellement foncées que l'on peut parler de piranhas noirs.

LE CYPRIN DORE

Le cyprin doré est l'ancêtre des nombreuses variétés de « poissons rouges ». A l'état sauvage le cyprin doré vit uniquement dans l'Est de l'Asie. Il n'y est pas aussi rouge que chez nous, mais plutôt uniformément brun. Au moment de l'accouplement, les mâles chassent véritablement les femelles leur portant des coups sans relâche. Cela stimule les femelles à la ponte des ovules. Mais il n'est pas rare que les mâles frappent si fort les femelles qu'ils leur occasionnent des blessures. A un moment donné, la femelle épuisée descend vers le fond. Le mâle alors la soulève avec sa tête pour la ramener vers le haut, où se fait la ponte et les œufs seront immédiatement fécondés par lui. Les cyprins dorés se nourrissent de larves d'insectes, de crevettes de ruisseaux, de limaces, ainsi que d'autres petits animaux aquatiques.

La couleur traditionnelle, si l'on peut dire, des cyprins ou « poissons rouges » est dorée mais, au cours de leur évolution séculaire, il s'est créé une grande diversification dans leur coloration, ainsi que dans leur forme : on connaît le poisson-comète, avec ses nageoires hypertrophiées, le « queue-de-voile », dont on a artificiellement fait diverses espèces grise, noire, blanche, avec et sans ecailles. Il existe aussi des espèces larvaires, sans nageoire dorsale, comme le « Poisson-Œuf ». Autres noms qui parlent d'eux-mêmes : le « Télescope », le « Céleste », le « Tête-de-Lion », paré d'une prolifération spongieuse tout autour de la tête, à la manière d'une crinière. Le « Télescope » possède des yeux en saillie, tout comme le « Céleste », dont, en outre, les pupilles sont dirigées vers le haut.

LA ROSSE DE RIVIERE

Cet autre poisson est très répandu en Asie et en Europe, à l'exception du grand Nord, de l'Ecosse et de la Péninsule Ibérique. Chez nous, elle habite les eaux peu profondes, et très claires où elle trouve une végétation aquatique abondante. Le fond doit également être mou. Les rosses nagent en banc et sont omnivores, elles mangent plantes et animaux. Elles aiment les larves de phryganes, d'éphémères et les limaces. Ces poissons fraient en mai et en juin. Les mâles et les femelles se rassemblent en très grands bancs. Chaque femelle pond de 100 000 à 200 000 œufs visqueux qui seront fécondés par le mâle. Selon la température ambiante, les œufs parviendront à maturité de 3 à 10 jours plus tard.

Les rosses de rivière possèdent en général un corps allongé, mais dont le dos est assez haut, comme une boule dont la sphéricité débute derrière la tête. Ce dos est d'un vert brunâtre, tandis que les flancs sont cuivrés; le ventre est blanc. Les nageoires rouges sont typiques. Toutefois, ce poisson offre, d'après les espèces, diverses colorations et la forme du corps peut également varier. Leur taille moyenne varie entre 20 et 30 cm, tandis que leur poids se situe aux environs de 200 à 400 grammes. Il arrive de rencontrer des spécimens de 40 cm, mais c'est plutôt rare. En Grèce, vit une espèce un peu à part, que l'on appelle d'ailleurs la rosse grecque; ses yeux sont situés très haut sur la tête, tandis que le dos, juste derrière la tête, forme une courbe assez importante.

LA CARPE A MIROIR

Au cours des siècles, l'évolution de la carpe s'est beaucoup diversifiée, notamment grâce à l'Homme: ainsi, la carpe écailleuse, qui possède un dos plus élevé que la moyenne des carpes. La carpe à miroir qui appartient à cette famille, atteint une longueur d'environ 25 cm. Elle a le corps recouvert d'écailles de différentes grandeurs, principalement le long de la ligne latérale. Ces écailles ont un aspect de miroir, d'où son nom. Une autre variété, la «carpe-cuir» n'a pas d'écailles. La carpe sauvage, elle, est recouverte de grosses écailles, sa bouche est pourvue de deux paires de barbillons, ce qui l'aide à trouver sa subsistance.

Comme celle-ci n'est jamais qu'une forme domestique (d'élevage, si l'on préfère) de la carpe commune, et que nous en parlons, par ailleurs, en encadré, nous nous limiterons ici à la carpe « sauvage ». Celle-ci, qui nous vient d'Asie, est aujourd'hui largement répandue dans pratiquement toutes les eaux douces d'Europe. Sexuellement mûres après 3-4 ans, les carpes mesurent alors de 20 à 40 cm. Des spécimens plus âgés peuvent être plus grands. On a exceptionnellement rencontré des carpes d'un mètre, pesant environ 30 kilos. La bouche de la carpe peut s'allonger assez considérablement et est pourvue de 4 barbillons tactiles que l'animal plonge dans la vase à la recherche de nourriture aussi bien végétale qu'animale. Cette dernière est composée de larves d'insectes, de vers, de limaces. La femelle pond généralement dans des eaux de 17 à 20°C. Elle choisit des endroits peu profonds et riches en végétation. Une femelle adulte peut pondre près de 300 000 ovules.

Les murènes sont des poissons dont la forme rappelle celle des anguilles ou des serpents. Leur corps est arrondi et quelque peu aplati sur les côtés. Les murènes sont dépourvues d'écailles et les nageoires pectorales manquent. Ces poissons ont la bouche munie d'une très forte dentition, mais cette dernière ne comporte pas de crochets à venin, comme on le prétend souvent. En fait, ce n'est que la salive qui chez certaines espèces de murènes peut être venimeuse. On a découvert des glandes à venin dans les glandes salivaires et dans le palais, ainsi qu'à la base des dents. Il existe environ 120 espèces connues de murènes, que l'on répartit en 12 genres. Un certain nombre d'entre elles sont conservées en aquarium : c'est le cas des murènes nébuleuse, marbrée, zébrée et brune.

LA MURENE

Les murènes ont fait des mers tropicales et subtropicales leurs habitats privilégiés. Il est toutefois très vraisemblable qu'elles se sont surtout développées dans le Pacifique et l'océan Indien. Elles vivent le long de côtes rocheuses ou près des récifs de corail : c'est là qu'elles se cachent pendant le jour, recherchant les anfractuosités, les fentes de rochers et toutes sortes d'endroits semblables pouvant leur servir de refuges. Durant la nuit, elles sortent partiellement de leur trou, guettant des poissons, seiches, crabes, etc. Mais il leur arrive aussi de partir en chasse et si elles rencontrent un animal mort, elles le dévorent aussitôt. Certaines espèces de murènes sont pourvues de dents molaires, qui permettent de broyer la carapace la plus coriace de crabes et de mollusques dont cette espèce est également friande. La pêche à la murène est extrêmement florissante sur les côtes de l'Est asiatique. On la trouve également sur les marchés de la Méditerranée.

L'anguille possède un long corps de serpent. En effet, sa queue, formée de la nageoire anale, prolonge son corps effilé, tandis que manquent les nageoires ventrales. Chez les anguilles adultes, les minuscules écailles sont recouvertes d'une épaisse couche visqueuse. En Europe Occidentale, on distingue deux types d'anguilles dont la première possède une tête effilée, et la seconde une tête large. L'anguille à tête effilée se nourrit de larves d'insectes, de crevettes, de vers. L'autre n'hésite pas à absorber des poissons. Parentes de l'anguille européenne, nous trouvons les anguilles américaine et japonaise. Certains considèrent ces trois types d'anguilles comme faisant partie d'une seule sous-famille.

L'ANGUILLE

Les anguilles fraient dans la mer des Sargasses, au Nord-Est des Antilles. La ponte a lieu en mars et en avril. Après cette période, les spécimens les plus vieux meurent. Les œufs flottent dans l'eau ; une fois écloses, les jeunes anguilles se laissent porter vers l'Est par le fameux Gulf Stream. En automne de leur troisième année d'existence, les jeunes larves transparentes sont arrivées auprès des côtes d'Espagne et d'Irlande. A ce moment, elles mesurent à peine 7 cm : c'est alors que commence, pour elles, la métamorphose ; on les appelle « civelles » ou « anguilles de verre ». Vers le mois de mars et avril, elles arrivent en mer du Nord et, pendant la nuit, elles remontent les rivières. Les mâles atteignent une longueur maximale de 50 cm et les femelles atteignent un mètre de plus et un poids de 5 à 6 kilos. Lorsque les anguilles ont passé entre 9 et 15 années en eau douce, elles retournent vers leur lieu de naissance et parcourent ainsi une distance de 6 500 km. Après le frai, les vieilles anguilles meurent.

LE GUPPY

Les guppies appartiennent à la famille des cyprinodontiformes: ce sont des poissons d'eau douce qui vivent dans les rivières et les lacs d'Amérique Centrale et du Sud, mais également dans les îles côtières. On les connaît également dans de nombreux territoires tropicaux et subtropicaux, où on les emploie pour la destruction des larves de moustiques. Les guppies se reproduisent à une vitesse vertigineuse. La femelle peut, chaque mois, donner naissance à une centaine de petits. A leur naissance, ceux-ci sont déjà bien formés: ils sont aptes à se mouvoir librement et à chercher leur nourriture eux-mêmes. Le cannibalisme est fréquent chez cette espèce, il n'est pas rare de voir mâle et femelle manger leur propre progéniture immédiatement après la naissance. Les jeunes cherchent donc au plus vite refuge parmi les plantes aquatiques. Les guppies sont omnivores, c'est-à-dire qu'ils mangent tout. Ils sont capables de se maintenir longtemps dans des bourbiers.

Les guppies sont de petits poissons, très appréciés des amateurs d'aquariums. Si les mâles ne mesurent que 3 cm, les femelles peuvent atteindre le double de cette taille. Celles-ci ont une robe discrète, tandis que les mâles sont généralement tous différents les uns des autres. Non seulement ils diffèrent par leur coloration, mais également par la forme des nageoires. Cette diversité s'explique par les efforts des pisciculteurs qui ont créé des variétés nouvelles sur base de guppies à queues et nageoires très colorées. Très souvent, on dénomme les guppies en fonction de la forme de leur queue: on connaît le "queue-de-voile", le guppy à queue ronde, le guppy éventail, le "queue-delyre", le guppy-épée, etc.

Tout comme les anguilles de mer, les hippocampes ou chevaux marins sont apparentés aux Syngnathes. Les hippocampes surtout ne ressemblent guère à des poissons: ils n'ont pas d'écailles mais leur corps est couvert de plaques de peau cornée. Chacune de ces plaques est pourvue d'une sorte de carénage allongé, semblable à une longue crête. Le museau est en forme de tube, les dents manquent. La nourriture (petits poissons et petites crevettes) est ingurgitée par succion. Les hippocampes n'ont pas de nageoire caudale, mais bien une longue queue, préhensile, avec laquelle ils peuvent s'accrocher aux plantes aquatiques. Ils se meuvent verticalement, la tête en l'air, en d'autres termes, soit de haut en bas, soit vers l'avant.

L'HIPPOCAMPE

Les hippocampes habitent les endroits tranquilles des mers tempérées, tropicales et subtropicales. Ils se tiennent volontiers dans les goémons et les champs d'algues, le long des côtes. Le comportement de l'hippocampe, pendant la période de frai est tout à fait remarquable. A hauteur de la partie inférieure de la queue, le mâle possède une poche marsupiale qui peut se fermer. Après la valse préparatoire, tout à fait harmonieuse, où les partenaires tournent comme des toupilles, la femelle met environ 200 ovules dans la poche marsupiale du mâle, où ils sont fécondés. Ils y resteront jusqu'à l'éclosion c'est-à-dire un mois. Les petits, sont indépendants et, sont aussitôt capables de partir à la chasse de larves de poissons et de plancton. Qu'ils vivent libres ou en captivité, les hippocampes ne vivent pas vieux et atteignent à peine l'âge de deux ans.

La perche-soleil est aussi appelée simplement « poisson-soleil ». Sa taille peut varier de 3,5 cm (« poisson-soleil nain » ou « pygmée »), à 75 cm (la perche-brochet). S'il est difficile de caractériser les percidés par leur coloration, qui est très variable d'un individu à l'autre, un fait remarquable est la constitution de leur nageoire dorsale continue, pourtant bien séparée en deux parties: la première porte des rayons épineux durs, tandis que la partie arrière possède des rayons mous et ramifiés. Les écailles couvrent aussi bien les joues que les opercules. Ces derniers sont souvent munis d'une sorte de lobe, de couleur vive. Le poisson-soleil que nous connaissons en Europe, et que l'on nomme « poisson-soleil graine de citrouille » a été importé en Europe à la fin du 19e s.

LA PERCHE-SOLEIL

A l'origine, on rencontrait la perche-soleil uniquement au Nord de l'Amérique. Puis, certaines espèces se sont répandues très largement dans les étangs et rivières de France, ainsi qu'en Italie et en Suisse. On l'appelle également « perche dorée » ou « perche du Canada ». Ce poisson est paré de couleurs très vives où dominent le vert et le bleu, avec des reflets dorés, d'où son nom. Le comportement de la perche lors du frai est intéressant à observer: à l'aide de sa queue, le mâle construit un « nid » en creusant un trou peu profond dans le fond. Il tente alors d'y attirer une femelle. Celle-ci pond un millier d'ovules tellement visqueux qu'elles collent entre elles et au fond aquatique. Le mâle les surveillera après avoir chassé la femelle. Les poissons naissent 3 à 5 jours plus tard. Quelques jours après, ils quittent leur « berceau » pour aller s'accrocher à des plantes aquatiques. Il leur arrive toutefois de revenir vers le nid. La période de surveillance est terminée lorsque les jeunes se dispersent.

LE CHINCHARD DORE

Ce poisson vit dans la mer Rouge, l'océan Indien et l'océan Pacifique. Il aime la haute mer, mais dans certaines régions on le rencontre près des côtes ou à fleur de récifs, où il se nourrit de toutes sortes de petites créatures aquatiques. Des spécimens de grande taille sont parfaitement capables d'ingurgiter d'autres poissons. Les chinchards dorés aiment à nager en bancs énormes, les jeunes poissons se serrant l'un contre l'autre à se toucher. Les alevins (jeunes poissons) aiment à se tenir à l'abri entre les tentacules des grandes méduses. Il leur arrive aussi de nager à proximité de cet animal puis, en cas de danger, de se réfugier brusquement sous le « parapluie » de leur hôte... On croit savoir qu'ils suivent les requins et autres gros poissons, se nourrissant des restes de leurs repas.

Les chinchards dorés sont de jolis poissons dorés — comme leur nom l'indique et dont le dessus du corps est couvert de 8 à 12 bandes noires qui peuvent changer de largeur et de coloration, principalement selon l'âge du poisson. Chez les jeunes individus, en effet, ces bandes sont beaucoup plus larges et voyantes que chez les adultes. Chez les très vieux spécimens, elles se sont très fortement atténuées. Les chinchards dorés peuvent atteindre une longueur de 90 à 100 cm et, ce qui est caractéristique, sont dépourvus de dents. Ils sont cependant munis, tout le long de leur ligne latérale, d'une sorte de bouclier épineux très touffu. Toutefois, avec le temps, ce bouclier s'effrite et les épines perdent leur tranchant.

LE POISSON-EMPEREUR

On peut rencontrer les poissons-empereurs dans presque toutes les mers tropicales. Ils vivent généralement sur les récifs de corail et les côtes rocheuses, surtout aux endroits où ils peuvent rencontrer une luxuriance d'algues. Un certain nombre d'entre eux se nourrissent d'ailleurs exclusivement d'algues, tandis que d'autres, outre les algues, ingurgitent volontiers de petites anémones de mer, ainsi que des éponges, des mollusques et de petits crustacés. La plupart des poissons-empereurs vivent solitaires ou en couples. Ils défendent âprement leur territoire. Au stade d'alevins, ils ne ressemblent pas du tout à leurs parents adultes. Et il n'y a donc rien d'étonnant à ce que jadis on considérait les jeunes "empereurs" comme appartenant à une espèce différente. Les poissons-empereurs nagent généralement tout près du fond de la mer. Ils vivent aussi dans des anfractuosités de roches, en se dissimulant sous les pierres, toujours le ventre tourné vers la vase nourricière.

On distingue plusieurs sortes de poissons-empereurs, dont la couleur varie beaucoup. Ils diffèrent également par leur taille: des espèces naines ne dépassent pas 7 cm, alors que d'autres atteignent sans mal 60 cm. On connaît des poissons-empereurs d'une seule couleur, tandis que d'autres offrent aux regards de l'observateur émerveillé les tons les plus vivants et les plus inattendus: se mêlent l'orange et le violet, le rouge carmin et les rayures noires; à moins que ces lignes ne prennent des teintes plus nuancées, avec des anneaux concentriques fort compliqués. A l'état sauvage, le poisson-empereur "commun" mesure environ 30 cm. En aquarium, il dépasse rarement 25 cm.

Les épinoches sont des poissons relativement petits, mais dont la faculté d'adaptation au milieu est grande, puisqu'on les rencontre aussi bien en eaux douces, qu'en eaux saumâtres et même, quelquefois, en mer. Deux types d'épinoches seront nommées ici, que l'on rencontre le long des côtes européennes, en mer Noire, dans le dédroit de Bering, jusqu'en Corée. Le premier type se caractérise pas trois épines érectiles sur le dos, l'autre par dix épines. La première citée a le ventre blanc argenté et le dos verdâtre. Au moment du frai, le mâle prend une couleur rouge vif, qui s'étend de la gorge à la poitrine, le dos se colorant de bleu et de vert. Ce poisson mesure de 5 à 10 cm. L'épinoche à dix épines est gris sombre, avec un dos de couleur noire très prononcée.

L'EPINOCHE A TROIS EPINES

Sa répartition géographique est immense. Elle fréquente aussi bien les eaux salées, que les eaux douces ou saumâtres d'Europe, du Nord et de l'Ouest Asiatique et de l'Amérique du Nord. La période de frai a lieu, toutefois, en eaux douces et prend place au tout début du printemps. Les mâles construisent une sorte de nid sur le fond de la rivière, et qu'ils tapissent de lambeaux de plantes aquatiques, agglutinés l'un à l'autre par un liquide visqueux sécrété par le poisson. Une fois le nid construit, le mâle défendra férocement son territoire contre tout rival. Il va tenter d'attirer une femelle vers le nid, en la forçant si nécessaire. Une fois les ovules pondus à l'intérieur du nid, le mâle les arrose de sa laitance puis chasse la femelle. C'est lui, désormais, qui va prendre soin des petits œufs, notamment en renouvelant continuellement l'eau à l'aide de ses nageoires pour assurer constamment une quantité suffisante d'oxygène dans l'entourage des œufs. Entre 6 et 10 jours plus tard, naissent les petits (les alevins).

LA RASCASSE

Les rascasses appartiennent à la famille des scorpénidés (un nom à rapprocher de « scorpion » et sont ainsi nommées à cause de la faculté qu'ils ont d'inoculer du venin à leurs victimes (poissons ou humains). Elles hantent les eaux tropicales et subtropicales, bien qu'un certain nombre d'entre elles fréquentent aussi les eaux plus froides. La rascasse, appelée par certains auteurs « poisson-scorpion », vit sur les récifs de corail de la mer Rouge, de l'océan Pacifique et de l'océan Indien. Durant la journée, la rascasse se terre, cachée entre les débris de corail mais, dès que tombe la nuit, elle part en chasse. Son énorme nageoire pectorale fonctionne comme un bouclier grâce auquel elle peut coincer les crabes et autres poissons dans un coin de rocher ou de récifs. Elle n'a plus alors qu'à l'attraper et à l'ingurgiter. Il lui arrive aussi de guetter sa proie, sans bruit, tapie entre deux pierres. Ses épines dorsales sont venimeuses, mais servent principalement à se défendre.

La rascasse, qui peut atteindre une taille d'environ 37 cm est incontestablement l'un des plus remarquables, mais aussi des plus surprenants parmi les habitants des récifs et des coraux. La coloration de sa robe est des plus attrayantes: elle est rouge et rayée d'étroites lignes blanches, ainsi que de lignes brun-rouge plus larges. Les épines des nageoires dorsale et pectorale sont très longues et indépendantes l'une de l'autre. Les épines dorsales sont venimeuses et si, d'aventure, une rascasse vient à vous piquer, cette blessure est fort douloureuse. On conseille souvent de plonger aussitôt dans une eau très chaude la partie du corps qui a été envenimée. On trouve encore la « rascasse rouge », la « rascasse volante », la « rascasse à antennes », la « rascasse naine ».

LES INSECTES: INTRODUCTION

Lorsqu'on étudie le monde animal, on se rend compte que les insectes y occupent une place très importante de par leur nombre. Personne ne sait avec précision combien on pourrait en compter sur notre planète. Un certain nombre d'auteurs estiment qu'il existe à peu près un million d'espèces; d'autres pensent qu'il en existe beaucoup plus. Chaque année, les zoologistes découvrent plusieurs centaines de nouvelles espèces.

Il est incontestable que les tropiques sont les régions les plus riches en insectes. Si toutes les espèces tropicales étaient répertoriées et décrites avec précision, le nombre aujourd'hui avancé par les scientifiques serait sans aucun doute doublé.

A l'origine, les insectes sont des animaux terrestres, dont par la suite, un nombre relativement réduit s'est fixé dans l'eau. Parmi ces derniers, un nombre réduit d'espèces se sont adaptées en eau salée.

Les seuls insectes qui puissent se rencontrer en mer se promènent à la surface de l'eau à la façon d'un patineur (les halobates): ils s'accrochent à de petites algues qui s'en vont au fil de l'eau des mers tropicales et subtropicales, et ce, très souvent à des centaines de kilomètres des côtes.

Parmi les arthropodes, les insectes forment le groupe le plus important. Outre leurs membres articulés, ils possèdent également un corps segmenté, composé de trois parties: la tête, le thorax et l'abdomen. La tête est pourvue d'une paire d'antennes ou organes sensoriels. Grâce à elles, l'insecte sent et "tâte" en quelque sorte ce qui se trouve sur son chemin. Une ou deux paires d'ailes sont fixées au thorax. Ce sont ces ailes qui distinguent vraiment les insectes des autres arthropodes. Toutefois, il faut mentionner que certaines espèces d'insectes ne portent pas d'ailes: c'est notamment le cas du lépisme ou petit poisson d'argent qui affectionne le sucre et l'amidon. D'autres encore ont perdu leurs ailes au cours de leur évolution, comme c'est le cas des puces, des poux et d'autres insectes similaires.

Le squelette assure la résistance du corps des animaux. Les squelettes formés à l'intérieur du corps

sont appelés endosquelettes. Le squelette des insectes est extérieur au corps, d'où le nom d'exosquelette.
Le squelette présente de nombreuses apophyses qui permettent le rattachement aux muscles. Il remplit de plus deux fonctions très importantes: il protège les parties vitales du corps et sert de support aux parties mobiles.
Le développement des insectes est particulièrement intéressant. La femelle pond des œufs d'où sortiront les larves. Chez les papillons, il s'agit de chenilles. A un moment donné, ces chenilles vont se confectionner un cocon où elles vont se nymphoser, c'est-à-dire qu'elles vont subir une transformation complète que l'on appelle métamorphose. L'insecte subira de nombreux changements: sa constitution propre va se modifier du tout au tout, ainsi que sa manière de vivre. Il vous suffit de considérer les papillons: la chenille dévore des morceaux de feuilles, tandis que le papillon, avec sa longue langue qui se déroule comme une spirale, s'en va sucer le nectar des fleurs.
Il existe des insectes dont la métamorphose est incomplète. Dans ce cas, la larve ressemble déjà beaucoup à l'adulte, il lui manque néanmoins certaines parties, comme les ailes ou les organes sexuels internes. Ces larves muent régulièrement et, à chaque mue, elles grandissent et ce, jusqu'à ce qu'elles acquièrent un peu plus la physionomie de l'insecte adulte. Dans un stade final, la larve devient imago qui est uniquement capable de voler. Il n'y a qu'une seule exception, l'éphémère: les larves peuvent déjà se déplacer dans les airs au stade qui précède le stade final, c'est-à-dire au stade appelé la subimago. Ces larves qui, dès leur éclosion, sont déjà très semblables à l'animal adulte sont appelées nymphes.
La constitution de la bouche, chez les insectes, est très diversifiée: chez les mouches, elle est faite pour la succion; chez les sauterelles, elle est conçue pour la mastication et pour mordre. Chez les moustiques, elle est faite pour sucer et pour piquer. Chez les papillons, l'une des caractéristiques les plus marquantes est sans nul doute la langue, enroulée en spirale et fort longue, grâce à laquelle ils peuvent même aspirer des liquides.

Il existe environ 1 800 espèces de mantes religieuses dont la taille varie de 1 à 16 cm. En Europe, la mante religieuse la plus commune est la mante religieuse européenne. On la rencontre dans tout le territoire méditerranéen. Elle est caractéristique par sa tête triangulaire. Mais les espèces tropicales offrent des particularités pour le moins étranges: excroissances sur la tête, élargissement membraneux aux pattes antérieures et à la poitrine, etc. Ces espèces exotiques sont souvent très colorées et ressemblent traîtreusement à des fleurs. Les insectes qui sont ainsi capturés par ces «mantes-fleurs» sont immédiatement attrapés dans les pattes antérieures et ingurgités. Lorsque les mantes religieuses sont effrayées, elles se redressent et écartent largement les pattes.

LA MANTE RELIGIEUSE

La mante religieuse est une habituée des régions chaudes. Elle doit son nom « religieuse » à la très bizarre posture de ses longues pattes de devant, qu'elle tient souvent repliées contre sa poitrine, en posture d'oraison, lorsqu'elle guette une proie par exemple. Les mantes religieuses vivent d'insectes, en général, mais les gros individus sont capables de capturer et de dévorer des lézards, des grenouilles ou de jeunes oiseaux. Les cuisses et la partie antérieure des pattes sont pourvues de sortes d'épines qui ont une fonction préhensile. Pour capturer une proie la mante tend les pattes vers l'avant, dès que la proie est capturée la partie antérieure de ses pattes se referme sur les cuisses, à la manière d'un ciseau. La proie capturée est alors déchiquetée à l'aide de mâchoires aiguisées et dévorée. Parfois même les mantes religieuses sont cannibales. Chacun a entendu parler de leur réputation, qui n'est guère exagérée, de dévorer le mâle après l'accouplement.

La taille des phasmes varie de 10 à 33 cm. Leur couleur est verte ou brune (cfr. le texte). Il n'y a certes pas que les phasmes qui possèdent cette étonnante faculté de ressembler aux plantes de leur environnement. Ainsi, la phyllie possède un corps aplati dont les ailes et les pattes sont fort élargies sur les côtés. Elle est de coloration verte et les nervures qu'elle porte sur le dos achèvent de parfaire la confusion d'avec les feuilles. Le plus grand nombre de ces insectes vit dans la zone tropicale de l'Asie. A la naissance les jeunes phasmes et les jeunes phyllies, ressemblent à l'insecte adulte. Toutefois, avant d'arriver pleinement à maturité elles devront muer plusieurs fois.

LES PHASMES OU BATONS DU DIABLE

Les phasmes sont généralement des insectes dépourvus d'ailes, d'assez grande taille, fréquentant les régions tropicales et que l'on retrouve en plus grand nombre en Asie. Une espèce vit toutefois en Europe du Sud. Leur nourriture est constituée de feuilles de toutes sortes, causant ainsi des dégâts considérables. Ils sont actifs dès la tombée de la nuit. Durant le jour, ils se terrent, et dans leur environnement naturel on ne les trouve pas facilement. L'ensemble de leur corps, y compris la tête et les pattes, sont de forme allongée. Leurs ailes sont atrophiées. Les phasmes sont de coloration verte ou brune ce qui les fait ressembler à s'y méprendre à des branches d'arbre. Ils sont incapables de sauter: ils marchent et encore très lentement. On les rencontre souvent dans les vivariums et bon nombre d'espèces sont utilisées comme cobayes.

LES TERMITES

Une colonie de termites peut avant tout se maintenir grâce aux animaux reproducteurs à savoir, le roi et la reine. Celle-ci mesure de 5 à 10 cm et a pour unique mission de pondre des œufs. Les larves qui éclosent, ressemblent tout à fait aux insectes adultes. Ce phénomène est appelé « métamorphose incomplète » ou « métamorphose immédiate ». Après avoir mué plusieurs fois, elles seront soit soldats, soit ouvrières. Un certain nombre parviendra au stade d'insectes sexués et ailés. Ils abandonneront le nid au moment voulu et passeront un petit temps dans la nature. Après quoi, de retour au sol, ils verront leurs ailes s'atrophier puis disparaître. Un mâle et une femelle se réuniront pour creuser ensemble un trou et une nouvelle colonie naîtra.

On distingue environ 2 000 espèces de termites, qui habitent dans les régions chaudes, tropicales et subtropicales du Nouveau et de l'Ancien Monde. Les termites sont aussi appelés « fourmis blanches », bien que leurs plus proches parents soient plutôt les cancrelats. Mais, comme les fourmis, les termites ont une vie sociale très développée : ils vivent en colonies et il n'est pas rare que celles-ci comptent plusieurs milliers d'individus. Certaines sortes construisent des nids (des termitières) qui peuvent atteindre plusieurs mètres de hauteur. Ceux-ci sont constitués de morceaux de plantes, de terre humide, de salive et de matières fécales. Le rempart externe peut être dur comme de la pierre, de sorte que la colonie peut se sentir en sécurité comme dans une véritable forteresse. La colonie de termites est formée d'un roi et d'une reine, qui n'ont d'autres fonctions que de veiller à la reproduction, ensuite il y a les larves, les ouvrières et les soldats. Les ouvrières rassemblent la nourriture.

LE GRILLON DES CHAMPS

Le grillon vit dans toute l'Europe. On peut le rencontrer en très grand nombre dans nos pays où il affectionne les bruyères et les prairies. Bien que les grillons, dont on a répertorié environ 900 espèces, soient fort actifs au crépuscule, le grillon des champs, de son côté, aime le soleil. C'est pourquoi on peut les apercevoir pendant la journée. Durant les mois d'été, la femelle dépose ses œufs dans le sol à l'aide de sa tarière oviducte. Les larves naîtront le printemps suivant. Le chant du grillon est produit de la même façon que celui des sauterelles, avec ses élytres, que l'insecte frotte rapidement l'une contre l'autre. La partie inférieure de l'aile droite est pourvue d'une membrane dentelée, qui est frottée contre le bord postérieur de l'aile gauche. Le bruit ainsi provoqué est amplifié par une autre membrane. Les femelles entendent cette stridulation grâce à leurs organes auditifs localisés sur les pattes antérieures.

Le grillon des champs mesure entre 2 et 3 cm. Il est noir brillant et a des ailes brunes. La tête est grande et porte de longues antennes effilées. Les ailes sont atrophiées, l'insecte est donc incapable de voler. Le grillon des bois des régions belges et de la partie nord de la France, qui mesure à peine 1 cm, est également incapable de voler. Le fameux «grillon du foyer» n'est pas propre à nos régions. Il est vraisemblable qu'il est originaire des régions chaudes d'Afrique et du Sud-Ouest asiatique. Le grillon du foyer vit dans nos maisons parce qu'il y fait chaud: sa coloration est brune et sa taille dépasse rarement 2 cm. Toutes les femelles des grillons sont munies d'une tarière oviducte grâce à laquelle elles déposent leurs œufs à des endroits appropriés.

LA LIBELLULE

Les 4 500 espèces de libellules actuellement répertoriées constituent l'ordre des Odonates. Plus d'une centaine est répartie en France et en Belgique. Il est assez aisé de les diviser en deux grands groupes : les demoiselles ou agrions et les libellules. Les demoiselles ou agrions ont les ailes antérieures et postérieures semblables. Au repos, elles sont relevées l'une contre l'autre, presque verticalement, comme chez les éphémères. Les libellules, par contre, possèdent des ailes d'inégale grandeur, les inférieures étant beaucoup plus larges que les supérieures ; au repos, les ailes restent étendues horizontalement, largement écartées du corps. Les libellules sont d'excellents « planeurs » : en vol, elles peuvent effectuer des manœuvres ultra-rapides. Les demoiselles ont un vol plus lent, plus gracieux aussi à certains égards et leurs évolutions dans les airs sont plus molles. Tous les odonates capturent leurs proies dans les airs, mais certaines demoiselles peuvent attaquer des proies immobiles sur terre.

Les libellules sont de féroces et insatiables insectes prédateurs. Leur tête, extrêmement mobile est dotée de grands yeux à facettes qui permettent à la libellule de regarder dans toutes les directions. Les proies sont capturées grâce aux deux pattes antérieures puissantes et déchiquetées par les mâchoires supérieures pourvues de dents bien développées. Même les larves de libellules qui vivent dans l'eau causent d'énormes dégâts. Elles rampent vers leur proie dans la vase, ou, attendent patiemment qu'un petit animal vienne dans le voisinage. Alors, elles étirent leur lèvre inférieure pour attraper leur victime. Le bout de cette lèvre est dotée de deux crochets qui s'ouvrent comme des charnières saisissant la proie et la portant vers la bouche. Au repos, la lèvre inférieure est repliée sous la tête.

LA CETOINE

La cétoine est aussi appelée "punaise cuirassée à pattes rouges" ou "punaise des arbres". Elle mesure environ 15 mm. Si elle porte une carapace triangulaire, en fait, tout son corps présente la forme d'une cuirasse. La couleur principale est généralement le brun, mais l'animal est toujours aisément reconnaissable à la tache jaune-rouge située sur la pointe de la cuirasse. Dans les endroits où elles vivent en masse, elles peuvent causer d'épouvantables dégâts. La cétoine du chou par exemple, cause des dommages non seulement aux cultures de choux mais encore à toutes sortes de plantes crucifères, comme le radis. La cétoine des groseilliers est une gourmande suceuse de sucs végétaux.

Les cétoines ressemblent fort aux coléoptères dont elles ont de nombreuses caractéristiques. Notamment leurs ailes antérieures, au repos, servent de protection aux ailes postérieures. Toutefois, elles en diffèrent par la structure de la bouche. Alors que chez presque tous les coléoptères, comme le haneton, cette bouche est faite pour broyer, chez les cétoines, elle est destinée à la succion. Ces insectes affectionnent les amas de feuilles, le feuillage des arbres, les plantes herbeuses, les taillis. Certains types de cétoines sont plus particulièrement attachées à des plantes bien déterminées. Les cétoines ne sont pas vraiment destructrices, bien qu'en Amérique du Nord, vit une espèce assez redoutable appelée "doryphore". Dans nos pays, vit aussi une espèce de cétoine, que l'on appelle notamment "cétoine des roses", ou cétoine dorée, car elle se fixe principalement sur ce genre de plantes. Si elle suce avidement la sève des plantes, elle détruit également les larves d'autres insectes qui ravagent la végétation.

> *Les nèpes, dont la longueur varie de 0,5 à 2 cm, sont en majorité de couleur sombre et unie. Leur corps est étroit et relativement aplati. Ainsi que nous l'avons déjà mentionné dans le texte, les femelles portent les mâles sur le dos pendant l'accouplement. Une ponte comprend de vingt à vingt-cinq œufs qui sont déposés sur une plante aquatique et recouverts d'une couche visqueuse protectrice. Les larves naissent environ 2 semaines plus tard : après un certain nombre de mues, elles deviendront des insectes adultes (métamorphose incomplète). Les seuls insectes que l'on puissent considérer comme marins appartiennent à la même famille que les nèpes : ce sont les halobates qui vivent à la surface des eaux tropicales et subtropicales souvent à des centaines de km des côtes.*

LA NEPE OU PUNAISE D'EAU

Les nèpes font partie des Hémiptères et se sont pleinement adaptées à une vie sus-aquatique, c'est-à-dire à la surface de l'eau. La partie inférieure de leur corps, tout comme l'extrémité de leurs pattes, sont couvertes de poils imperméables. Ces insectes sont hauts sur pattes, de sorte que leur corps entrent très rarement en contact avec l'eau. Elles se déplacent à la surface de l'eau par petites secousses, en utilisant leurs deux pattes médianes comme des rames. Les pattes antérieures et postérieures servent à diriger l'animal et sont pourvues de griffes qui leur permettent de saisir leurs proies. Certaines nèpes sont parfaitement capables d'effectuer de petits bonds sur l'eau, mais sans jamais pénétrer l'élément liquide. Elles vivent de petits insectes qui, comme elles, évoluent à la surface des étangs ou qui viennent par mégarde s'y aventurer. Une fois qu'elles se sont emparées de leur victime, les nèpes sucent leur proie et la vide complètement de sa substance.

LA CIGALE

Chez les hémiptères, les ailes sont constituées d'une partie dure, et d'une partie molle: chez les coléoptères, les ailes antérieures se sont transformées en ailes protectrices ou élytres. Chez les cicadines, ou cigales, rien de tout cela, d'où l'ordre auquel elles appartiennent, les homoptères, ce qui signifie "ailes semblables", mais qui n'a rien à voir avec la taille des ailes, les postérieures étant plus petites que les antérieures. D'autres caractéristiques les distinguent des hémiptères: leur appendice buccal, très allongé, fait pour la succion, apparaît très clairement à la partie arrière de la tête et leur lèvre inférieure se situe très en avant des pattes de devant, en arrière de la tête et très visible à l'orifice de la gorge. Tous les représentants des homoptères, dont les cigales, se nourrissent de végétaux, de jus de plantes et de sève, et de nombreuses espèces peuvent dès lors être extrêmement nuisibles pour l'agriculture et pour les jardins.

En outre, ces insectes ont une faculté toute particulière pour se reproduire en très grand nombre. Ainsi, on a calculé qu'une femelle de cicadine pourrait - si elle n'était soumise à aucune contingence extérieure ou, si l'on veut, dans des conditions absolument idéales - donner le jour à 500 millions de petits en un an! Les vraies cigales ou "cigales chantantes" forment une famille à part dans l'ordre des homoptères cicadines: ce sont des insectes en majorité tropicaux, mais que l'on rencontre aussi fréquemment en Méditerranée. Il en existe 1 500 espèces à peu près dont 8 apparaissent dans le Midi de la France. Les spécimens les plus grands produisent un chant aigu. Ce chant naît de la vibration extrêmement rapide d'une membrane, située dans un orifice de chaque côté de l'abdomen. Cette membrane est actionnée par des muscles puissants. Ces cigales peuvent causer d'énormes dégâts dans les territoires qu'elles fréquentent.

Ainsi, les femelles, qui sont pourvues d'une tarière oviducte très puissante, pratiquent des fentes dans les rameaux des végétaux et y déposent leurs œufs. Lorsque les larves éclosent, celles-ci s'enterrent dans le sol et sucent les racines.

Certaines espèces de cigales déposent leurs œufs dans les branches des arbres. Une fois les larves écloses, après six semaines environ, elles tombent sur le sol et s'y enfouissent immédiatement, grâce à leurs pattes antérieures fouisseuses, très puissantes. Certaines sortes de cigales "chantantes" sont connues pour leur durée de vie exceptionnelle.

Si la France méridionale connaît huit espèces de cigales tropicales qui, en Provence notamment, affectionnent les pins, et à l'état larvaire mènent souvent une vie souterraine, les régions situées au Nord de ce pays y compris la Belgique, connaissent les cigales dites «cercopides». Au printemps, qui de nous n'a pas déjà aperçu, sur nombre de plantes, de petits tas d'écume blanche et spumeuse dont on pensait jadis qu'il s'agissait de sécrétions de coucou, d'où d'ailleurs leur nom: crachats de coucou? En réalité dans chaque amas de cette écume se niche une larve de cercopide. C'est cette larve qui fabrique cette écume autour d'elle, tandis qu'elle suce la sève de la plante qui l'abrite. Cette écume a une fonction de protection, à la fois contre une chaleur excessive qui risquerait de dessécher la larve, mais aussi de camouflage, contre d'éventuels agresseurs. La cigale adulte ne produit pas d'écume. C'est un insecte de coloration assez sombre, excellent sauteur et dont la taille varie entre 7 et 12 mm.

Environ deux mille espèces de pucerons ont été répertoriées jusqu'à ce jour. On peut les rencontrer, en quantités innombrables. En moyenne le puceron ne mesure que quelques millimètres. Le corps ovale, est pourvu d'une petite tête. Les couleurs que l'on rencontre le plus souvent sont le vert, le brun, le noir et le rougeâtre. Nombreuses sont les sortes pourvues d'ailes transparentes, dont les antérieures sont plus longues que les postérieures. Parmi les 2 à 300 espèces de pucerons que l'on rencontre fréquemment dans nos régions, nous citerons le puceron vert qui s'attaque aux roses pendant l'été; le puceron noir qui affectionne les plants de haricots ainsi que les pêchers, sans oublier diverses autres cultures. Le puceron peut ainsi causer des dommages à l'agriculture.

LE PUCERON

Les pucerons sont souvent des insectes excessivement nuisibles, car ils absorbent la sève des feuilles et des jeunes pousses sur lesquelles ils se fixent, les affaiblissant ainsi considérablement. Toutefois, les nuisances les plus graves attribuées aux pucerons sont surtout inoculées par l'intermédiaire des virus (microbes qui transmettent des maladies contagieuses) que ces insectes transportent, lorsqu'ils se nourrissent de plantes malades, puis qu'ils s'en vont faire bombance sur d'autres végétaux non contaminés. Beaucoup de ces pucerons sécrètent une substance cireuse qui les protège de nombreux prédateurs mais, heureusement, pas des coccinelles, ni des chrysops (parfois appelés ''lions des pucerons''). Les pucerons absorbent beaucoup plus de sève et de jus de plantes qu'ils ne peuvent vraiment en assimiler. Ce liquide, très riche en sucre, est alors éliminé par l'anus sous la forme d'une rosée mielleuse. Les fourmis sont particulièrement friandes de ce lait.

LA COCCINELLE

Sous nos latitudes et dans nos régions il existe environ 60 différentes espèces de coccinelles («bêtes à Bon Dieu»). Ce sont des petits coléoptères, aux couleurs vives et au corps pratiquement rond et qui, malgré leurs courtes pattes, peuvent courir vite. La majeure partie des coccinelles sont rouges ou jaunes avec des points ou des taches noirs bien qu'on ait déjà vu quelques spécimens de coloration foncée, avec des points ou des stries clairs. La plus jolie parmi toutes les coccinelles est, la coccinelle à robe rouge, avec des points noirs entourés de jaune. Dans nos pays, les coccinelles les plus fréquentes sont celles à 2, 7, 10 ou 22 points ou taches. La partie inférieure du corps et les pattes sont noires ou brunes.

Incontestablement, la coccinelle est l'un des insectes les plus populaires de nos régions. On en connaît entre 4 000 et 5 000 espèces de par le monde. Adultes ou larves, les coccinelles sont des insectes très utiles, car elles dévorent un nombre considérable de pucerons de toutes sortes. Les coccinelles adultes hivernent et, au moment du nettoyage de printemps, toute ménagère peut, quelquefois, en retrouver d'importantes colonies dans un coin de la maison. En été, les insectes s'envolent et les femelles s'en vont pondre leurs œufs, de couleur orange, sur la partie postérieure des feuilles et, surtout, aux endroits infestés de pucerons. Après une semaine environ, les larves éclosent et, avant même leur métamorphose trois semaines plus tard, elles se mettront à dévorer d'énormes quantités de pucerons. Seules quelques rarissimes espèces de coccinelles sont végétariennes et nuisibles. Elles se nourrissent alors surtout de feuilles de plantes à pommes de terre et de trèfle.

LE LUCANE OU GRAND CERF-VOLANT

Avec les charençons et les hannetons, les lucanes font partie de la famille des lamellicornes, parce que leurs antennes sont déformées et se terminent de façon aplatie, presque en lamelles. On a dénombré environ 1 100 espèces de lucanes, que l'on appelle aussi cerfs-volants, car leur tête semble couverte de bois. Ils fréquentent toutes les parties du monde et leur taille varie de quelques millimètres à plus de 10 centimètres. C'est surtout dans les territoires des tropiques que vivent les espèces géantes. Les mâles sont assez impressionnants avec leurs mâchoires fort développées mais, en réalité, ils sont parfaitement inoffensifs. Les femelles, par contre, peuvent mordre cruellement. Dans nos régions, les lucanes vivent de la sève des arbres.

Les lucanes ou «cerfs-volants» sont parmi les plus grands coléoptères de nos contrées d'Europe tempérée (France, Belgique, Allemagne, Pays-Bas,...). Ils atteignent une taille de 4 à 5 cm. Il y a certes des variations dans la taille et l'on connaît des individus qui ne dépassent guère 2,5 cm. Les mâles sont dotés de deux remarquables mâchoires supérieures, qui ressemblent à une ramure de cerf, d'où leur nom de «cerfs-volants». Les femelles sont plus petites et ne possèdent pas ces «bois». La coloration de ces insectes est généralement brun foncé. Les œufs sont souvent pondus dans les vermoulures de vieilles souches de chêne. C'est là que se développeront les larves. Celles-ci sont pourvues d'une tête cuirassée et de fortes mâchoires.

Les doryphores mesurent environ 10 mm de long et ressemblent un peu aux coccinelles. Chaque élytre, arrondie, brillante, n'est toutefois pas couverte de points, mais de 5 stries jaunes et noires. La partie située derrière la tête, l'abdomen, est jaune avec de petites taches noires. Même les larves, qui ont un aspect bossu, sont remarquables de par leur coloration: joliment rouge-orange avec, sur les côtés, quelques rangées de points noirs. Sur la tête il y a une tache noire et les pattes sont également noires. Les doryphores sont d'excellents planeurs. Ils hibernent, profondément enterrés dans le sol mais, dès le printemps, ils parcourent des distances impressionnantes à la recherche de champs de pommes de terre.

LE DORYPHORE

Ce n'est qu'au XIXe siècle, dans les Montagnes Rocheuses d'Amérique du Nord, que l'on découvrit le doryphore. Cet insecte, purement local alors, vivait parmi les solanacées. Après la colonisation de cette région, la pomme de terre, qui est une solanacée, y fut importée. Et le doryphore passa sur cette nouvelle source alimentaire. .. Il s'accroît de façon stupéfiante et possède une faculté d'adaptation étonnante. De plus, il se déplace à une vitesse absolument exceptionnelle, se promenant d'un champ de pomme de terre à l'autre, d'Est en Ouest, sans souci, dirait-on, des distances. En 1922, on aperçut pour la première fois le doryphore en France, d'où il se répandit à travers toute l'Europe. Les femelles déposent leurs œufs sur les feuilles; celles-ci sont dévorées tout aussi gloutonnement par les adultes que par les larves. Il n'y a donc rien d'étonnant à ce que des règles administratives strictes aient été édictées en haut lieu en vue de lutter contre ces insectes.

LE HANNETON

Jadis, par une belle soirée d'été, on voyait voler de grandes nuées de hannetons. Très souvent, ils venaient se cogner contre les fenêtres illuminées ou buter contre les pare-brise des voitures. Mais de pareilles années-à-hannetons comme cela arrivait tous les 3, 4 ou 5 ans, on n'en entend plus ou pratiquement plus parler. Cela est principalement dû à l'utilisation d'insecticide et probablement également à la transformation de la composition du sol. Les hannetons adultes, tout comme leurs larves, sont extrêmement nuisibles. Lorsqu'ils attaquent en masse, ils peuvent, en un temps record défeuiller un bois tout entier. Ils dévorent tout aussi bien les feuilles que les fleurs. Leur larve que l'on nomme « ver blanc » sont encore plus destructrices. Elles emploient les trois ou quatre années qu'elles doivent passer sous terre à dévorer toutes les racines qu'elles rencontrent. Et les champs cultivés sont les victimes de prédilection: les pommes de terre, le froment, les graminées, etc... Même des pépinières complètes, à peine plantées, ont été détruites à cause d'elles. Tout cela commence au moment où la femelle pond ses œufs qu'elle dépose, par pelotes de 10 à 15, enfouies dans le sol à plus ou moins 30 cm de profondeur. La larve naîtra après une période s'étendant de une à trois semaines. Ces larves sont de couleur blanc sale, avec une tête brune et trois paires de pattes venant immédiatement derrière celle-ci. Ces vers blancs hivernent, enterrés profondément dans le sol mais, dès le printemps, ils émergent vers la surface et partent en chasse avec une frénésie rageuse. Il faudra trois ans à cette larve pour se métamorphoser et devenir un insecte adulte et ce en automne, mais il demeurera encore une année sous terre jusqu'au printemps. Il remontera enfin à la surface et, avant l'envol, il n'est pas rare de voir un jeune hanneton, assis, hésitant, sur une branche, se balançant de gauche à droite, avec un curieux mouvement de l'abdomen: il est probable que l'insecte échauffe son corps avant son envol. Les hannetons ont un vol lourd, capricieux. Bien que le mouvement des ailes soit, de loin, moins rapide que chez l'abeille, l'insecte laisse entendre une sorte de vrombissement.

Il existe chez nous deux types principaux de hannetons, nous voulons dire deux types qui présentent vraiment une différence d'aspect extérieur. Le hanneton ordinaire et le hanneton du châtaignier. Le premier a une tête noire, et un thorax de même couleur: son abdomen est large et épais. Ses élytres sont de coloration brun-rouge et ne couvrent pas entièrement l'abdomen, laissant apparaître le bout du dos, sous la forme d'une petite queue en forme de boule. Les élytres du hanneton du châtaignier sont bordées de noir. Ses antennes sont vraiment exceptionnelles: elles se terminent en lamelles et celles du mâle sont plus grandes que celles de la femelle. Les deux espèces que nous citons ici mesurent environ de 2 à 3 cm. En été, il faut citer l'apparition de deux petits hannetons, tous deux blonds et poilus, le premier survient en juin il s'agit du hanneton de juin (rhizotrogus solsticialis); l'autre survient en juillet, c'est le hanneton de juillet (rhizotrogus oestivus). Leurs larves sont très nuisibles.

LE MACHAON

Les machaons sont des papillons; on les appelle aussi « Grands Porte-Queues ». On a denombré environ 600 espèces différentes, répandues partout dans le monde, sauf dans les régions polaires. Ils sont les plus nombreux sous les tropiques. Le machaon vit également en Europe Occidentale, et vers l'est on le trouve dans les territoires tempérés de l'Asie et jusqu'au Japon. Il est très commun dans nos régions, bien qu'on l'observe en moins grand nombre que jadis. Il aime les prairies, la campagne, mais on le voit aussi hanter les terrains vagues. Les larves de machaon ont toutes une caractéristique commune: derrière la tête, elles sont munies d'un organe membraneux, de couleur jaune fauve, orange ou violet qu'elles peuvent allonger à volonté. Lorsqu'elle se sent menacée, la larve répand une odeur assez forte et dissuasive, grâce à cette glande.

Outre le machaon qui est représenté ici, nos régions abritent encore deux autres espèces semblables: le porte-queue qui, tout comme le machaon d'ailleurs, a les ailes postérieures ornées de petites «queues» et l'Apollon. Le Porte-Queue ou «Grand Porte-Queue» est jaune clair avec un dessin noir sur les ailes. Sur les ailes postérieures apparaissent respectivement une tache ronde et noire entourée de rouge, ainsi qu'à l'extrémité de l'aile des taches en forme de demi-lune bleues. L'«Apollon» est blanc et sur les ailes apparaissent des taches noires. Sur les ailes postérieures, il y a une tache rouge, bordée de noir, avec un point blanc au milieu. Le dessin de ces papillons est très variable.

L'EPINEPHELE

Nos régions connaissent différentes sortes d'épinéphèles, dont certaines sont rarissimes et d'autres, au contraire, courantes et surabondantes. Mais la plupart de ces espèces ont un point en commun : elles sont de piètres planeurs : leur vol est lourd, sans élégance, presque à ras du sol, ils « papillonnent », et changent constamment de direction. Nombreuses sont les épinéphèles qui butinent les fleurs qui croissent sur les ronces, tandis que d'autres préfèrent le thym et la bruyère. Les femelles ne prennent généralement pas la peine de pondre sur les plantes, mais laissent tout simplement tomber leurs œufs dans l'herbe. Les larves sont vertes, jaunes ou brunâtres, couvertes de stries sombres. Elles se terrent pendant le jour et chassent pendant la nuit. L'état chrysalidaire dure en général deux semaines. Toutefois, chez une espèce d'épinéphèle, la stola-étole, elle perdure un bon mois, beaucoup plus longtemps que chez les autres papillons d'été.

Les épinéphèles constituent une grande famille de papillons de couleur relativement uniforme: jaune-clair, orange, noirâtre ou brun. Ce qui les distingue surtout, sont les véritables «yeux» (ou taches) que l'on retrouve aussi bien sur les ailes antérieures que postérieures. L'épinéphèle coloré est brun foncé avec des taches blanches; le papillon à damier alternativement noir et crème; l'épinéphèle brun est brun foncé avec une tache vers le sommet du corps. Ce ne sont là que quelques exemples. Les chenilles de la plupart des épinéphèles vivent dans l'herbe. Elles sont souvent verdâtres, tout à fait lisses, mais avec des rayures longitudinales sur le corps de sorte qu'elles sont fort bien camouflées. Elles se changent en chrysalide soit accrochées à une feuille ou sous une pierre.

Dans nos régions on ne connaît que le petit paon-de-nuit. Ils affectionnent les champs de bruyères; mais comme on défriche de plus en plus ces étendues, ces papillons disparaissent également. Les mâles diffèrent très sensiblement des femelles: c'est ce qu'on appelle le dimorphisme sexuel. Les premiers sont gris-brun et les secondes d'un gris-violacé. De même, les antennes sont beaucoup plus développées chez les mâles. Toutefois, tous deux présentent des taches très apparentes ou yeux sur leurs deux paires d'ailes. Le grand paon-de-nuit est le plus grand des papillons européens. On le trouve dans le Sud-Ouest de l'Europe et le territoire méditerranéen.

LE PAON-DE-NUIT

Le machaon, la piéride, l'épinéphèle, le papillon-citron sont tous des papillons de jour ou diurnes. Chez cette espèce, les antennes présentent toujours un renflement boutonneux. De plus, au repos, les diurnes tiennent, les ailes repliées vers le haut. Le paon-de-nuit, comme son nom l'indique, est un nocturne et c'est pourquoi ses antennes sont effilées. Chez les paons-de-nuit, les antennes ressemblent à de petites plumes. Les paons sont répandus partout dans le monde; ils abondent sous les tropiques. Ils sont très aisément reconnaissables à leurs quatre « yeux » : quatre taches, très apparentes, très colorées, au milieu des ailes. Certains paons-de-nuit peuvent être de très grande taille, et leur envergure (largeur de leurs ailes étendues) atteint parfois 25 cm. Les papillons hercules et les papillons de l'Atlas en sont des exemples, en vol ils ressemblent quelque peu à des oiseaux.

LE MOUSTIQUE

Le moustique est pratiquement omniprésent sur terre. On en connaît au moins 1 500 espèces, dont les plus nombreuses hantent les marais et les forêts humides des tropiques. Pourtant, ils habitent aussi les territoires du pôle Nord où ils sont tout aussi nuisibles aux hommes et aux animaux. Parmi eux, il y a des espèces très dangereuses, qui transmettent des maladies telles que le paludisme ou la fièvre jaune. De ce fait ils peuvent rendre certaines régions tout à fait inhabitables et insalubres. Le moustique commun se rencontre souvent dans les habitations, en repos sur l'un ou l'autre objet. Le soir, des milliers de mâles se rassemblent en essaim et dansent. Si une femelle s'aventure dans ce genre d'essaim, un mâle se saisit d'elle aussitôt et l'accouplement a immédiatement lieu. Les mâles meurent très rapidement une fois l'acte de fécondation accompli.

Ces moustiques aux longues pattes et dont la taille est d'environ 1 cm n'ont qu'une seule paire d'ailes. Les femelles sont pourvues d'une longue trompe qui leur permet d'aspirer le sang de leurs proies. Les mâles vivent de sucres, notamment de nectar. Les larves et les nymphes des moustiques sont aquatiques. Flottant sur l'eau la tête en bas, elles respirent grâce à des appendices thoraciques qu'elles maintiennent à l'extérieur de l'eau. Les anophèles transmettent le paludisme. Ce moustique est différent du moustique commun: tandis que ce dernier tient toujours le corps parallèle à la surface de l'objet sur lequel il se tient, l'anophèle relève toujours son abdomen de façon caractéristique.

LA MOUCHE

Il y a trois espèces de mouches domestiques qui se ressemblent beaucoup. Il s'agit notamment de la mouche domestique commune: petite et grande, et la mouche piquante. On peut voir la petite mouche domestique danser en essaim autour des cimes des arbres, mais on peut aussi les voir tournoyer autour de lampes accrochées à nos plafonds. Si à l'intérieur on se fait piquer, on croit trop souvent que cela peut être le fait d'une simple mouche domestique: il n'en est rien. Cette piqûre, douloureuse, même au travers d'un bas épais est l'œuvre du taon, qui ressemble à un moustique et qui pique aussi les animaux. On l'appelle aussi mouche bleue ou verte parce qu'elle est fréquente dans nos campagnes. Les trois espèces sont porteuses de germes, pouvant provoquer des maladies, qu'elles déposent sur notre nourriture.

Les deux mouches domestiques que l'on rencontre habituellement dans nos habitations ne diffèrent guère l'une de l'autre si ce n'est par la taille; l'une mesurant environ 5,5 mm et l'autre environ 8 mm. Le taon peut, lui, être plus grand. La mouche domestique est dotée d'organes suceurs et lécheurs. Le taon possède un organe piqueur. Les femelles des mouches pondent leurs œufs dans des excréments, des ordures, des cadavres etc. Les larves éclosent en un jour et se métamorphosent (chrysalide) une semaine plus tard. Une semaine s'écoulera encore avant que ne sorte l'insecte et trois jours plus tard, la femelle est fécondable. Une ponte peut comprendre environ cent œufs. Au cours des deux mois de sa vie, une femelle peut pondre de quatre à six fois consécutivement.

LE SPHEX

Ces guêpes-ichneumons ou sphex diffèrent beaucoup de par la taille. Certaines peuvent même atteindre 4 cm de long, c'est le cas de celles qui s'attaquent à certains parasites du bois; pour atteindre ces parasites, la femelle doit enfoncer sa tarière à au moins 6 cm dans un bois souvent très dur. Il y a d'autres espèces munies d'une tarière courte, qui fait en même temps fonction de dard, avec lequel elles peuvent donner des piqûres violentes. C'est notamment le cas du sphex à faucille. D'autres types de sphex n'ont pas d'ailes (on dit qu'ils sont «aptères») d'où leur ressemblance avec les fourmis: ils vivent dans des araignées ou des larves de congénères plus grands. Les sphex nains appartiennent aussi à cette catégorie de «sphécoïdes».

On l'appelle aussi « guêpe-ichneumon », à cause de sa ressemblance avec la guêpe: il est utile au plus haut point, car il détruit un très grand nombre d'insectes nuisibles. Il fait cela d'une façon très particulière. La femelle, qui est pourvue d'une tarière oviducte très longue (chez plusieurs espèces elle est plus longue que le corps), s'en va tout d'abord à la recherche d'un hôte qui pourra « accueillir » ses œufs, souvent il s'agit de la larve d'un papillon diurne ou nocturne. Dans sa quête, elle s'aide de ses longues antennes en perpétuel mouvement. Une fois cet « hôte » trouvé, la femelle va forer un orifice dans le corps de la chenille puis, toujours avec son oviducte, déposer un ou plusieurs œufs à l'intérieur. Toutefois, on connaît certaines espèces qui se contentent de les déposer juste à l'extérieur de la larve. En tout cas, une fois les larves de la guêpe écloses, elles se mettent lentement à dévorer leur hôte; elles commencent par les parties les moins vitales.

L'ABEILLE

Les abeilles que l'on rencontre très tôt au printemps, batifolant ici et là, ne sont en fait que de jeunes reines qui viennent d'être fécondées et viennent de passer l'hiver dans un endroit bien abrité. Le reste de leurs congénères sont mortes au cours de l'automne. Lorsque la reine a trouvé une place pour son nid (souvent, il s'agit d'un trou de souris ou de taupe), elle y fabrique une cellule de cire. Elle y dépose du pollen et ensuite elle y pondra ses œufs. Puis, le tout sera recouvert d'un petit couvercle de cire. La reine fabriquera également un petit pot de cire où sera rassemblé le miel que l'on mangera lorsqu'il y aura peu de nourriture. Les jeunes larves sont gavées de pollen: elles se métamorphosent, et après un mois, ce seront toutes des abeilles adultes et ouvrières. Plus tard aussi, surviennent des abeilles mâles et des femelles qui s'accoupleront. Seules ces dernières resteront en vie, les autres mourront.

On distingue environ 200 espèces d'abeilles qui, toutes, possèdent une robe épaisse, remarquablement colorée, qui sert à les protéger du froid. Voici les espèces les plus connues: l'abeille campagnarde a des bandes jaune-orange sur le thorax et l'abdomen, avec du blanc à l'extrémité de celui-ci; l'abeille des champs a le thorax tout brun; l'abeille des pierres est toute noire, avec une tache rougeâtre à l'extrémité de l'abdomen. L'abeille jardinière a une ligne jaune à l'intersection du thorax et de l'abdomen. Enfin, l'abeille des bruyères, l'une des plus petites, possède une sorte de «queue» de couleur rousse. Certaines abeilles ont les mêmes mœurs que les coucous (on les appelle abeilles-coucous) et ne forment jamais elles-mêmes de colonies.

Il existe environ 6 000 espèces différentes de fourmis, dont l'organisation en société est aussi compliquée que celle des abeilles. Elle est en tout cas difficile à étudier, car leurs mœurs sont très variables. Elles peuvent vivre en groupes de plusieurs milliers, mais on connaît des espèces tropicales qui réunissent plusieurs millions d'individus. On a déjà expliqué, dans le texte, comment elles pouvaient traire les pucerons: en fait, elles les élèvent comme nous le ferions nous-mêmes avec du bétail. Leur façon de communiquer entre elles n'a pas encore été vraiment expliquée: certains auteurs ont parlé de sécrétions particulières, d'autres de signes, comme chez les abeilles. Les fourmis de nos régions varient de 5 à 18 mm. Elles sont jaunes, brunes ou rouges et noires.

LA FOURMI ROUGE DES BOIS

Les fourmis rouges des bois se rencontrent partout dans les régions temperées. Elles sont communes dans nos contrées mais, que ce soit en France ou en Belgique, leur nombre décroît ces dernières années, vu que les œufs de fourmi, sont rassemblés en grandes quantités pour servir de nourriture aux oiseaux des volières. Les fourmis rouges des bois sont pourtant des insectes très utiles. Elles construisent de grandes fourmilières, en entassant des aiguilles de conifères dans lesquelles s'abritent plusieurs dizaines de milliers d'individus, voire même plusieurs centaines de milliers. Cette colonie de fourmis doit se nourrir: elles dévorent surtout les insectes nuisibles. Chaque jour, les fourmis ouvrières transportent plusieurs milliers de ces insectes dans la fourmilière, ce qui permet d'éviter des fléaux menaçants. Contrairement aux abeilles et aux guêpes, les reines des fourmis sont incapables de fonder seules une nouvelle **colonie**.

LES INVERTEBRES OU ANIMAUX INFERIEURS: INTRODUCTION

Les termes ''animaux inférieurs'' recouvrent un ensemble d'animaux d'une immense diversité mais qui, toutefois, possèdent une caractéristique commune: ils n'ont pas de colonne vertébrale, pas de structure osseuse, pas de squelette comme les mammifères, les oiseaux, les poissons, les reptiles et les batraciens. C'est pourquoi on les appelle ''invertébrés'', c'est-à-dire ''dépourvus de vertèbres'', contrairement aux ''vertébrés'', dont la colonne vertébrale comprend un certain nombre de vertèbres.

Cette absence de colonne vertébrale et de squelette osseux chez les invertébrés n'est, en aucune façon, un désavantage pour ces animaux, car ils représentent au moins 95% du nombre d'espèces animales connues sur notre planète: ce qui, en chiffre, signifie plus d'un million. Les insectes font partie de cette catégorie, mais nous en avons déjà parlé dans un précédent chapitre de cette encyclopédie.

Parmi les autres invertébrés, il y a des êtres infiniment petits, perceptibles au microscope électronique; celui-ci permet de les agrandir des milliers de fois. Mais, à cette même famille, appartiennent également les pieuvres géantes, dont la taille peut dépasser 20 mètres!

A cette même famille des invertébrés appartiennent aussi les tuniciers, qui pourraient être un pont, dans l'évolution, entre invertébrés et vertébrés, parce qu'à un stade au moins de leur développement, apparaît, chez eux, une colonne dorsale. Parmi les tuniciers, on distingue les ascidies (outres de mer), les salpes et les appendiculaires, apparentés au plancton. Comme nous n'en parlerons pas plus loin dans cette encyclopédie, nous allons en dire quelques mots dans le cadre de cette introduction.

A l'heure actuelle on distingue près de 2 000 espèces différentes d'ascidies. Certaines sont parées de très jolies couleurs, comme le rouge, le bleu, le vert, l'orange ou le jaune. On en rencontre également qui sont totalement, ou presque, transparentes. Elles se fixent sur le fond de la mer: certaines vivent solitaires, d'autres en colonies. Leur forme est très variable: elles peuvent ressembler à des bouteilles, à de grosses outres, ou encore à des poires. Elles sont pourvues de deux ouvertures, l'une pour laisser entrer l'eau de mer, l'autre pour la laisser s'échapper.

Les salpes, que l'on classe chez les thaliacés, nagent en mer toute leur vie durant. Leur corps a la forme d'un tonnelet, variant de 1 à 10 cm selon l'espèce. Cet aspect de tonnelet est encore accentué par les bandes musculaires l'entourant et que l'animal contracte puis relâche régulièrement. Par ce jeu musculaire, l'eau de mer est aspirée vers l'intérieur du corps par une ouverture supérieure, puis rejetée vers l'extérieur par un orifice postérieur, ce qui produit un effet de réaction et pousse l'animal vers l'avant.

C'est dans le corps qu'est filtrée la nourriture qui pénètre avec le courant d'eau.

Les appendiculaires, malgré la persistance de leur queue et leur apparence extérieure, n'ont aucune parenté avec les poissons. Ce sont au contraire de très petits tuniciers qui s'apparentent au plancton. On les rencontre en très grand nombre dans les océans chauds. Leur queue contient la corde dorsale et ils la conserveront toute leur existence. On a dénombré environ 80 espèces d'appendiculaires, dont la répartition géographique est immense.

Enfin, il nous faut dire un mot de l'amphioxus, dont la physiologie se rapproche encore davantage de celle des vertébrés. Cette petite créature - elle mesure moins de 6 cm - n'est pas un poisson, contrairement à son apparence. Il a le corps comprimé, élancé, et ses deux extrémités se terminent en pointe. Il nage en ondulant, comme une vague, il est marin et affectionne, comme refuges, les fonds sableux ou de gravier, le long des côtes, où l'eau n'est pas trop froide.

Comme il ne possède pas de tête et, à fortiori pas de crâne, on le place dans l'ordre des ''acraniens''.

Si les tuniciers et les amphioxus se trouvent presque au sommet de l'''échelle sociale'' des invertébrés, nous allons à présent descendre vers les échelons inférieurs, là où vivent les espèces les plus primitives, les unicellulaires, des invertébrés tellement minuscules, qu'on ne peut les observer à l'œil nu.

Nous parlerons d'ailleurs, dans cet ouvrage, des amibes, du volvox, des chlamydomones et autres petits organismes munis ou non de flagelles. Ces

quelques noms ne sont qu'une infirme partie des 30 000 espèces que nous pourrions énumérer. Leur taille varie du millième de millimètre au millimètre.
Ces corpuscules évoluent toujours dans un milieu aqueux, qu'il s'agisse d'eau coulant dans la nature, ou de celle contenue dans tout organisme vivant. Ainsi, si l'on prélève d'un étang une cuillère à café de son eau, puis qu'on place une goutte sous le microscope, on pourra y observer une foule de petits animaux et de particules végétales. Il en est de même pour l'eau de mer. Ces organismes vivants portent le nom de "protozoaires", de deux mots grecs qui signifient "vivants primitifs".
On les regroupe aussi sous une autre appellation: le plancton. Ces petits animaux forment ainsi le plancton animal, constitué de protozoaires, de larves et d'œufs de poissons, d'étoiles de mer, de crustacés et autres mollusques. La plus grande partie de ce plancton animal se nourrit de particules de plantes, en suspension dans l'eau, le "phytoplancton". Et tout le plancton, à son tour, sert de nourriture à une multitude d'autres poissons, des plus petits aux plus grands, allant jusqu'à la baleine et aux autres mammifères de taille gigantesque vivant dans l'eau...
Les unicellulaires peuvent se reproduire de plusieurs manières. La manière la plus répandue est la scissiparité: c'est-à-dire que l'animal se scinde purement et simplement en deux nouveaux individus pratiquement identiques. Un autre mode voit se former sur le corps de l'adulte une sorte de kyste qui, peu à peu, se détache et peut mener une vie indépendante: il s'agit là d'une reproduction asexuée. Mais les unicellulaires connaissent aussi une forme de reproduction sexuée: deux cellules reproductrices (presque toujours un ovule et un spermatozoïde), originaires de deux individus distincts, fusionnent pour former un nouvel être vivant.
Passons maintenant aux pluricellulaires, dont les représentants les plus simples sont incontestablement les éponges. Dans la plupart des cas, notre connaissance des éponges se limite à leur squelette nettoyé. Il existe quelques dizaines de milliers d'espèces d'éponges qui vivent principalement dans les mers chaudes. Elles sont particulièrement répandues en Méditerranée. Les éponges connaissent aussi bien la reproduction sexuée qu'asexuée. A l'état larvaire, les éponges nagent pendant un certain temps avant de se fixer de façon définitive - pour la vie entière - sur le fond de la mer. On appelle cela "vie sédentaire ou végétative". Grâce aux flagelles dont elle est munie, l'éponge attire vers elle et en elle une certaine quantité d'eau qui, un peu plus tard, est expulsée. Au cours de son trajet à travers l'éponge, l'eau fournit à l'animal une certaine quantité de nourriture ainsi que de l'oxygène.
Les déchets non assimilés par l'éponge sont rejetés en même temps que l'eau. Les éponges se présentent aux yeux de l'observateur sous une multitude de formes, qui n'ont généralement rien à voir avec les éponges que nous utilisons!
A présent, considérons les "coelentérés". Ils sont généralement joliment colorés, pourvus d'une couronne de tentacules autour de l'ouverture buccale, comme chez l'anémone de mer. Ils ressemblent, à certains égards, à des fleurs, à tel point que dans le courant du siècle dernier les scientifiques dissertaient beaucoup pour savoir s'il s'agissait là de plantes ou d'animaux. Leur corps ressemble à une sorte de tube, troué en son centre, où se situe, entre autre, leur système digestif. Le mot "cœlentéré" vient de deux mots grecs: "koilos", qui signifie "creux" et "enteron", qui signifie "intestin" ou "viscère", d'où leur nom. Les tentacules, situées autour de la cavité buccale, capturent la nourriture et la conduisent vers le milieu du corps tubulaire.
Les coraux et les orties de mer (méduses), tout comme les anémones, appartiennent aux "coelentérés". Les coraux possèdent un squelette de calcaire qui leur sert d'abri... Dans certaines eaux tropicales, ils vivent en communautés, dont le nombre d'individus est innombrable: ce sont eux qui forment les récifs de corail, des îles entières et même des atolls (îles en forme de cercle). Ceux-ci se sont surtout formés aux époques lointaines où l'eau de la mer atteignait des niveaux beaucoup plus élevés. Lorsque l'eau se retira, l'amoncellement de coraux demeura, formant ces îles et ces atolls circulaires.
Les orties de mer (ou méduses) possèdent également, disions-nous, cette ouverture buccale donnant accès à un orifice intestinal creux. Cette ouverture buccale est cernée de tentacules et de cellules urticantes, c'est-à-dire "brûlantes comme les orties". Contrairement à la grande majorité des

éponges, ces orties de mer ou méduses évoluent librement en pleine mer, à l'exception d'une espèce, composée des acalèphes qui se fixent et peuvent devenir de belles et grandes méduses attachées à un support. La plupart des grandes méduses que l'on rencontre en mer, ainsi que celles qui hantent nos littoraux sont de l'espèce des discophores. Lorsqu'elles sont vivantes, elles sont souvent de belle apparence mais sont pourvues de cellules urticantes qui possèdent un pouvoir venimeux intense qui n'est pas sans danger pour l'être humain. Certaines méduses peuvent même causer de véritables brûlures, extrêmement douloureuses.

Parmi les annélidés ou, si vous préférez, les vers de terre, nous avons choisi de parler, dans cette encyclopédie, du lombric. Mais il existe aussi des vers plats (les planaires) dont fait partie le redoutable ténia ou ver solitaire: un ver parasite qui s'attaque aussi parfois à l'être humain. Un autre ver parasite, connu dans le monde entier, est le distome hépatique ou douve qui s'attaque au bétail en se fixant dans le foie de l'animal; le distome n'est pas non plus sans danger pour l'homme. Cette forme de ver suceur se développe à l'état adulte dans le corps qui l'accueille.

Les œufs, pondus dans un stade ultérieur et qui sortent du corps accueillant, se développent en un milieu humide. Les larves s'accrochent à des plantes qui, par exemple, peuvent constituer la nourriture d'un mouton. Le jeune distome hépatique parvient dans le foie de la bête. Le processus est, bien sûr, beaucoup plus compliqué que ce que nous expliquons ici.

Les phryganes qui se construisent un refuge dans le sable sous forme de fourreau font aussi partie des annélidés. Leur tête est couverte de tentacules grâce auxquelles le phrygane peut capturer sa nourriture, qui nage dans l'eau, et la porter à sa bouche. Le spectacle de tentacules largement déployées est assez joli à voir. En cas de danger, ce petit ver rentre aussitôt dans son refuge.

Petit à petit, nous en arrivons à parler des arthropodes, l'un des embranchements les plus importants du monde animal, de par le très grand nombre d'espèces, et dont la répartition géographique est la plus étendue. De plus, seuls parmi les invertébrés, les arthropodes ont développé l'extraordinaire faculté de voler. Il suffit de songer aux insectes qui, comme nous l'avons déjà dit, ont leur place dans un autre chapitre de cette encyclopédie. A cet embranchement des arthropodes appartiennent aussi les crustacés, les myriapodes, les hexapodes, les araignées (arachnides) et apparentés, pour n'en citer que quelques-uns. Dans cette encyclopédie nous ne parlerons pas en détail, bien sûr, de tous les arthropodes (il en existe plus d'un million!).

C'est pourquoi nous allons dans le cadre de cette introduction, décrire ceux qui ne seront pas cités plus loin.

On compte environ 25 000 espèces de crustacés, dont les plus connus sont les crabes, les crevettes, les écrevisses, les langoustes, les homards, les pucerons marins, les oursins, les moules et les cloportes.

Superficiellement les araignées ressemblent quelque peu à des insectes. Toutefois, nous savons que le corps de ces derniers est constitué de trois parties principales: la tête, le thorax et l'abdomen. Les vraies araignées, dont on connaît une trentaine de milliers d'espèces, ont le corps scindé en deux parties: la première est constituée par la tête et le thorax nettement délimités par rapport à l'abdomen, grâce à un resserrement très apparent pour l'observateur. Contrairement aux insectes, les araignées sont pourvues de quatre paires de pattes au lieu de trois. Toutes les araignées sont carnivores. Elles capturent des insectes et, pour ce faire, utilisent, dans la plupart des cas, la toile d'araignée que nous connaissons tous, et telle que nous la verrons chez l'épeire diadème. Mais il existe aussi des araignées qui utilisent une toute autre technique de chasse: certaines sautent purement et simplement sur leur proie, tandis que d'autres se tapissent dans une fleur et attendent patiemment un insecte.

Pour terminer ce chapitre, il nous faut dire un mot au sujet d'un proche parent de l'araignée, le scorpion. Il est pourvu de fortes pinces, de sorte qu'il fait un peu penser aux écrevisses. Ces pinces lui servent à capturer des cancrelats, des coléoptères et autres arthropodes. Toutefois, lorsque la proie se fait agressive ou résiste, le scorpion dispose d'une autre arme, plus terrible que ses pinces: un aiguillon acéré, recroquevillé et très venimeux, situé à l'extrémité de sa queue.

Le scorpion réussit alors à faire passer la partie postérieure de son corps vers l'avant en le recourbant au maximum et plonge son aiguillon venimeux dans le corps de sa proie.

On rencontre les étoiles de mer dans toutes les mers du globe. Les spécimens les plus petits mesurent à peine 1 cm, tandis qu'une autre espèce est munie de bras de 45 cm, ce qui donne à l'animal, une largeur totale de près d'1 m. Les couleurs sont généralement rouge, jaune ou orange, mais il existe des astéries dont la coloration est bien diversifiée, très attrayante même: elles sont parées de bleu, de vert ou de pourpre et autres teintes irisées. L'une des étoiles de mer parmi les plus dommageables est incontestablement l'astérie à couronne d'épines, qui vit sur les récifs de l'océan Indien et du Pacifique. Elle broute les polypes des coraux qui forment les récifs et dévaste de cette manière d'immenses régions de corail. Il existe des astéries qui se nourrissent de moules et d'huîtres.

LES ASTERIES OU ETOILES DE MER

Les étoiles de mer sont des animaux marins dont la peau est couverte de piquants. Leur corps a l'aspect d'un pentagone d'où sont issus un certain nombre de bras sans ramification. L'étoile de mer est généralement pourvue de cinq bras, mais on trouve des spécimens munis de huit à dix bras ou au contraire n'en possédent que trois ou quatre. Ainsi, les astéries à huîtres, redoutables ennemies des parcs à huîtres, sont pourvues d'une dizaine de bras grâce auxquels elles ouvrent les coquilles. Si un des bras de l'étoile de mer se brise, son membre se régénérera de lui-même et un nouveau bras «repoussera». C'est dans les bras que se situent les organes sexuels des astéries. Toutefois, à quelques exceptions près, il n'y a pas chez elles d'accouplement. Les ovules — parfois plusieurs millions — sont déposés dans l'eau puis fécondés. La larve se développera dans l'élément liquide. Après quelques mois seulement, elle se fixera quelque part et c'est alors que surviendra la métamorphose.

L'EPEIRE DIADEME

Les araignées (classe des arachnides, ordre des aranéides) ont une répartition géographique immense et représentent plus de 20 000 espèces différentes, dont près de mille vivent en France et en Belgique. Les espèces qui vivent dans nos régions sont inoffensives pour l'être humain. L'épeire diadème appartient à une catégorie sédentaire qui tisse une toile en forme de roue: elle commence par former le cadre de la toile, c'est-à-dire qu'elle en tisse les fils extérieurs qui servent à suspendre l'ouvrage. Le travail est ensuite parachevé par le tissage proprement dit, l'intérieur de la toile à savoir les rayons de la roue. Du centre part un fil sec en forme de spirale, qui lui servira de support pour le travail suivant: l'échaffaudage d'une spirale plus petite faite de fils visqueux et qui sert à capturer une proie. La forme des toiles d'araignées, même d'une espèce semblable, est très diversifiée. Chez les épeires, la toile est souvent orbiculaire, mais on en connaît des horizontales, d'autres en forme d'entonnoir.

Les épeires forment des toiles de forme orbiculaire et en roue de vélo, si l'on veut établir une comparaison imagée. La femelle de l'épeire mesure environ 16 mm tandis que les mâles sont nettement plus petits. La coloration des épeires varie beaucoup, allant du jaune au brun, avec de petits points clairs et des rayures. Chez l'épeire diadème, l'agencement de ces petits points est parfaitement géométrique, formant une véritable croix sur le dos de cette araignée et qui se présente aussi comme une sorte de diadème, d'où son nom. Une fois la toile tissée, certaines espèces d'araignées se retirent dans une cachette. Si un insecte tombe dans la toile, il la fait vibrer, et l'araignée aussitôt accourt. Elle se jette sur sa proie, la ligote de ses fils gluants et l'emmène, ainsi ficelée, vers sa cachette.

Les scolopendres ne fréquentent que les régions chaudes. Les myriapodes que l'on trouve dans nos régions, font partie d'une tout autre espèce. Le myriapode le plus fréquent dans nos régions françaises et belges est le simple « mille-pattes » d'Europe Occidentale. Cet animal, qui mesure à peine quelques centimètres, est souvent de couleur brunâtre et sombre, et peut courir à une vitesse étonnante. Ce mille-pattes se trouve souvent sous des pierres, en milieu humide. Lorsque vous le dérangez, vous constatez effectivement qu'il ne sait plus où se réfugier, allant dans tous sens très rapidement en quête d'un petit coin où se cacher à nouveau. La peau du mille-pattes est très mince et il meurt souvent par déshydratation.

LE SCOLOPENDRE

Le scolopendre est le plus impressionnant parmi les myriapodes. Il existe à peu près 500 espèces de scolopendres, dont le scolopendre géant qui vit au Brésil. Il atteint facilement 26 cm. La morsure de bons nombres de scolopendres peut être dangereuse pour l'homme, quoique pas mortelle. Ces animaux possèdent un corps assez aplati, fait de plusieurs segments. Chaque segment ne possède en général qu'une paire de pattes d'où peut-être l'image exagérée de « myriapode ». Sachant que ce type d'invertébré est constitué de 8 à 240 segments maximum, il n'est pas difficile d'en venir à la conclusion que ces animaux ne possèdent jamais plus de 500 pattes... Tous les scolopendres sont prédateurs et capturent leurs proies grâce à leurs pattes de devant qui sont creuses et en liaison directe avec les glandes à venin. Leur nourriture est souvent constituée d'insectes, de vers et autres petits animaux similaires, mais les formes géantes sont capables de saisir des lézards et même des souris.

> *Les crevettes sont des petits invertébrés. L'espèce la plus largement répandue ne dépasse guère 2,5 cm; on la trouve de la mer Rouge jusqu'aux îles hawaïennes, des Bermudes aux Caraïbes, ainsi que le long de la côte Nord de l'Amérique du Sud. La coloration des différentes sortes de crevettes est fort variable. Certaines sont brunes et rayées très visiblement de rouge et de blanc sur les côtés du corps et ont des antennes blanches; d'autres sont d'un gris verdâtre, avec des rayures foncées très visibles. Leur comportement est très caractéristique, de sorte que les poissons qui veulent se faire nettoyer par elles les reconnaissent aisément. Même les poissons prédateurs font alors taire leurs instincts féroces et ouvrent largement leur terrible bouche pour laisser entrer les crevettes.*

LA CREVETTE

Certaines crevettes dites « nettoyeuses » sont colorées de façon très vive et non sans raison. Il faut dire que pour bon nombre de poissons et même pour des crabes de grande dimension, ces crevettes « nettoyeuses » sont tout particulièrement précieuses. En effet, elles nettoyent soigneusement ces animaux de tous leurs parasites ainsi que de toutes sortes de particules inertes qui s'introduisent dans les parties vives de ces poissons, notamment dans leurs branchies. Grâce à ces crevettes, le risque d'infection disparaît, notamment chez les spécimens blessés; les crevettes ingurgitant les moindres bactéries et les chairs mortes. Les crevettes des Caraïbes vivent souvent à l'ombre des grandes anémones de mer. Grâce à ses antennes de longue taille, elle lance des signaux vers les poissons dont elle veut faire momentanément son refuge pour les nettoyer, puis, de son corps, se met à faire des gestes caractéristiques de façon à ce qu'on ne puisse la confondre avec une proie.

LE LOMBRIC

Les lombrics sont hermaphrodites, c'est-à-dire que tout lombric est capable de produire à la fois des cellules mâles et femelles telles que les ovules et les spermatozoïdes, se fécondant, en quelque sorte, lui-même. Toutefois, il arrive que les lombrics échangent leurs cellules fécondantes. Lorsqu'un tel accouplement survient, les lombrics se trouvent l'un à côté de l'autre, la tête à l'opposé de celle du partenaire. Un tel accouplement dure de 3 à 4 heures et les vers se collent très étroitement l'un à l'autre grâce à la matière visqueuse qu'ils sécrètent. Le cocon contient l'ovule fécondé et s'enterre souvent dans le sol. Le cocon en lui-même est, il faut l'ajouter, une sécrétion de l'animal même. C'est là que se développera le jeune lombric. Les lombrics ont une fonction utilitaire, car ils remuent le sol sans discontinuer. Les couloirs qu'ils creusent contribuent à l'aération de la terre et à sa ventilation constante.

Le lombric appartient à la famille des annélidés qui compte environ 170 espèces, dont 35 fréquentent l'Europe occidentale. Leur longueur se situe, selon les individus, entre 2 et 30 cm. Les plus grands sont cependant des nains par rapport aux lombrics géants qui vivent dans les forêts d'Australie. Ce ver énorme atteint les 3 m et un diamètre de 3 cm.
Les vers de terre ne possèdent ni yeux ni oreilles, mais la surface de leur corps est extrêmement sensible: ils remarquent aussitôt les vibrations du sol causées par une taupe en train de creuser.

On distingue environ six cents espèces de poulpes, dont la taille varie de quelques centimètres à 15-20 mètres! Ils possèdent un cerveau et des yeux bien développés. On connaît bien les pieuvres, qui possèdent huit bras, tous de la même longueur. Ces animaux sont, toutefois, des nageurs beaucoup moins actifs que les calmars (ou calamars), pourvus de dix bras, et qui se déplacent à une vitesse effarante. Les seiches sont, elles aussi, pourvues de dix bras: elles possèdent une structure calcaire interne très appréciée dans les cages d'oiseaux: ce sont les fameux «os de seiche», qui servent à aiguiser le bec des oiseaux.

LE POULPE

Les poulpes portent un nom plus scientifique, celui de « céphalopodes », mot d'origine grecque qui signifie textuellement « tête avec des pattes ». Cette qualification est parfaitement justifiée par le fait que ces animaux marins portent une couronne de pattes juste au-dessus de leur tête. A cause de cette forme bizarre entre toutes, ils sont facilement reconnaissables parmi les autres mollusques. Le seul mollusque qui possède un embryon de coquille est le « nautile » ; les autres sont recouverts d'une carapace extrêmement réduite, bien que fortement constituée et recouverte d'une sorte de manteau musclé. Sous la tête des céphalopodes se trouve une sorte de siphon, ouverture qui chasse l'eau aspirée. L'animal se meut grâce au principe du moteur à « réaction ». La majeure partie de cette espèce est en possession d'une sorte de poche à encre, dont l'animal peut extraire une sorte de liquide visqueux et de coloration noire (comme de l'encre) et qu'il répand dans l'eau avoisinante.

LES COQUILLAGES

L'un des coquillages parmi les plus connus est sans aucun doute la moule, qui est pourvue de deux coquilles ou coquillages plus ou moins plates. C'est pourquoi les scientifiques la nomme « bivalve », c'est-à-dire, littéralement, munie de deux valves ou clapets. Les escargots, par contre, à l'exception des limaces, vivent dans une coquille en forme de spirale et formée d'une seule pièce. On rencontre, chez les coquillages, les formes les plus étranges et les plus diverses : certains sont parés de couleurs fort attrayantes. On connaît des coquillages dont les bords sont pourvus de longues épines. Le plus grand des coquillages est le strombe, qui se rencontre dans l'océan Indien et le Pacifique. Sa taille avoisine le mètre et demi et son épaisseur atteint les trente centimètres. Presque tous les coquillages présentent à l'intérieur une couche de nacre, de couleur irisée, très jolie. Le nacre est constitué de particules minuscules de calcaire ampilées les unes sur les autres.

Tous les mollusques sont, en principe, capables de fabriquer des perles. Souvent, le processus démarre ainsi : un objet étranger, un grain de sable par exemple, vient se loger entre le manteau et la coquille de l'animal. Il semble alors que le mollusque ne puisse se débarrasser de l'intrus, quoiqu'il fasse. Il faut donc s'en protéger. C'est ce que va faire l'animal en enrobant ce grain de sable d'une couche de nacre : ainsi naît une petite boule qui portera le nom de perle. Les perles que l'on découvre chez les mollusques traditionnels sont généralement peu visibles et n'ont donc aucune valeur d'ornement. Les perles se forment très lentement. Pour qu'une perle atteigne la taille d'un petit pois, il faut compter une bonne dizaine d'années. L'huître perlière est connue pour ses perles.

L'ESCARGOT DE BOURGOGNE

L'escargot de Bourgogne ne se rencontre pas qu'en Bourgogne mais est très populaire dans toute l'Europe ; c'est d'ailleurs l'une des formes terrestres d'escargot les plus nombreuses en France et en Belgique. Cet animal affectionne les endroits chauds et humides, les terres calcaires, les feuilles d'arbres sur lesquelles il se fixe sans problème. Son nom d'escargot de Bourgogne provient de ce qu'il affectionne également, en France, les régions de vignobles, et chacun sait que la Bourgogne, à cet égard, est une région française des plus riches. Il s'attache aux feuilles des vignes et les dévore goulûment. Dès que revient la saison froide, l'escargot se retire dans un trou creusé sous le sol ou se cache en dessous d'un amas de feuilles mortes. Il referme sa coquille grâce à un petit couvercle de calcaire : c'est un petit disque très solide que l'animal forme avec des sécrétions internes, dont les glandes se situent sur les bords de sa « maison » ...

Les escargots mesurent de 2 à 2,5 cm. Ils sont hermaphrodites ou bi-sexués, c'est-à-dire qu'ils sont pourvus à la fois d'organes sexuels masculins et féminins. Au cours de l'accouplement, les escargots se tiennent en tête à tête et chacun d'entre eux introduit un organe sexuel ou pénis, dur et calcaire, à l'intérieur de l'orifice génital. Cet accouplement survient au cours des périodes humides de mai et de juin. Les œufs mesurent environ 3 mm et sont recouverts d'une enveloppe calcareuse. Pour déposer ses œufs, l'escargot creuse un trou dans le sol et y place entre 60 et 80 œufs qui mettront entre 25 et 27 jours avant d'éclore. Les jeunes escargots ressemblent en tous points à leurs adultes, mais sont alors recouverts d'une peau très mince et transparente. Ils sont extrêmement vulnérables.

L'ANEMONE DE MER

La plupart des anémones de mer ressemblent à des fleurs parfaitement inoffensives. Leur « tige » a la forme d'un tube cylindrique et la « corolle » est une couronne de tentacules qui bordent la bouche de l'animal. La partie inférieure est plus ou moins aplatie et forme un pied qui sert à la fixation de l'anémone sur le fond. La bouche qui se trouve au-dessus, ressemble à un entonnoir et s'ouvre directement dans l'estomac. Ce dernier est subdivisé en compartiments. Les tentacules, autour de la bouche, sont pourvus de cellules urticantes. Si un poisson touche un des tentacules de l'anémone, les cellules urticantes entrent en action ; les tentacules agrippent l'imprudent et les cellules urticantes le paralysent. Les autres tentacules donnent également un « coup de main » pour amener l'animal vers la bouche d'où la proie va vers l'estomac. Le poisson est digéré et ce qui n'a pas été assimilé est rejeté.

Les anémones de mer se rencontrent dans toutes les mers, aussi bien en eaux peu profondes qu'à 10 000 mètres de profondeur. La plupart d'entre elles vivent dans les tropiques. Toutes les anémones de mer ne sont pas sédentaires. Diverses espèces sont parfaitement capables de se mouvoir par des mouvements ondulants de la partie inférieure de leur corps, qui a aussi la fonction de pied, lorsqu'elles se fixent. Chez les anémones il y a une extraordinaire diversité dans leurs couleurs et certains individus sont de véritables merveilles. Ces couleurs attirantes n'ont, semble-t-il, aucune signification particulière pour ce qui est du camouflage ou de la défense de l'anémone de mer, elles n'ont qu'une fonction décorative. Il y a des anémones mâles et femelles.

LES UNICELLULAIRES

A la frontière du Royaume des Plantes et du Monde Animal. La photosynthèse est le processus par lequel les plantes peuvent faire la synthèse des hydrates de carbone contenus dans l'oxygène et l'eau sous l'effet de la lumière. La matière la plus importante dans cette opération est la chlorophylle. Les flagellés, qui sont considérés comme les plus primitifs des unicellulaires, possèdent en eux des particules de chlorophylle. Cet ensemble d'unicellulaires comprend aussi bien des organismes végétaux que des organismes animaux. L'euglène ou le chlamydomone, qui sont des flagellés et ont des propriétés similaires aux plantes, recherchent les endroits où il y a le plus de luminosité : ils ont besoin d'énergie solaire pour fabriquer des matières nutritives. Presque toutes les euglènes vivent en eau douce et parfois en nombre tellement important que l'eau qui les abrite devient verte ; on parle alors de la « floraison de l'eau ». Certains chlamydomones ont une pigmentation rougeâtre et, parfois, la neige et les glaciers en sont recouverts, on appelle ce phénomène « neige de sang » ou « neige rouge ». Le volvox vit en immense colonie (par centaines et même par milliers d'individus). Il ressemble à une grosse boule verte qui tourne constamment sur elle-même dans l'eau. Les ciliés sont ainsi appelés parce que leur corps est couvert d'une foule de petits cils. Les amibes, quant à elles, n'ont pas de forme bien définie et sont assez remarquables par leur façon de se mouvoir.

De nombreux invertébrés unicellulaires se meuvent à l'aide de flagelles ou de cils (flagellés ou ciliés). Mais les amibes se déplacent d'une tout autre façon. Elles ont l'aspect d'une petite masse gélatineuse dont le diamètre n'excède pas le millimètre. Dans cette gouttelette de gelée se produisent pourtant tous les phénomènes vitaux. L'amibe est pseudopode (de deux termes grecs qui signifient respectivement « qui a l'air de » et « pied »). Ainsi, l'amibe, lorsqu'elle veut avancer ou reculer, étend son corps en lui donnant la forme d'un doigt ou d'un pied. Ainsi, en s'allongeant, la cellule prend appui et se meut. Mais elle éjecte en même temps des flots de protoplasme par une autre partie de sa cellule, ce qui lui permet de se projeter vers l'avant. Ce mouvement, très simple en soi, est appelé « déplacement amibien ». La reproduction des amibes se fait par scissiparité.

1. *Euglène*
2. *Chlamydomone*
3. *Volvox*
4. *Paramécie*
5. *Amibe*

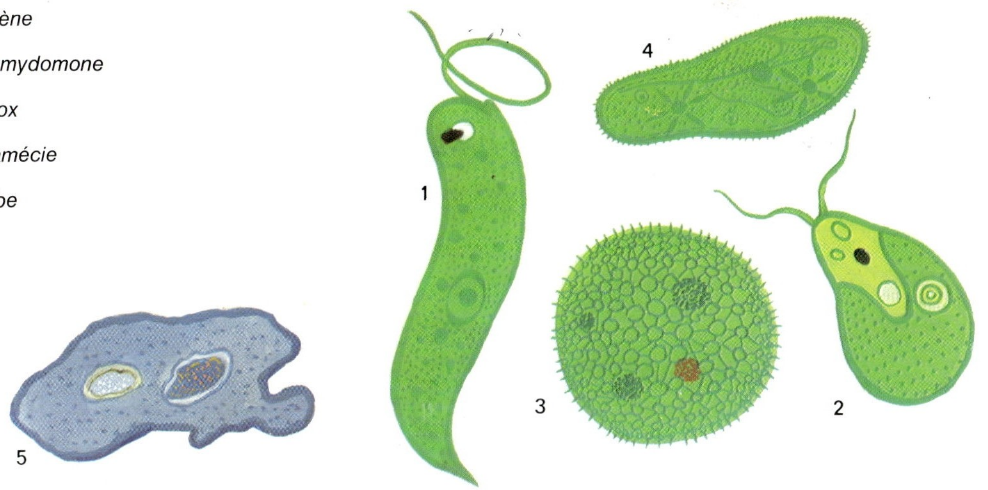

INDEX

Les chiffres en italique renvoient aux illustrations.

SOURCES DES ILLUSTRATIONS

Anthonissen C.: 123; Ardea/Beames I.R.: 56; Ardea/Taylor R. & V.: Anthonissen C.: 123; Ardea/Taylor R. & V.: 190; Arnhem R. en D.: 17,28,50,88,90,92,96,97,98,103,104,105,106,107,111,112,113,116,117,118,122, 127,130,131,132,134,135,137,139,141,142,145,148,149,151,152,154,155,157,158,166,180,207,210,213,214,215, 221,233; Bijnens A.: 13,172,192,193,194,196,197,198,201,202,203,204,206,238,241; Bonhivers G.: 41,47,61,74, 80,89,101,211; Bresseleers: 140,144,239; Cauwels M.: 124,129,138,147; De Vocht E.: 16,23,34,36,38,39,45,48, 54,59,60,63,69,71,72,73,77,78,79,100,108,109,110,168,173,219,246,247; De Wavrin H.: 14,21,30,55,177,182, 188,217,240,150; Gilis L.: 94,115,143,231,223; Goris F.: 40,95; Hoyaux R.: 66,245; Le-haen P.: 126; Luyckx B.: 99,114; Mazza G.: 24; Meli-Park: 121; Piron P.: 37,42,53,81; Press & Pictures (P&P)/Ausloos H.: 46,76; P&P/Cordier J.: 22,230; P&P/Danegger M.: 62; P&P/Duscher E.: 52; P&P/Garot C.: 18,44,165; P&P/Tastenay J.: 35; P&P/Van der Vaeren J.: 43,49,191,199; Raes F.: 57,171,189,64,65,70; Samyn A.: 163,164,167,170, 174,179,181,183,184,185; Tessloff: 244; Van Rooy L.: 245; Vorsselmans F.: 224,225,226,227,228,229,236,208; Vorsselmans L. - Verbruggen: 19,20,31,91,93,209,218,220,232,244; Zoo Antwerpen: 25,26.

Illustrations couverture: Arnhem D., Van Herp (2)